○ 阜阳师范大学—阜阳市 2022 年市校合作科技专项项目（SXHZ202209）
○ 阜阳师范大学科学研究项目（2023KYQD0045）
○ 安徽省教育厅优秀青年人才项目（gxyq2022037）

旅游产品的设计与开发——理论与实践

张松婷◎著

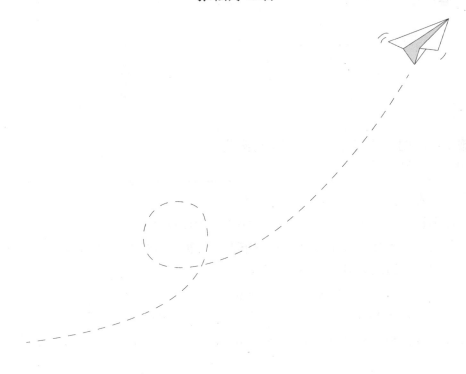

吉林人民出版社

图书在版编目（CIP）数据

旅游产品的设计与开发：理论与实践 / 张松婷著 .
长春：吉林人民出版社，2024. 10. -- ISBN 978-7-206-
21501-8

Ⅰ . F590.7

中国国家版本馆 CIP 数据核字第 2024MP4622 号

旅游产品的设计与开发——理论与实践

LÜYOU CHANPIN DE SHEJI YU KAIFA —— LILUN YU SHIJIAN

著　　者：张松婷		
责任编辑：陆　雨		封面设计：寒　露
出版发行：吉林人民出版社（长春市人民大街 7548 号）　邮政编码：130022		
印　　刷：河北万卷印刷有限公司		
开　　本：710mm×1000mm　　1/16		
印　　张：14.25		字　　数：216 千字
标准书号：ISBN 978-7-206-21501-8		
版　　次：2024 年 10 月第 1 版		印　　次：2025 年 2 月第 1 次印刷
定　　价：88.00 元		

如发现印装质量问题，影响阅读，请与出版社联系调换。

前　言

当今世界，旅游已经成为一个全球性的经济和文化现象，旅游业不仅为世界各地带来经济增长和就业机会，还促进了文化交流和理解。随着全球化的加速和科技的飞速发展，旅游产品的设计与开发正面临着前所未有的机遇和挑战。虽然目前市场上的旅游产品种类较多，但是在产品设计与开发的创新性与人性化方面依然有较大的提升空间。特别是在旅游业日益发展的今天，如何设计和开发既能够满足多元化需求又可持续发展的旅游产品成为行业所必须面对的一项严峻挑战。对此，本书将理论与实践相结合，针对旅游产品的设计与开发进行了深入的研究与探索，并通过丰富的实践案例，为解决这些挑战提供了新的视角和方法，具体包括以下七个部分：

第一章深入探讨了旅游产品的概念、组成元素和分类。通过对旅游产品组成元素的详细分析，本章展示了旅游产品设计的复杂性和多样性。这不仅涵盖了从传统观光到现代体验式旅游的各种产品类型，还涉及了旅游产品如何满足不同游客的个性化需求。这一章的核心在于为读者建立一个全面的旅游产品理解框架，使读者能够更深刻地认识到旅游产品设计的多元化和创新性。

第二章介绍了旅游产品设计的理论基础，从产品层次理论到可持续发展理论，为旅游产品设计提供了坚实的理论支撑。特别是需求成长相关理论，为理解和预测游客需求提供了新的视角，这对于设计符合市场需求和趋势的旅游产品具有极大的意义。本章深入剖析了如何将这些理论应用于实际的旅游产品设计中，以创造出创新且具有市场竞争力的旅游产品。

第三章探讨了旅游资源的发掘与优化，这一章内容不仅讨论了如何识别和评估潜在的旅游资源，还探讨了如何通过保护和提升旅游资源的吸引力与价值来实现可持续发展。本章特别强调了旅游资源的可持续性，指出了旅游发展与环境保护、社会发展之间的平衡。

第四章和第五章通过案例分析的方式，深入分析了中国"四大西湖"和颍州西湖的旅游产品。这些案例不仅展示了理论在实践中的应用，还为旅游产品的设计和开发提供了具体的指导和灵感。通过这些案例，读者可以了解到如何将地方特色、历史文化与现代旅游趋势相结合，创造独特且吸引人的旅游产品。

第六章展示了颍州西湖旅游产品设计与开发的具体成果，通过介绍颍州西湖的文旅科技产品和历史文化体验式展览馆，向读者展示了如何通过创新思维和技术应用来提升旅游产品的吸引力和体验价值。

第七章聚焦旅游产品的未来趋势与展望，其内容不仅探讨了科技在旅游产品中的应用，还讨论了绿色、可持续旅游产品的发展趋势以及全球化与地方化交融带来的新机遇。从虚拟现实技术的应用到绿色可持续的旅游实践，再到全球美食与地方特色的融合，本章为旅游业未来的发展提供了前瞻性的视角和深刻的洞见。

目 录

第一章　旅游产品的概念、组成元素与分类

第一节　旅游产品的概念

一、旅游产品的相关概念

旅游产品的定义涵盖了一个广泛的领域，该领域融合了各种与旅行和休闲相关的元素。对旅游产品的理解需要深入探究其背后的概念、特性与范围。在全球旅游业日益繁荣的今天，对于旅游产品的界定与分类变得尤为重要。通过对比分析旅游领域内的多种定义不难发现，旅游产品是与地域文化紧密相连的。这意味着，当游客在旅游过程中与旅游产品产生互动时，其实际是在体验一个地区的文化、风土人情和历史遗产。这种体验是独特的，因为它允许游客深入了解一个地方，而不仅仅是从表面上看。这也使得旅游产品的创造和设计变得尤为重要，因为它们不仅需要满足游客的实用性需求，还需要为游客提供一个独特的文化体验。

旅游产品可以分为两大类：旅游文创产品与城市家具产品。旅游文创产品，从其定义来看，是那些游客可以购买的、具有实用价值的物品。这类产

品强调的是其与地域文化的紧密关系，这意味着，无论是手工艺品、纪念品，还是特色食品，它们都需要反映出当地的特色和风格。而城市家具产品则与旅游文创产品有所不同，这些产品是游客在旅行过程中频繁接触到的、固定的设施类产品。例如，公园里的座椅、街道上的垃圾桶、公交站亭、路灯等。这些设施为游客提供了方便和舒适，也影响着游客对一个地方的整体印象。因此，这些城市家具产品不仅要满足游客基本的功能需求，还需要与当地的文化和风格相协调，从而为游客提供连贯和愉悦的体验。

二、旅游产品相关概念的对比分析

经过对文献的整理发现，在相关概念名词之中，每一个都具有其独特的意义和偏重，如表1-1所示。例如，旅游纪念品这一概念，其核心并不仅仅是纪念品的实物形态，而更多的是对游客在心理层面上产生影响。纪念品不仅是一件实物，更是承载着游客旅行时的美好回忆和感受的载体。当游客看到或接触到这些纪念品时，这些纪念品往往能够有效地唤起人的回忆，使人重新体验旅行时的情感和感觉。从这个角度看，旅游纪念品的研究核心不是产品本身，而是用户，即那些购买和使用纪念品的游客。相对于旅游纪念品，旅游商品则具有不同的研究重点。旅游商品的研究强调的是游客的购买行为以及产品的商品属性。这意味着，对于旅游商品的研究，更多关注的是如何满足游客的消费需求以及如何通过营销策略和手段来促进产品的销售。此外，旅游商品的消费性特点也是其研究的一个重要方面。这涉及如何为游客提供具有吸引力的产品、如何确保产品在市场上的竞争力等问题。因此，对于旅游商品的研究，研究的主体是消费行为或营销过程，而不仅仅是产品本身。

所谓的"文化创意产品"，俗称"文创产品"，是以创意为基础，充分体现文化产品附加值的各种形式作品，具有明显的创意性和文化性两个基本特征。对于旅游文创产品而言，其独特性在于它需要体现某一特定区域的文化。这种区域性文化体现，使旅游文创产品成为文化创意产品中的一个特殊子类。这也意味着，旅游文创产品的设计不仅要考虑通用的功能和审美需求，更要深入地挖掘和体现当地的文化特色和价值。因此，与一般的产品设计相比，旅游文创产品在设计过程中需要更多的文化研究和创意发挥。在传统的产品设计中，功能和审美是最基本的两个考量维度。功能性强调产品的实用性和效能，确保产品能够满足用户的基本需求，而审美性则关注产品的外观、形状、颜色等视觉元素，使产品具有吸引力和美感。当涉及旅游产品时，这两个因素仍然重要，但还需要加入一个新的维度——文化传达。这也是旅游产品与其他产品的主要区别之一。文化传达是旅游产品设计中的核心考量维度，它强调产品如何传达和表达特定的文化信息和价值。这种传达不仅仅是在视觉层面，更多是在情感和心理层面。当游客接触到旅游文创产品时，不仅仅是看到一个美观的物品，更能够感受到一个地区的文化氛围和历史背景。这种深度的文化体验，使旅游文创产品具有更高的附加价值和吸引力。

表 1-1　旅游产品的相关概念名词

概念名词	具体定义	特性
旅游纪念品	可以勾起人们在某地回忆的服务，或者具有纪念意义的商品	纪念性与地域性
旅游商品	人们在旅游过程中所购买的有形商品	消费性
文化创意产品	简称"文创产品"，以独有的创意将文化附加在产品之上，主要包括艺术品、手工艺品、视觉艺术产品、出版传媒作品等	文化性与创意性
旅游文创产品	广义：游客旅游记忆的载体，具有特色鲜明的创意 狭义：具有地域特色的服务和有形商品	地域性

在对旅游产品相关概念进行深入研究时，可以发现这些概念间具有某些交集，如图 1-1 所示，这也为后续的研究和探讨奠定了基础。这意味着，无论是旅游纪念品还是旅游文创产品，它们都与某一地域的文化紧密相关，旨在为游客提供一种具有地域特色的文化体验。尽管旅游纪念品和旅游文创产品有着共同的地域文化特点，但它们并不是完全等同的。旅游纪念品更多的是以物品的形式为游客提供具体的、与旅行经历相关的纪念，这些物品可能是传统的、有着长久历史的，也可能是现代的、具有创意的。而旅游文创

产品，则更强调文化和创意的结合，它们可能是基于传统文化创造出的新颖的、具有创意的产品。工业设计和产品设计的核心思维强调了产品的批量化生产和功能性。在这一框架下，产品被视为一个承载使用功能和审美价值的物质载体。这种定义在很大程度上与旅游纪念品的一些特点相悖。旅游纪念品往往融合了一地的文化、历史和手工技艺，这使得很多旅游纪念品难以实现批量化生产。

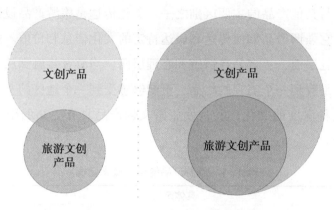

图 1-1　文创产品与旅游文创产品范畴之间的关系

以传统手工艺品为例，它们在制作过程中往往强调匠人的技艺和对材料的精湛处理。每一件作品都可能是独一无二的，因此难以达到工业化生产的规模。此外，手工艺品在创新和创意方面可能受到了一定的限制。这并不是说手工艺品缺乏创意，而是它们往往更重视传统文化和技艺的传承，而不是在设计上寻求大胆创新。地方特产，尤其是食品类，虽然也是游客喜欢购买的纪念品，但在定义上，它们并不属于文创产品的范畴。这些食品通常是某个地区的传统美食或特产，与该地的风土人情和传统工艺密切相关。然而，作为食物，它们更多地满足了人们的味觉需求，而不是文化或审美的追求。与此不同，旅游文创产品并不完全等同于传统的旅游纪念品。在数字化和全球化的背景下，旅游文创产品的发展趋势是扩大其受众范围。媒体的广泛宣传和线上购物平台的便利性为这种趋势提供了动力。产品不再仅仅被视为游客在某地旅游后的纪念品，而是开始吸引更广泛的消费者群体。

　　在当代旅游研究中，大部分的观点和理论都围绕游客（也称用户）及其体验来构建。这种关注点对于理解游客需求、满足游客的期望以及推动旅游业的繁荣都至关重要。然而，在这种用户中心的分析中，旅游产品对于整个地区发展的重要性并没有得到足够的重视。全域旅游不仅仅是一个简单的旅游概念，更是一个综合的视角，涉及社区、经济、文化和环境的各个方面。它的核心理念是社会共同建设，强调游客与当地社区之间的共享价值和互动。在此基础上，旅游服务设施的布局和设计应遵循全域化的原则，确保在整个区域内提供一致和高质量的服务。这不仅可以增强游客的体验，还可以推动地方的可持续发展。[①] 在实践中，为了创造一个对于居民和游客都有吸引力的环境，需要构建一系列与日常生活和休闲活动相结合的旅游服务设施。例如，公共厕所、服务岗亭、公交站亭等都是旅游服务设施的重要组成部分。这些设施不仅为游客提供了便利，也增强了城市的功能性和美观性。从设计的角度看，这些旅游服务设施与"城市家具"这一概念有着紧密的联系。城市家具不仅是城市的实用组件，还是城市形象和文化的承载者。合理的设计和布局可以使之成为城市的亮点，同时满足居民日常生活的需求，增强居民和游客的归属感。另外，考虑到全域旅游的理念，旅游服务设施和城市家具不仅要考虑功能性，还要考虑其与当地文化、历史和环境的结合。例如，公交站亭的设计可以融合当地的建筑风格和材料，公共厕所可以采用节水和环保的技术。

城市家具的概念，起源于德国、法国、意大利、日本等发达国家的城市改造活动。[②] 这个概念在多元化的城市研究中，经历了众多的解读与定位。国内学者万敏和秦珊珊为"城市家具"提供了更为明确且学术界较为普遍接受的定义，并进一步为其做出系统性的分类，涵盖了共 121 类不同类型的城市家具。[③] 在这一定义中，"城市家具"被定位为城市户外空间中的公共环

① 北京巅峰智业旅游文化创意股份有限公司课题组 . 图解全域旅游理论与实践 [M]. 北京：旅游教育出版社，2016：17—18.

② 范圣玺 . 像家一样温馨便捷 [J]. 质量与标准化，2019（12）：5—8.

③ 万敏，秦珊珊，干婕 . 城市家具及其类型学规划设计方法研究：以珠海市城市家具设置规划为例 [J]. 中国园林，2015，31（12）：50—55.

境设施，它们不仅具备一定的规模性，还展现出长期的稳定性。从功能性的角度来看，城市家具涉及的范畴相当广泛，从交通类、安全类到游憩类，每一类都在城市生活中扮演着不可或缺的角色。它们不仅满足了市民在生活中的基础需求，还成为城市的标志性元素，反映了一个城市的历史、文化和价值观。城市家具的重要性远超出其功能性，同时为人们提供的基础服务绝对不能忽视，从方便的公交站亭到休息的长椅，这些元素确保了城市生活的连续性和舒适性。但是，更为重要的是，城市家具也成了城市精神文化的载体。它们展现了一个城市的历史脉络、文化底蕴和当代价值，从而使得每一位市民或游客都能感受到那份属于城市的独特气息。在全城旅游的大背景下，城市家具的角色更是不可或缺。游客对一个地方的印象，往往并非仅仅由其著名的景点或历史遗迹构成，更多的是由那些日常生活中的细节所塑造的。城市家具，作为游客与当地城市互动的媒介，起到了至关重要的作用。通过合理、有特色的城市家具设计，不仅可以决定游客的实际体验，还能在游客心中留下深刻的印象，进而塑造出一个独具特色的区域城市旅游形象。所以，本书认为除了传统的旅游文创产品，城市家具也应被视为旅游产品的一部分。这一观点的形成有其深厚的理论背景和学术基础。

肖潜辉在 1991 年的研究中详细描述了旅游产品的构成。他提出，旅游产品是旅游经营者或相关企业为游客生产的服务产品和物质产品的总和。[①]这一定义不仅包括实物，还包含服务和体验。他进一步细化了旅游产品的三个主要部分，即吸引物、交通设施和接待服务。其中，吸引物尤为关键，因为它是激发游客旅游需求的主要因素，也是游客实现旅游目标的主导。与此类似，魏小安和冯宗苏提出了一个稍有不同的定义，强调旅游产品为游客提供的所有消费要素的集合，并指出在传统旅游市场中，这一集合可以视为旅游线路。[②]这种观点使得旅游产品的定义更具包容性，不局限于某个特定的产品或服务，而是一个整体的、连续的旅游体验。林南枝和陶汉军于 1994

① 肖潜辉. 我国旅游业的产品反思及其战略 [J]. 旅游学刊，1991，6（2）：7—13，73.
② 魏小安，冯宗苏. 中国旅游业：产业政策与协调发展 [M]. 北京：旅游教育出版社，1993：22—23.

年提出，旅游产品是指游客在旅游过程中为了满足其消费需求而支付的产品和服务的合集。① 这一定义更进一步地突出了旅游产品的消费性和服务性质。

英国学者道格拉斯·皮尔斯（Douglas Pearce）在 1983 年对于旅游产品进行了深入的阐释，为学术界提供了对旅游产品的多维度解读。道格拉斯·皮尔斯将旅游产品视为一种综合性的体验，其构成元素不局限于物质上的资源，更涉及文化、历史和社会等各个层面。道格拉斯·皮尔斯明确提出，旅游产品的基本原料涵盖了一个国家或地区的自然风光、气候条件、文化背景、历史遗产以及当地人民的生活方式和习惯。这种解读从根本上指出，旅游产品的形成并非简单地依赖于某一个要素，而是在多种因素的交互作用下生成的。例如，一个国家的自然景观，如山脉、河流和湖泊，虽然具有其固有的吸引力，但当这些旅游产品与当地的历史文化、风俗习惯结合时，为游客提供的旅游体验则更为丰富和深入。除了上述的文化和自然元素，道格拉斯·皮尔斯还强调了旅游产品中的硬件设施的重要性。这些配套设施，如供水、供电、道路建设、交通和通信设备以及其他必需物品，为游客提供了基本的生活和活动条件，确保了旅游过程的顺畅和舒适。可以说，没有这些基础设施的支持，再好的自然和文化资源也难以转化为真正的旅游产品。

第二节　旅游产品的组成元素

在探讨旅游业的复杂构造时，不可忽视的是其产品的多维组合。旅游产品作为一种特殊的商品，其独特性在于不同元素的交织与互动。这些元素集合了自然资源、人文资源、基础设施以及各项服务，共同构筑了旅游产品的全貌。它们如同拼图的碎片，缺一不可，共同拼凑出一幅引人入胜的旅游景

---

① 陶汉军，林南枝．旅游经济学 [M]．上海：上海人民出版社，2001：55—57.

象。每一要素都承载着特定的职能，相互之间既独立又关联，共同作用于旅游体验的每一个层面，决定着旅游产品的市场竞争力和旅游目的地的吸引力。所以全面理解旅游产品的组成元素对于提升旅游目的地的品质与游客满意度具有决定性的意义，表1-2就针对旅游产品的基本元素组成进行归纳。

表1-2　旅游产品的基本元素组成

组成元素	描述
旅游吸引物	吸引旅游者的核心要素，包括自然景观、文化遗产、事件和现象等，体现目的地特色和文化传统。
旅游设施	分为旅游服务设施（直接服务旅游者，如住宿、餐饮、交通等）和旅游基础设施（对旅游地居民和旅游者都重要的基础性设施，如供水电、通信、排污、交通、医疗等）。
可进入性	旅游者到达旅游目的地的难易程度，受交通条件、政策、经营因素影响，包括交通、通信、手续简易度及社会条件等。
旅游服务	旅游产品的核心部分，通过旅游经营者提供的劳务体现，涵盖所有单项服务，决定旅游者的总体满意度和旅游体验。

一、旅游吸引物

旅游吸引物，作为旅游目的地的灵魂，吸引着各地游客前来探索和体验。这些吸引物可能是山川湖泊的自然美景，抑或是城市中的历史遗迹和现代建筑，它们是目的地无声的邀请。自然环境中的旅游吸引物如同大自然的杰作，雄伟的山脉、壮丽的瀑布、幽深的峡谷和辽阔的草原等，这些地方不仅是摄影爱好者的天堂，也是户外探险者的乐园，例如，珠穆朗玛峰、亚马逊雨林等，这些自然奇观吸引着人们去征服、去体验。

在人文社会领域，古老的城堡、历史悠久的教堂、各种博物馆和艺术画廊，则成为文化旅游的主要吸引物。例如，埃及的金字塔、中国的长城、意大利的罗马斗兽场等，这些人类文明的结晶是历史的见证，每年吸引着无数游客前来。特殊事件也能成为旅游吸引物，如一年一度的狂欢节、音乐节、体育赛事，这些活动不仅展示了当地文化的独特性，更为游客提供了参与和体验的机会。例如，巴西的狂欢节、德国的慕尼黑啤酒节等，游客在这里可以融入当地的氛围，体验一场感官盛宴。旅游吸引物的多样性固然是丰富旅游体验的基础，游客追求个性化、差异化的旅游体验，从赏鲸到探洞，从沙漠露营到追寻北极光，多样的旅游吸引物满足了不同游客的需求。这些吸引物不仅仅是一处景点，更是文化交流的平台，是自我探索和心灵放松的空间。对旅游目的地而言，旅游吸引物是其竞争力的核心。它不只代表了一个地方的形象，也决定了该地区旅游业的发展潜力。因此，各地区在开发旅游资源时，通常会投入大量的心力去保护和推广该地区的游客吸引物。

二、旅游设施

旅游设施作为旅游产业的物质基础，对于提升游客体验起着至关重要的作用。例如，住宿设施可谓游客的"临时之家"，它的舒适度和服务质量直接影响游客的满意度。无论是奢华酒店的尊贵体验，还是民宿与青旅的地道文化，多样化的住宿设施能满足不同游客的需求。餐饮设施同样不容忽视，美食是文化的重要组成部分，也是旅游的重要吸引力之一。特色餐厅、地方小吃街、食品节等，不仅能满足游客的味蕾需求，还能让游客在美食中体验当地的风土人情。交通设施则保障旅游活动的顺利进行，无论是城市的公共交通系统，还是连通景区的交通工具，都使得游客的旅途更加便捷。高效的交通网络可以大大提高游客的游览效率，增强旅游目的地的吸引力。

其他服务设施如导游服务、娱乐休闲设施等也极大地丰富了游客的旅游体验，使旅游活动更加多元化。除服务设施外，旅游基础设施为旅游活动提供了必要的生活保障。例如，稳定的水电供应系统确保了游客的基本生活需要得到满足，从而使游客的旅途生活不因基础设施的缺失而受到影响。通信设施系统的完善则让游客在世界任何一个角落都能与外界保持联系，分享旅行的喜悦。现代游客对信息的获取和分享有着极高的需求，通信设施的便利化满足了这一需求。排水排污系统的良好运行保障了旅游地环境的整洁，对于生态旅游地的作用更是不言而喻。它直接关系到旅游地的可持续发展和游客的健康安全。

三、可进入性

可进入性对于旅游产品而言，宛若一扇门，决定着游客能否及如何踏入旅游目的地。这一要素关联着多方面的因素，直接影响旅游体验的优劣。交通条件直接决定了游客到达目的地的便利程度，城市间高速铁路、公路的畅通，国内外航线的接通，不仅缩短了游客的旅途时间，也大大提高了旅行的舒适性。反之，交通不便会限制目的地的客流量，甚至影响旅游目的地的声誉。通信条件的便捷，使得现代游客在计划行程时能够轻松获取信息，了解目的地的各种情报，包括天气、交通、饮食等，这些信息的及时获取对于旅游决策至关重要。

手续的繁简程度同样影响游客的旅行决策。目的地所需的签证、入境手续如果过于复杂和耗时，可能会使游客望而却步。相对简化的手续和高效的办理过程，不仅能增强旅游目的地的吸引力，还能体现出该地区对旅游业的重视。旅游地的社会条件，如安全稳定、当地居民的友好度、语言沟通障碍等，也是影响旅游者选择目的地的重要因素。安全的环境让游客可以放心旅行，友好的居民使得旅程更加愉快，而语言的便捷沟通则减少了旅行中的障碍。

四、旅游服务

旅游服务的质量直接关系着游客的整体满意度与忠实度，因而它被视为旅游产品的灵魂。旅游服务包括住宿、餐饮、导游、娱乐、购物等一系列在旅游过程中与游客密切相关的活动和劳务。住宿服务为游客提供了休憩的空间，优质的住宿体验能为游客的旅程增添色彩，让游客在一天的疲惫之后得到充分的休息和恢复。餐饮服务同样是旅游服务中不可或缺的一部分，美食作为文化的一部分，为游客提供了体验当地文化的窗口。餐饮服务的多样性、食物的品质和口味、服务人员的态度及服务环境的氛围等，均能显著影响游客的用餐体验。导游服务是旅游服务的桥梁，专业且富有热情的导游能够提高游客的参与度，丰富游客的旅游经历。导游的知识水平、沟通技巧和问题解决能力，常常是评价旅游服务优劣的关键指标。

娱乐活动则为旅游者提供放松和乐趣的机会，无论是当地的节日庆典、特色表演还是户外探险活动，这些都极大地丰富了旅游产品的内涵。娱乐服务的可获取性、多样性及其与游客兴趣的契合程度，往往成为游客讨论的热点。购物服务不但满足了游客的购买欲望，更是游客带回家的记忆和旅游体验的一部分。从纪念品到当地特色产品，购物服务的质量、物品的价格、购物环境的舒适度以及销售人员的服务态度等，都直接影响到游客的购物满意度。旅游服务的优劣，体现在每一次与游客接触的细节中，如每一次微笑的交流、每一次及时的服务响应。一旦服务出现瑕疵，就可能影响到游客对旅行的整体印象。反之，高标准的服务质量能够提升游客的整体旅游体验，留下难忘的回忆，进而促使游客再次光临甚至推荐给其他人。因此，旅游服务不仅仅是一个配套项目，它还通过各种服务环节的有机结合，为旅游产品赋予了生命力和竞争力。每一个服务人员的微笑，每一次的用心服务，都在为旅游者织造一场场精彩的旅程，让游客在享受中感受到价值，从而不断提高旅游目的地以及旅游产品的吸引力。

第三节　旅游产品的分类

一、观光旅游产品

（一）自然风光旅游产品

自然风光旅游产品，顾名思义，强调的是大自然赋予的独特风景。这些风景不仅包括壮观的山川、密集的森林和宁静的湖泊，还包括草原、沙漠、瀑布、峡谷、海岛、热带雨林等自然景观。山水之间，游客可以欣赏到山脉的层峦叠嶂、水流的潺潺声以及山间的云雾缭绕。无论是夏季的绿意盎然，还是冬季的白雪皑皑，自然风光都为游客带来了一种心灵的净化和放松。森林则是生态的宝藏，有丰富的生物多样性。游客在森林中漫步，可以呼吸新鲜的空气，欣赏到树木的郁郁葱葱和动植物的和谐共生。湖泊则给人以平静与宁谧的感觉，清澈的湖水反射着蓝天和白云，岸边的垂柳轻轻摇曳，仿佛大自然的镜子，让人心旷神怡。草原上，随风而动的草丛和牛羊成群构成了一幅生动的画面，让游客感受到了自然与人类的和谐相处。沙漠中，沙丘的起伏和沙风的呼啸都成了独特的景观，引领游客进入神秘的自然世界。瀑布的飞流直下、峡谷的深邃峻峭、海岛的碧水蓝天和热带雨林的密集葱绿都是自然风光旅游产品中的一部分，每个自然风光都带给游客不同的视觉和心灵的震撼。不难发现，自然风光旅游产品还可以与当地的文化、习俗和传统相结合，为游客提供更为深入的体验。例如，游客在欣赏山水风光的同时，还可以体验当地的民间艺术、品尝特色食品或参与节庆活动，进一步感受和理解该地区的文化和历史背景。

（二）名胜古迹旅游产品

名胜古迹旅游产品关注的是那些蕴藏深厚历史文化信息的地方，通常包括古代的建筑、遗址、古墓、碑文、古桥、古道等。这些古迹无声地诉说着一个地区、一个国家乃至一个民族的历史，为游客揭示了时间的长河中所发生的故事和事件。历史遗迹是名胜古迹旅游产品中的一个重要组成部分，这些旅游产品往往与某些重大的历史事件、人物或时代有关，如古战场、古都、皇宫、庙宇等。这些地方见证了历史的变迁，承载了过去的辉煌或悲剧。游客在参观时，可以透过这些建筑的砖瓦、雕梁画栋，去想象那个时代人们的生活、情感与追求，仿佛穿越时空进入另一个世界。文化古迹则更多地反映了一个民族的文化传统和艺术成就，包括古代的艺术品、书法、绘画、雕塑、音乐、舞蹈等。例如，古代的建筑物往往充满了艺术的气息，墙壁上的壁画、石刻上的图案都是艺术家倾注心血的作品，蕴含了深厚的文化和哲学意义。结合以上观点可以看出，名胜古迹旅游产品也与地域文化和民俗紧密相连，一些古迹周边会有当地居民世代生活，保留了古老的生活方式、传统手艺和风俗习惯，游客可以在参观古迹的同时，体验这些传统文化，如品尝地方特色食品、观看民间艺术表演等。

（三）城市风光旅游产品

现代城市的建筑是城市风光旅游的一大亮点，超高的摩天大楼、独具特色的桥梁、充满现代艺术感的雕塑和公园，无不展示了人类在建筑领域的创新与追求。游客可以乘坐观光巴士或步行穿梭在城市中，欣赏这些建筑。同时，这些建筑背后往往有着与之相对应的历史故事或文化背景，为游客的观光之旅增添了许多趣味。城市的夜景也是一道独特的风景线，随着夜幕的降临，高楼大厦的灯火通明，五光十色的霓虹灯交织成一幅美轮美奂的画面，仿佛将城市装点成一个梦幻之地。沿着城市的主要街道、河流或高处，游客可以找到最佳的观赏点，体验城市的浪漫与魅力。许多城市还会有专门的夜游项目，如夜游河船、登观景台等，让游客从不同的角度欣赏城市的夜景。文化活动是城市风光旅游的另一大特色，每个城市都有其独特的文化和艺术传统，如音乐、舞蹈、戏剧、展览等。游客可以参加这些文化活动，亲身体验城市的艺术氛围和创意。许多城市还会定期举办各类文化艺术节、节庆活动、演出等，吸引着大量的游客和文艺爱好者前来参与。城市的购物、美食、娱乐等也是城市风光旅游的重要组成部分。各式各样的商场、餐厅、酒吧等为游客提供了丰富的选择，让游客在观光之余，也能享受到城市的繁华与乐趣。

二、度假旅游产品

（一）海滨度假旅游产品

海滨度假旅游产品是众多度假方式中的一种，主要为游客展现大自然中的壮丽海景。与深山峻岭或广袤平原相比，海滨度假更具有放松身心、享受生活的作用。沙滩是海滨度假的核心，细软的金色或白色沙粒，仿佛是大自然的按摩师，为游客的双脚带来舒适的触感。踩在沙滩上，无论是独自漫步，还是与家人、朋友一起嬉戏，都会成为难忘的回忆。许多沙滩还提供各种水上活动，如冲浪、滑翔伞、摩托艇等，满足不同游客的娱乐需求。海浪是又一大亮点，轻轻拍打着海滩的浪花，似乎在为人们演奏一首自然的交响乐。对于冲浪爱好者来说，那起伏的海浪则是自己展翅翱翔的舞台。海浪还带着大海的神秘和深邃，吸引着潜水爱好者探索珊瑚礁和五彩斑斓的海洋生物。日出日落是海滨度假的浪漫之最，因为当晨曦初见，太阳从海平面缓缓升起，映照出金色的光芒，整个海滨仿佛被染上了一层梦幻的色彩。而当夜幕即将降临，夕阳将天空和海面都染成了火红色，与恋人或家人一同欣赏这一时刻，无疑是人生中的美好体验。除了这三大特色，海滨度假旅游产品还包括海鲜美食、沙滩排球、海滨音乐节等一系列与海有关的活动和体验。游客在享受大自然的馈赠时，也能体验到当地的文化和传统。

（二）山地度假旅游产品

山地度假旅游产品展现了大自然中的峻岭峰巅、绿树成荫和清新空气。与平坦的城市景象和繁忙的生活节奏相比，山地度假更强调对身心的放松和对自然的亲近。山的宁静与纯净无疑是山地度假的魅力之一，游客可以听到风声、鸟鸣和溪流的潺潺，这些自然的声音帮助人们放松紧绷的神经，沉浸在宁静之中。这种与世隔绝的感觉，往往使人们更加珍惜与大自然的每一次亲密接触。多变的气候也是山地度假的一个独特体验，一天中游客可能会经历从阳光普照到雾气缭绕的天气。这种微妙的气候变化，不仅给游客带来了生理上的舒适，更为游客带来了心灵上的愉悦。例如，在夏日酷暑中，山区往往比平原地区更加凉爽，成为众多游客避暑的好去处。而且山地还为游客提供了各种户外活动的机会，如爬山、徒步、骑行等运动，让游客在锻炼身体的同时，能够领略到山的美景。独特的地形和丰富的生态环境，还为摄影爱好者和生态研究者提供了极佳的拍摄和研究场所。不仅如此，山地往往拥有丰富的文化和历史资源。古老的建筑物、山中隐居的修行者、传统的村落和手工艺品，都为游客展现了一个与城市截然不同的文化风貌。游客在这里，不仅可以与大自然亲近，还可以深入了解当地的风俗习惯和历史故事。

（三）温泉度假旅游产品

温泉度假旅游产品捕捉了自然温泉的独特魅力，打造了一种宁静、舒适且充满恬淡风情的度假体验。这种产品不仅满足了人们放松身心的需求，也为追求健康、养生的游客提供了理想的选择。自古以来，温泉就被誉为"天然矿泉水"，有众多的治疗和保健功能。富含矿物质的温泉水被证实可以缓解肌肉疲劳、改善血液循环、促进新陈代谢，甚至有助于治疗某些皮肤病和风湿性疾病。因此，温泉度假旅游产品往往与养生、康复和美容项目相结合，为游客提供全方位的休闲和养生体验。而对于那些追求精神放松的游客，温泉度假旅游产品也有着无可比拟的吸引力。想象一下，在宁静的山林或海边，泡在热腾腾的温泉中，看着四周的自然风光，听着潺潺的流水声，所有的压力和烦恼都仿佛烟消云散。这样的体验，无疑是都市生活中难得的宁静时光。为了优化温泉度假的体验效果，许多温泉度假区还特地设计了各种特色泡汤池。例如，有的温泉区会有香草池、酒泉池、咖啡池等，每一种都提供了不同的泡汤体验。此外，还有许多度假区会结合当地的文化和传统，推出一系列的温泉文化活动，如温泉茶艺、温泉瑜伽等，进一步丰富了游客的度假体验。温泉度假旅游产品的另一个亮点在于其环境，大多数温泉度假区都位于远离都市喧嚣的自然景区，无论是山中的密林、平原的湖泊，还是海边的沙滩，都为游客提供了一个与大自然亲近的机会。这种与自然的亲密接触，无疑加强了温泉度假的吸引力，使其成为众多游客向往的度假胜地。

（四）乡村度假旅游产品

乡村度假旅游产品在现代快节奏生活中日益受到关注，它为都市人提供了一个远离喧嚣、回归自然、体验田园生活的机会。这种度假方式的魅力，在于它能够让人们重回大自然，感受生活的原始与纯粹。乡村的美景往往宁静、朴素，如连片的绿色稻田、悠扬的牛铃声、远处炊烟袅袅。这种景象给人一种安宁的感觉，仿佛时间都变得缓慢起来。对于长时间生活在都市的人来说，这是一种难得的放松与解压的方式，能够暂时忘记工作和生活中的种种压力。乡村度假不仅是观赏风景，更多的是体验生活。在乡村度假旅游产品中，游客有机会亲手参与农活，如插秧、收割、喂养家畜等。这样的活动，不仅能让人们深入了解农家生活的真实面貌，还能培养人们的耐心和毅力。而晚上，坐在农家的院子里，品尝当地的家常菜，听老人讲述乡村的故事，更是一种难得的文化体验。更重要的是乡村度假旅游产品也十分注重环保和可持续发展，在这种旅游模式下，游客被鼓励参与到当地的环保活动中，如种树、清理垃圾等。这不仅有助于保护乡村的自然环境，也能让游客增强环保意识，形成保护环境的习惯。而且除了传统的农家生活体验，乡村度假旅游产品还结合了当地的文化和传统，为游客提供了更加丰富的活动选择。如参与当地的民间舞蹈、学习传统手工艺、品味乡村的特色美食等。这些活动不仅能够让游客深入了解当地的文化和传统，还能增强乡村旅游的吸引力，吸引更多的游客前来。

（五）野营度假旅游产品

这种度假方式不仅能够让人们深入大自然，还能够带来一种原始、冒险的体验。与传统的度假方式相比，野营度假更加注重与自然的亲密接触和对环境的尊重。野营地点通常位于风景优美、环境幽静的自然区域，如森林、湖边、山脚下等地。在这里，游客可以尽情享受大自然的馈赠，如清澈的湖水、郁郁葱葱的树林、鸟鸣声声等。与此同时，露天住宿为游客带来了不同于酒店的独特体验，如自己搭建帐篷、围炉烤食、数星星等。野营度假旅游产品也注重环境保护和可持续发展，很多野营地点都实施了严格的环保管理，限制垃圾产生，并鼓励游客带走自己产生的垃圾。此外，营地也鼓励使用环保材料，如生物降解的餐具、太阳能充电器等。在野营过程中，游客还可以参与各种户外活动，如徒步、垂钓、烧烤等。这些活动不仅能够加强游客与自然的互动，还能锻炼身体、放松心情。而夜晚，坐在篝火旁，与同伴分享旅途中的故事，更是一种难忘的体验。值得一提的是，随着技术的进步，野营度假旅游产品也在不断创新。现在的帐篷设计更加人性化，可以很好地抵御风雨，确保游客的舒适度。另外，还有一些高端的野营度假产品，为游客提供了更加豪华的设施和服务，如带有独立浴室的帐篷、五星级的餐饮服务等。

三、专项旅游产品

（一）文化旅游产品

文化旅游产品蕴含深厚的历史底蕴与丰富的人文精神，它们不仅仅是简单的旅行项目，更是一种文化交流与学习的方式。游客通过这些产品，可以深入了解一个地区的历史、传统、艺术、宗教和其他文化表现形式。例如，参观世界文化遗产，体验当地的节庆活动，探访历史悠久的博物馆和艺术画廊，或是走进古老的图书馆，都是文化旅游产品的一部分。这类产品通常涵盖了专业讲解服务，以帮助游客更好地理解所见之物的文化意义和历史背景。一些文化旅游产品还包括参与式体验，如手工艺制作、烹饪课程以及其他工艺学习活动，游客不仅仅是观看和聆听，更要亲自参与，通过动手实践来感悟文化的内涵。这种互动性质的体验让游客在旅途中能够更深刻地感受和记忆当地的文化特色。另外，文化旅游产品也越来越注重与地方社区的合作，让旅游活动带动当地经济的发展，同时保护和传承地方文化。例如，游客访问某地时，通过消费当地手工艺品、品尝传统美食等方式，直接支持当地的文化产业。

（二）商务旅游产品

商务旅游产品是专为满足商业和职业需求而设计的服务组合，它们包括会议、激励旅行、展览会、企业活动及高端商务接待等。这些产品通常以高效、专业、便捷为核心价值，确保商务旅行者在外出期间的工作需求得到充分满足，也能享受到一定程度的休闲体验。在这个领域内，会议旅游是极为关键的组成部分。它不仅包括会议场地的预定和布置，还涉及音响设备、视讯技术、同声传译等高级技术支持以及完备的会后服务。此类服务保证了各类商业活动、国际会议、学术研讨会等能够顺利进行。激励旅游是用来奖励公司员工或合作伙伴的特殊旅游套餐。这类产品往往包括豪华住宿、特色旅游活动、团队建设训练和个性化服务等，旨在提升团队士气、增强团队凝聚力，同时传递企业文化。展览旅游产品则聚焦于行业展会，为参展商和参观者提供从交通、住宿到展会门票、引导服务的一体化解决方案。这类产品的设计注重效率和经济性，帮助商务旅行者最大化其在展会期间的商业机会。商务旅游产品也越来越注重个性化和差异化服务，随着商务旅行者需求的日益多样化，产品开发者着力于创造更具特色的体验，如定制旅行路线、专属商务秘书服务、商务休闲结合的行程安排等，从而提供更具吸引力的商务旅游解决方案。随着国际交流的加深和全球商业活动的频繁，商务旅游已成为全球旅游市场的重要组成部分。它不仅推动了地方经济的发展，还促进了全球商业合作与文化交流。而商务旅游产品作为核心，正在不断进化，以适应日益复杂和精细化的商务需求。

（三）体育健身旅游产品

体育健身旅游产品融合了旅游休闲与体育锻炼的双重乐趣，提供了多样化的活动选择，满足了人们对于健康生活方式的追求。这类产品通常包括专业的体育活动、健身训练、户外冒险以及与特定体育赛事相关的旅游服务。定制化的体育健身旅游服务涵盖了各种体育项目，从常见的徒步、骑行、高尔夫、滑雪，到更具挑战性的攀岩、潜水、皮划艇等。这些活动不局限于专业运动员，也吸引着众多业余健身爱好者和家庭旅游者。为了满足不同水平旅游者的需求，体育旅游产品设计者会提供全面的服务，包括初学者训练、进阶指导、安全保障以及相关装备的租赁和购买。除了活动本身，这类旅游产品还强调提供周到的配套设施和服务，如配备完善的更衣室、休息区、专业营养餐饮等。在一些高端体育健身旅游产品中，还可能包括个性化健身计划、专业运动表现跟踪、身体状况评估等。与赛事相关的体育旅游产品，则是围绕具体的体育赛事打造的。例如，国际足球赛事、奥运会、网球公开赛等大型赛事，旅游套餐会包含赛事门票、往返交通、住宿安排，甚至包括与运动员的见面会等特殊体验。这类产品不仅满足了观赛的需求，还提供了全方位的文化交流和社交机会。为了促进体育旅游的可持续发展，产品开发者同样注重环境保护和社会责任的履行。例如，野外活动会强调环境保护的重要性，提倡"零痕迹"旅游。同时，一些体育健身旅游产品会与当地社区合作，促进当地经济的发展，为游客提供地道的文化体验。

四、生态旅游产品

生态旅游产品是以生态环境为依托，注重生态保护和可持续发展，为游客提供亲近自然、体验原始生态的机会。该类型旅游产品中，所包含的产品内容较为丰富，并且各项具体旅游产品也有与之相对应的特点、功能、作用，具体如表 1-3 所示。

表 1-3　生态旅游产品概括

产品内容	特点	功能	作用
自然保护区游览	保护生物多样性，维持生态平衡	观光、教育	增强公众环保意识，推广生态教育
野生动植物观察	体验自然，学习生物习性	教育、科研、休闲	促进生物科学知识普及，保护野生资源
生态徒步	低碳环保，减少对环境的影响	休闲、探险、健身	促进身心健康，推动低碳旅游
生态摄影	记录自然美景，促进艺术与自然和谐	艺术创作、休闲	提高自然保护意识，传播生态美
环境教育项目	提供实践操作机会，深化生态知识理解	教育、研究	培养环保人才，普及环境保护知识
生态志愿活动	引导参与保护行动，培养责任感	社区服务、环境保护	强化社区生态责任，改善生态环境
乡村生态游	推广传统与现代农业的和谐发展	休闲、教育、文化交流	保护乡村生态，发展绿色农业
生态农业体验	亲身体验农作，了解食物来源	教育、娱乐、生活体验	促进对传统农业和食品来源的了解与尊重

生态旅游产品致力提供既符合环境保护原则又能满足游客体验自然的愿望的旅游活动。这些产品包括从自然保护区游览到乡村生态游等多种形式，各具特色，旨在实现旅游业与生态环境保护的和谐共生。自然保护区游览作为生态旅游产品的一种，让游客有机会接触未经过人为干预的自然环境。这种游览活动通常在政府或非政府组织管理的保护区内进行，严格控制游客数量，减少对生态环境的干扰。这样的旅游活动不仅让游客欣赏自然美景，更通过现场解说员的讲解，增强游客的环保意识和生物多样性保护的认识。野生动植物观察是另一种让游客深入了解生物习性和生态系统的活动，在专业

指导下，游客可以观察动植物在自然环境中的真实生活状态，这不仅为生物学爱好者提供了现场学习的机会，也让普通游客体验到自然生态的魅力，增强保护野生动植物的责任感。生态徒步强调以最轻微的方式接触自然，通常选择人迹罕至的道路进行徒步旅行。这种活动有助于减少环境污染和生态破坏，同时为参与者提供身心锻炼的机会。在徒步过程中，参与者能够呼吸新鲜空气，享受宁静，接受大自然的洗礼。

生态摄影则让摄影爱好者在不打扰自然状态的前提下，记录下生态环境中的美好瞬间。生态摄影不仅仅是艺术创作，更是一种文化传播方式，通过美丽的自然图像向更多人展示地球生态的多样性和脆弱性。环境教育项目将教育融入生态旅游中，通过实地考察、课程学习和参与式活动，深化游客对生态环境的理解和认识。这类项目常见于学校、研究机构和非营利组织，目的在于培养参与者的环境保护意识和实践能力。生态志愿活动鼓励游客参与到环境保护中来，通过植树造林、清理垃圾等实际行动，体验保护自然的满足感。参与者在活动中为改善环境作出贡献，意识到参与环境保护的重要性。乡村生态游和生态农业体验让游客走进乡村，体验农业生活，了解传统农业与生态环境的和谐共存方式。这种形式的旅游产品通常结合当地特色，如参与农事、品尝农家餐饮等，让游客在享受乡村宁静的同时，理解和尊重自然资源和食物的来源。

五、旅游保护用品

旅游保护用品是确保旅行者在出行过程中安全和健康的重要组成部分，这类用品覆盖了从基本的个人防护装备到应对紧急情况的工具和设备。其中的安全装备中最常见的包括各类防护用品，例如，防晒霜、防虫剂、防水护照包、贴身腰包以及紫外线防护眼镜等。这些用品的设计兼顾实用性与便携性，能有效保护旅行者在各种环境下免受自然因素的伤害。除了防护用品，急救包作为旅游保护用品的核心，装有各种急救药品和医疗器械。标准的急救包包括创可贴、消毒剂、纱布、绷带、止血带、烧伤膏、退热药、消炎药等基础药物。此外，根据旅行目的地的不同，可能还需要携带水净化片、高原反应药物、驱蛇药、疟疾预防药物等特殊用品。对于冒险旅游、远足探险等特殊旅行方式，旅游保护用品还会包括高级的生存装备，如多功能军刀、打火机、求生哨、手摇多功能电筒、太阳能充电器、紧急食品和水以及紧急避难设备如睡袋、帐篷等。在现代旅游中，个人电子设备的安全也逐渐被纳入考虑范围。因此，旅游保护用品还涵盖了专为电子产品设计的防水包、抗震保护套，甚至包括数据保护设备，如防身份盗窃的信用卡保护套。旅游安全意识的提高促使旅游保护用品不断升级，这些用品不仅是为了应对传统的身体伤害，更是为了应对现代社会的新型风险。

第二章 旅游产品设计的理论基础

第一节 产品层次理论

一、产品层次理论的雏形

在探讨产品的定义与内涵时，20 世纪 80 年代之前，人们对产品的理解相对狭隘。在那个时期，产品被普遍看作有形的、实体的物品。这种观点与传统的生产和消费观念紧密相连，即认为产品的价值完全取决于其实体的属性。然而，随着时间的推移和市场研究的不断发展，人们对产品的理解逐渐深入，开始重新审视产品的概念，并探索其更为深远的内涵。菲利普·科特勒（Philip Kotler）作为该领域学术研究的知名学者，其观点也具有较强的代表性。他本人也于 1976 年对产品概念进行了深入的研究和探讨，提出了具有开创性的产品三层次理论。这一理论大大拓展了广大学者对产品的理解，使其从单一的实体物品转向多维度的复合体。

科特勒的三层次理论把产品分为核心产品（Core Benfits）、有形产品（Form Product）和附加产品（Extra Product）。每一层次都代表了不同的价值和意义，这三层次共同构成了产品的完整内涵。核心产品是指产品能够带给消费者的基本满足和效益，是产品存在的根本原因。例如，购买一辆汽车，其核心产品可能是出行的便利。对于一个在线课程来说，核心产品则可能是知识的获取和技能的提升。核心产品关注的是消费者真正希望从产品中获得的价值。有形产品则是传统意义上理解的产品实体，包括产品的所有物理属性，如形状、大小、颜色、材质等。对于汽车来说，有形产品可能包括车身设计、颜色选择、内饰布局等。它是消费者在购买过程中可以看到、摸到的实体物品，也是制造商在生产过程中实际制造出来的物品。附加产品则是除了核心和有形产品之外，为了增强产品吸引力和满足消费者更高需求而附加的其他要素。例如，汽车公司可能会提供额外的售后服务、保修政策或者一些赠品，这些都属于附加产品的范畴。这一层次的产品通常具有非物质形态的利益，如服务、体验、品牌形象等，它们往往能够为消费者带来更深层次的满足感和归属感。科特勒进一步明确，广义的产品不仅仅包括有形的实体物品，更包括消费者通过购买所能够获得的所有满足需求和欲望的利益。这一观点打破了传统的产品界限，使产品概念从实体属性扩展到了非物质的价值和利益方面。

二、产品层次理论的完善

科特勒对产品理论的探讨不断深化，逐步形成了一个更为完善的产品层次理论。他认为，为了全面理解一个产品及其价值，不能仅仅从物质形态出发，还要从消费者的需求和心理出发，深入挖掘其背后的多重含义。基于这一理念，科特勒进一步细化了产品的构成，将其分为五个层次，每个层次都代表了不同的价值和意义。

核心产品 (Core Benfits) 是产品的最基本层次，代表了顾客真正希望从产品中获得的服务或利益。这一层次关注的是产品的核心价值，是消费者购买产品最根本的动机。例如，在购买一台电视时，消费者真正需要的可能是娱乐和放松。一般产品 (Basic Product) 关注的是产品的基本形态和属性。它包括了产品的五个基本特征，即品质、式样、特征、商标及包装。这一层次主要描述了产品的物理特性和外观。例如，一部手机的材质、尺寸、屏幕分辨率、品牌和包装方式都属于这一层次。期望产品 (Expected Product) 则涉及消费者对产品的期望和要求。当消费者决定购买一个产品时，往往对其有一系列的期望，这些期望可能涉及产品的性能、使用寿命、售后服务等。这一层次强调了消费者心中的标准和预期。扩大产品 (Augmented Product) 进一步拓展了产品的定义，包括与产品相关的增值服务和利益。例如，一些品牌可能会为其产品提供免费的售后服务、额外的保修期或赠品，这些都属于扩大产品的范畴。这一层次的产品不仅仅满足了消费者的基本需求，还为其带来了额外的价值和满足感。潜在产品 (Potential Product) 是产品的最高层次，代表了产品的最终可能发展方向。它涵盖了所有现有的附加产品，并预示了产品未来可能发生的演变和变革。这一层次的产品具有很强的前瞻性和创新性，是对产品未来的设想和探索。

这五个层次共同构成了产品的完整内涵，揭示了产品从核心价值到最终潜在状态的全过程。科特勒认为，消费者在购买产品时，是从核心利益层次开始，逐渐向外扩展，直到潜在产品层次。这一理论为广大学者提供了一个深入了解消费者购买心理和行为的视角，帮助企业更好地把握消费者的需求和预期。通过这一理论，企业可以深入了解旅游者在选择旅游产品时关注的核心利益，探索游客对旅游产品的基本要求和期望，了解游客对增值服务的需求和评价以及对旅游产品未来发展的设想和期望。这样的分析不仅可以为相关企业提供宝贵的市场信息，还可以帮助其更好地调整产品。

第二节　精益理论

一、精益理论的相关模型概述

田峰对于精益研发的贡献是不容忽视的，他本人基于多年的项目咨询与实施中累积的实践经验，深入探索企业在精益研发领域的内在需求与发展态势，为此特地制定了一套精益研发成熟度模型。[①] 这个模型的提出，无疑为企业精益研发体系建设注入了新的活力和方向，充分说明一个成功的研发模型不仅要具备高度的学术价值，还要确保其在实际运用中的效果。田峰深知这一点，他不满足于制定模型，更进一步从成熟度模型角度出发，搭建起完整的精益研发体系。他坚信，理论分析与实践运用应当是相互促进、高效衔接的。只有当理论得到实践的验证，体系建设的每一步才能真正走得稳健，最终确保体系建设的有效落实。精益研发成熟度模型的提出，为众多企业带来了一种新的评估工具，企业可以通过这个模型，对自身在精益研发领域的成熟度进行客观、系统地评估，进而找到体系中的不足之处，为优化体系提供有力的指导。这一模型不仅是体系建设的重要依据，也成为评估体系优化程度的有力框架。利用这一框架，企业能够清晰地认识到自身在精益研发领域的优势和劣势，从而更有针对性地进行改进。该成熟度模型将研发成熟度划分为五个等级，从基础到高级，每个等级都有其独特的特点。自发级，是企业开始涉足精益研发，尚未形成完整体系时的初级阶段。意识级则意味着企业已经认识到精益研发的重要性，开始有意识地进行研发活动。当企业进入稳序级时，其研发活动已经呈现出一定的规律性和稳定性。而协同级则意味着企业的各个部门或团队能够高效地协同工作，共同推进精益研发。而当企业达到水平最高的精益级时，它已经达到了精益研发的最高境界，所有的研发活动都能够高效、流畅地进行。

在企业的发展过程中，其研发成熟度经常作为评估其研发能力的重要指标。从最初的自发级到最高的精益级，企业的研发成熟度反映了其在研发管理、技术能力和创新能力等方面的发展水平。观察自发级的企业，常常可以看到这类企业处于研发活动的初始阶段，其研发活动多是基于直觉和经验，缺乏系统的理论指导和结构化的管理流程。这使得自发级企业在面对复杂的市场和技术挑战时，往往难以有效地应对。然而，当企业进入意识级，情况开始发生变化。在此阶段，企业已经形成了一定的组织意识，能够认识到研

① 田峰. 协同仿真时代来了 [J]. 中国制造业信息化，2007（22）：62.

发活动的重要性，并开始尝试对其进行有计划的管理。尽管在这一阶段，企业的研发活动可能仍然存在一些不足，但它们已经开始意识到并努力解决这些问题。进一步而言，当企业达到稳序级，其研发活动将更为规范。在这一阶段，企业已经建立了一套规范性的研发流程，并开始按照这些流程开展研发活动。这使得企业在研发项目的执行中能够更加高效和稳定，从而提高其产品的质量和市场竞争力。到达协同级的企业，其研发能力已经达到了一个相对理想的状态。此时，企业不仅有了规范的研发流程，还能够基于这些流程实现各部门之间的协同管理，从而进一步提高研发效率。值得注意的是，精益研发成熟度不仅仅是一个单一的指标，它还包括四个子体系，即设计体系、仿真体系、质量管理体系和知识工程体系。这四个子体系分别反映了企业在不同研发领域的成熟度。与此同时，这四个子体系也都包括五个成熟度等级，如表 2-1 所示。

表 2-1　精益理论下的产品研发成熟度划分

级别	一级	二级	三级	四级	五级
精益研发	自发级	意识级	稳序级	协同级	精益级
设计	仿制级	逆向级	系统级	正向级	自由级
仿真	采纳级	重复级	预测级	驱动级	引领级
质量	基础级	检查级	保证级	预防级	卓越级
知识	无序级	觉悟级	共享级	涌现级	适应级

为了全面而精确地评估精益研发及其四个子体系的效果，将研发管理体系分为六个维度成为一种必要的做法。这些维度提供了一个框架，使企业能够从不同角度对其研发活动进行深入分析。当考虑到这些维度时，仅仅明确这些维度的名称和内容是不够的，还需要确定每个维度的重要性。因为在实际的研发活动中，不同的维度可能会有不同的影响和价值。为了确保评估结果的公正性和准确性，各个维度都被赋予了一定的权重。这些权重不仅反映了每个维度的重要性，还提供了一个衡量和比较的标准。表 2-2 为各维度提供了明确的权重值。在进行研发评估时，不同的维度将受到不同程度的关注。例如，如果一个特定的维度被认为是非常关键的，那么它可能会被赋予更高的权重，而相对不那么重要的维度则可能会有较低的权重。

表 2-2　精益研发体系各维度权重

指标	人才	组织	流程	知识	质量	进度
权重	20%	20%	15%	15%	15%	15%

二、精益理论下的产品研发成熟度各维度评分

企业研发活动的成功并不仅仅依赖技术的先进性或资金的投入，更在于研发管理体系的完善程度。评估企业的精益研发成熟度，无疑是评价该体系完善程度的一个重要手段。为此，通过 11 个维度对企业精益研发进行评估成了一种普遍的做法。这些维度覆盖了研发活动的各个关键领域，为评估提供了全面而深入的视角。在这种评估机制中，为每个维度设定一个从 0 分到 5 分的评分标准，并允许小数点后保留一位，这无疑为评估提供了更加精细的刻度。这种精细化的评分方法使得评估结果能够更准确地反映企业研发体系在各个维度上的实际情况。每一个细微的差异都可能影响到研发活动的效果，因此这种精细的评分方法为企业提供了更多的信息和启示。

但是，仅仅得到每个维度的分数还不足以对企业的精益研发体系进行全面的评价。所以还需要一个加权求和的过程，以计算出研发体系成熟度的综合得分。这一过程考虑到了每个维度的重要性，确保了综合得分真实地反映出企业研发体系的整体情况。这也意味着，即使在某一或几个维度上得分较低，但只要其他维度得分较高，依然有可能获得较高的综合得分。综合得分的计算结果将被用于评估企业精益研发体系的成熟度，并据此进行评级。这种评级机制遵循一系列明确的标准，如表 2-3 所示。通过这种方式，企业不仅可以了解其研发体系的现状，还可以清晰地知道如何进行改进以达到更高的成熟度。

表 2-3　精益研发体系发展等级

成熟度等级	标准
一级（自发级）	1 分 ≤ 综合得分 < 2 分
二级（意识级）	2 分 ≤ 综合得分 < 3 分
	2 分 ≤ 各维度得分 < 3 分
三级（稳序级）	3 分 ≤ 综合得分 < 4 分
	3 分 ≤ 各维度得分 < 4 分
四级（协同级）	4 分 ≤ 综合得分 < 5 分
	4 ≤ 各维度得分 < 5 分
五级（精益级）	5 分 ≤ 综合得分
	5 分 ≤ 各维度得分

第三节　大规模定制理论

一、大规模定制理论框架研究

大规模定制作为一种新型的生产和服务模式，其在旅游业的研究与实践，反映了企业对市场细分与个性化需求的深刻理解与高效响应。在探究旅游大规模定制理论框架时，分析人员借鉴了制造业到服务业的模式转移，并突出了该理论在旅游业的特殊应用。大规模定制的概念最早源于制造业，意在通过标准化和规模化生产满足客户个性化需求。此概念的转向与融入服务业，尤其是旅游业，标志着服务提供方式的创新与突破。阿尔温·托夫勒（Alvin Tofler）对此理念的初步提出，揭示了生产模式向更灵活、更响应市场需求方向的演进。[①] 随着斯坦利·戴维斯（Stanley Davis）在 1987 年对大规模定制命名并定义其为一种生产策略，进一步明确了为消费者提供个性化产品与服务的重要性。戴维斯的定义不仅适用于物质产品的生产，同样适用

---

① 詹运洲．信息化进程中的城市发展 [J]．城市问题，1998（2）：7—10.

于旅游产品的打造。约瑟夫·派恩（Joseph Pine）在 1993 年的深入论述中，指出在大规模定制体系中，个性化服务的成本控制是实现策略的关键。这一观点对旅游业具有深远意义。成本控制对于旅游业而言，既包含了直接成本的精细管理，如住宿、交通、餐饮服务的成本，也包含了间接成本，如客户关系管理、市场营销等。

在旅游业中应用大规模定制，需在保持服务个性化的同时，实现成本的有效控制。这要求旅游服务提供者在满足游客个性化需求的同时，能够利用标准化的流程和系统，减少不必要的开支，从而实现经济效益与客户满意度的双赢。在整个旅游产业链中，每一个服务环节的标准化流程设计，从预订、住宿到娱乐活动的安排，都应综合考虑成本效益。对此，旅游业从业者需深入分析和细分市场，精准掌握不同旅游者的需求，再通过标准化的服务流程来实现高效响应。例如，通过数据分析，旅游地可以对客户群体进行细分，针对不同细分市场提供差异化的服务套餐，以满足客户多样化的需求。旅游业的大规模定制还涉及技术应用，如信息技术在个性化旅游服务中的运用。旅游服务提供者可以通过建立智能推荐系统，根据游客的历史行为和偏好，提供个性化的旅游产品和服务。

二、大规模定制理论实施方案的提出

旅游业的大规模定制实施方案探索是一项复杂而细致的工程，其核心在于深度解析客户需求、评估市场条件、完善价值链构建、技术支持整合、确立产品可定制性以及知识共享机制的构建。在此基础上，将不同的经营策略有机结合，是实施大规模定制的关键。学者弗拉维奥·福利亚托（Flavio S.Fogliatto）在 2012 年对此领域的研究提供了扎实的理论基础，明确了成功实践大规模定制所需的关键元素。游客的评述强调了对客户需求的准确把握与市场评估为基础，进而构建起支撑大规模定制的完备价值链。此外，技术支持的角色显得尤为重要，它是可定制产品实现和知识共享的重要推动力。

随着 21 世纪的到来，琳达·彼得（Linda Peters）等研究者在大规模定制与服务业结合的理论和实践探讨中提出了模块化服务的概念。这一理念为服务业，尤其是旅游业，提供了新的思路。通过模块化的服务设计，可以在不同层次上将服务组合起来，满足游客多样化的需求，也控制成本，实现效率与个性化的平衡。在旅游业，大规模定制的思想可追溯至 1972 年甘恩（Gunn）提出的旅游功能系统模型。[①] 该模型以其对旅游者与旅游产品间关系的解读，为后续研究者提供了修改和完善的空间。在对模型的修正过程中，更加注重游客与旅游产品个性化匹配的重要性，从而有效提升旅游消费的总效用。也就是说，大规模定制在旅游业的实施，不仅仅是单一产品的个性化，更是涉及旅游体验的每一个环节。从预订服务的个性化选项到住宿、活动甚至餐饮的个性化配置，都是大规模定制策略中不可或缺的部分。这一过程需要旅游企业拥有灵活的服务设计、高效的运营管理能力以及先进的信息技术支持。

第四节　可持续发展理论

一、可持续发展的概念

（一）可持续发展概念提出的背景

随着环境恶化问题的不断暴露，全球范围内的环境保护意识逐渐被唤醒，公众与政策制定者开始审视人类活动与自然环境之间的微妙与复杂关系。在此背景下，1968 年，美国科学家蕾切尔·卡逊（Rachel Carson）撰写的《寂静的春天》如一声惊雷，在社会各界产生了深远的影响。[②] 该书详细

---

① （美）克莱尔·A. 冈恩，（土）特格特·瓦尔. 旅游规划：理论与案例 [M]. 吴必虎，吴冬青，党宁，译. 大连：东北财经大学出版社，2005：35—40.
② 李继宏，杨建邺. 蕾切尔·卡逊和她的《寂静的春天》[J]. 自然杂志，2007，29（5）：305—309.

记录了化学杀虫剂尤其是 DDT 的生产和广泛应用，如何导致大量非靶标生物的死亡，也揭示了害虫对这些化学品的抗性增强，这一过程导致生态平衡遭到破坏。卡逊在书中阐述了一系列深刻的观点，其中最核心的是生物之间的相互依存关系以及人类应对自然持有的谦逊态度。她强调，官员在制定政策时不可孤立行动，环保工作需要动员广大群众的参与。此外，她倡导的是通过多方合作，共同努力走上一条更为理智和可持续的发展道路。卡逊的这些观点不仅提出了对当时环境政策的重要批评，也为环保运动提供了理论支撑，进而推动了环境立法和公众参与环境保护的进程。她的洞见和呼吁，使得环保不再是边缘化议题，而是被提升到国家和国际政策制定的优先位置。《寂静的春天》的出版无疑促成了环保意识的全球觉醒，卡逊本人也因此被誉为现代环境运动的先驱。

1968 年，罗马俱乐部的成立标志着对全球发展挑战的认识迈入了一个新的阶段。这一由科学家、教育家和经济学家组成的国际性非政府组织，致力对人类生存与发展的共同问题进行深入的关注与分析。在快速工业化与人口增长的背景下，罗马俱乐部认识到，这些问题的解决远远超出了单一学科或国家的能力范围，而是一个全球性的综合挑战。为了对当时盛行的西方高增长经济模式进行深刻反思，罗马俱乐部委托麻省理工学院的一个研究团队进行了一项具有里程碑意义的研究，该研究明确指出受限于地球的自然资源和生态系统的承载能力，当前的发展模式，特别是指数型的人口增长、粮食生产、工业发展、资源消耗以及环境污染不可能无限期地持续下去。根据模型预测，若现有趋势不变，全球增长将在 22 世纪内遭遇不可逆转的制约，因为地球的生态系统和资源基础不可能支持无止境的增长。[①]

随着环境危机的日益加剧和科学界对此的连续警示，社会的环境意识经历了深刻的觉醒。广泛的共识开始形成，工业化进程虽然推动了人类社会的飞速进步，但也带来了严重的生态环境后果。面对生物多样性的丧失、污染物质的累积以及气候变化的威胁，社会开始审视人类行为对自然世界的影

---

① 丁金光．国际环境外交 [M]．北京：中国社会科学出版社，2007：22.

响。这一反思揭示了工业活动对环境的双重影响。一方面，自然资源的大量开采为工业化提供了动力；另一方面，随之产生的污染和合成化合物的广泛使用，导致了空气、土壤和水资源的严重污染。此外，人造物质中的致癌成分进入食物链，对人类健康构成了潜在威胁，许多合成物由于无法在自然环境中分解，导致了环境的长期负担。在工业革命启动以来的发展模式中，生态问题通常被视为发展的副产品，而非核心关注点。然而，这一认识已经不能满足现代社会对健康、安全和可持续性的要求。可持续发展的理念应运而生，并迅速成为国际发展战略的重要组成部分，它强调在满足当前需求的同时，不损害后代满足其需求的能力。这一理念的实质是促使传统发展观念发生根本变化，将生态平衡、资源保护和环境修复纳入发展的核心议程。在此背景下，国家政策、国际协议和民间组织均将可持续发展作为核心目标。通过对传统工业模式的反思与改革，社会力求在经济发展、社会进步和环境保护之间寻找到一个平衡点，确保地球的生态系统和资源得到有效的保护和合理的利用，以实现人与自然的和谐共处。

（二）可持续发展概念的演变

在当代社会发展的叙事中，"可持续发展"一词占据了中心。从概念的孕育到其跨学科的理论演进，可持续发展既是一个科学的议题，也是一个政策导向的框架。历史的车轮滚滚向前，这一概念在环境伦理、经济增长与社会福利之间搭建了桥梁。在全球化的浪潮中，可持续发展的概念经历了丰富的迭代与重塑，不仅揭示了人类对环境的深刻反思，也标志着对未来发展路径的前瞻性规划。在探索其演变过程之际，必须洞察那些推动理论发展的关键里程碑，从而全面理解可持续发展这一概念的深刻内涵与实践意义。可持续发展概念的演变过程如表 2-4 所示。

表 2-4　可持续发展概念的演变过程

阶段	年份	事件 / 发表作品	关键成就 / 意义
萌芽	1960 年	科学家认识到需改变传统发展模式	引发对可持续发展路径的思考
概念初步形成	1972 年	联合国人类环境会议《人类环境宣言》	识别生态责任，倡导资源保护和科技应用于环境
概念发展	1980 年	世界自然保护联盟《世界保护战略》	强调自然资源保护与经济发展的并重
定义明确化	1987 年	世界环境与发展委员会《我们共同的未来》报告	明确提出可持续发展定义，系统化发展和环境议题
原则确立	1989 年	联合国环境规划署《关于可持续发展的声明》	明确原则，强化可持续发展的内容
全球承认	1992 年	地球首脑会议（里约会议）	正式确立可持续发展原则，通过相关环境保护文件
行动与策略	2002 年	世界可持续发展首脑会议（约翰内斯堡会议）	讨论实施手段，通过《约翰内斯堡宣言》和执行计划

在表 2-4 中，明确反映出可持续发展的概念可追溯至 20 世纪 60 年代科学界对于传统发展模式的反思。学者们强调，为缔造与地球生态环境和谐共处的未来，必须开辟一条创新之路。随着 20 世纪 70 年代可持续发展观念的渗入，该术语在第三世界的发展讨论中愈发频繁地出现，作为经济增长单一视角的替代，强调低成本、低环境压力的发展方式，与地方文化规范保持一致的适宜及中间技术。1972 年联合国人类环境会议的召开以及随之通过的《人类环境宣言》，标志着可持续发展思维框架的雏形。宣言虽未直接提及可持续发展，却包含了许多与其理论紧密相关的核心观点。宣言中对自然资源的珍视、环境的保护责任以及科技在环境保护中的角色，预示了可持续发展概念的逐步成熟。[①]

可持续发展这一理念在 1980 年世界自然保护同盟发布的《世界保护战略》中得到了显著提升，并在内容上获得了进一步丰富。该战略文档聚焦于植物资源的保护，强调在推动经济发展的过程中必须同时维护自然资源。在人与生物圈的复杂关系上，该战略强调了一个双重保障，不仅要满足当前的

---

① 万以诚，万岍. 新文明的路标：人类绿色运动史上的经典文献 [M]. 长春：吉林人民出版社，2000：3.

利益诉求，还要维持生物圈对未来代际满足需求的潜在能力。世界环境与发展委员会于 1987 年发表的报告《我们共同的未来》中，促进了可持续发展话语的转变。报告涵盖广泛的主题，从国际经济到城市和制度变化，提出了深入的分析和建议。它的突出成就在于将发展、环境、人口、和平与安全等多个领域的问题进行了系统的整合，提出了跨领域的解决方案。《我们共同的未来》中对可持续发展定义的确立，标志着这一概念的实质性飞跃。它所倡导的发展理念不仅要满足当代的需求，更重要的是不危及未来代际满足其需求的能力。该报告将经济增长、环境改善、人口稳定、和平等目标的相互促进置于可持续性的框架之内，强调这种进程必须是能够自我维持的。^① 这一定义凭借其深刻性与全面性，在国际上产生了共鸣。这一定义不仅在理论上赢得了认可，更为可持续发展的概念注入了具体和实际可行的内涵，形成了一套逻辑严密、内容完整的思想体系。在此基础上，可持续发展由一个模糊的环境保护概念，转变为一个涵盖经济、社会、环境多维度的全球性议程。1989 年，联合国环境规划署的环境规划理事会为了加强国际社会对可持续发展原则的共识，发布了《关于可持续发展的声明》。该声明不仅重申了可持续发展的基本理念，还提出了一系列原则，包括尊重国家主权、推动国际与国内合作、保障国际的公平以及合理利用自然资源。这些原则进一步丰富了可持续发展的理论与实践框架，并对未来的环境政策与国际合作产生了深远影响。

1992 年召开的联合国环境与发展会议，也被称为地球首脑会议，为可持续发展原则在全球环境与发展议程中的正式确立留下了历史性的一刻。该会议的成果极为丰硕，通过了五份关键文件，每一份都深植可持续发展原则之精神，包括《里约环境与发展宣言》《21 世纪议程》《联合国气候变化框架公约》《生物多样性公约》以及《关于森林问题的原则声明》。《里约环境与发展宣言》中的原则对可持续发展的理念进行了精确阐述，强调了人类在此议题中的核心位置，同时赋予其权利，以一种与自然和谐相处的模式过上健

---

① 德赖泽克．地球政治学：环境话语 [M]．济南：山东大学出版社，2008：170．

康而有生产力的生活。进一步强调了发展的权利与环境需求之间的平衡以及消除不可持续生产消费方式的必要性，并呼吁推行适当的人口政策，以此来实现全人类较高的生活质量。2002 年在南非约翰内斯堡举办的世界可持续发展首脑会议，作为史无前例的专题会议，凝聚了超过两万名来自不同背景与领域的参与者。参与者群体包括政府官员、国际组织、非政府组织、私营企业、民间社会以及学术界人士。此次会议的主要目标在于，在共识可持续发展内涵的基础上，深入探讨其实施手段、管理方法及具体行动事项。可持续发展战略的实施被集体认可，并通过了《约翰内斯堡宣言》，这一宣言不仅表达了对实施可持续发展战略政治意愿的共鸣，还制订了包含明确目标与时间表的执行计划。[①] 这两次会议，不仅在可持续发展的理论框架内建立了全球共识，还推动了其实践路径的具体化。通过这些努力，可持续发展原则不再是理念层面的抽象构想，而是转化为可操作的政策和行动指南。这一转变确保了环境保护与社会经济发展的目标能够协调一致，并被广泛地应用于国家政策、企业战略以及国际合作中。

在当代理论研究中，可持续发展的概念虽广受关注，然而关于其定义的解读却存在诸多异同。多数专家与学者依据个人研究领域及其实际工作的需求，通过多元化的视角来解读可持续发展的定义，形成了一个内容丰富而边界模糊的解释体系。尤其是生态学家常基于生态系统的稳定性和延续性来阐释可持续发展，注重生物多样性与生态系统服务的长期维持。环境科学者则倾向于从资源的维持能力与环境质量的保护角度出发，强调资源循环与环境污染控制。经济学家通常从宏观经济稳定、社会福利提升及经济效率的角度探讨可持续发展，着重于经济增长模式的长效性与公平性。社会学者则着眼于社会需求、人口增长与社会结构变迁，从而从发展过程本身的可维持性出发，讨论可持续发展的社会层面。然而，这些定义在各自领域内虽可能发挥着积极的作用，但它们并不宜被视作对可持续发展概念的正式定义。需明确的是，可持续发展作为一个概念，有其特定的内涵。它最初是从环境与自然

---

① 万以诚，万岍 . 新文明的路标：人类绿色运动史上的经典文献 [M]. 长春：吉林人民出版社，2000：38—42.

资源的角度提出的，旨在阐明人类长期发展的战略，并非仅仅是某种发展过程的时间延续性。可持续发展突出了环境与自然资源的长期承载力以及经济社会发展在提升生活质量与生态环境改善中的关键作用。可持续发展的战略目标在于协调人口、资源与环境的关系，平衡区域和代际间的矛盾，而非专注于系统的某个单一方面。在此背景下，"生态环境的可持续发展""经济的可持续发展""社会的可持续发展"及"教育的可持续发展"等提法可能会引发歧义，因为它们没有准确表达可持续发展概念的全貌，易于造成概念上的混淆。考虑到"可持续发展"这一表述的普及程度，学界出现了将其中的"可"字删除，改为"经济的持续发展""社会的持续发展"等建议，以此来减少对原有可持续发展概念的误读。这一建议是在澄清概念与避免混淆的考虑下提出的，以期确保可持续发展的本义不会与其他概念混淆。

二、可持续发展思想

《我们共同的未来》报告对于可持续发展的定义，实则呼唤全球追求一种综合的、多方面的平衡，而这种平衡不仅仅是经济与生态之间的，还涉及代际、当下与未来之间的平衡。此报告所述的可持续发展思想核心在于一个"均衡"。① 这样的均衡需要在满足当前的人的需求的同时，保证未来的人也有同样的机会去满足自己的需求。在此理论框架下，经济发展不能为了短期的利益而牺牲长期的福祉，生态环境和社会效益必须和经济增长同步考虑。生态环境的可承载力决定了资源的使用限度和开发强度。超越这一界限，就可能造成不可逆的环境损害，从而影响到后代的生存和发展。

例如，乡村旅游正是这样一个完美的实践领域，它不仅是一种经济活动，更是与生态、文化和社区发展紧密相关的活动。如今，乡村旅游已经成为推动乡村振兴的一种有效途径。乡村旅游的发展不能单纯地追求经济效益，更需要注重环境的保护和社区的建设。一个真正成功的乡村旅游项目，不仅能够带来经济上的收益，还能够为当地的环境和社区带来长远的好处。

---

① 世界环境与发展委员会. 我们共同的未来 [M]. 王之佳，柯金良，译. 长春：吉林人民出版社，1997：44—45.

在乡村振兴过程中，经济的振兴和环境的振兴是相辅相成的。经济的发展为环境保护提供了必要的资金和技术，而一个健康的生态环境则为乡村旅游提供了有吸引力的资源。此外，乡村振兴还需要关注乡村的社会和文化发展，确保当地居民能够从乡村旅游中获得真正的利益。因此，无论是乡村旅游的初期开发还是后续的改造和升级，都需要有一个明确的、以可持续为导向的规划。这样的规划不仅要满足当前的旅游市场需求，还要考虑到长远的发展。例如，在开发乡村旅游项目时，应该充分考虑当地的生态环境、文化和社区的特点，确保项目的实施不会对这些资源造成不可逆的损害。同时，需要预留一定的空间和机会，以便在未来根据市场的变化和技术的进步进行调整和升级。

可持续发展思想是在 1987 年《我们共同的未来》报告中提出的，报告中将这一理论定义为"既能满足当代人的需要，又不损害子孙后代满足其需要能力的发展"，可持续思想在坚持实现经济平稳发展的同时，兼顾生态环境和社会效益，在满足当下人的需要后，考虑到生态环境的可承载力，适度开发，又能确保以后的资源充足，兼顾代际发展的平衡和社会不同方面发展的平衡。乡村旅游是实现乡村振兴的重要抓手，在振兴乡村的同时既要振兴经济还要振兴环境，既要振兴产业还要将乡村建设成为生态宜居的美丽乡村。不论是在前期的开发还是后期的升级改造过程中，都要做到统筹环境经济和社会效益，做好规划，满足当下旅游市场的产品开发需求，又要为未来的发展预留空间，向着绿色乡村旅游推进。

三、绿色旅游

在现代社会，旅游业已逐渐成为全球经济的重要支柱，对于各国、地区乃至各个社群都具有深远的影响。然而，随着旅游业的迅速扩张，其对环境、文化和社会带来的影响也受到了广泛关注。为了确保旅游业的持续、健康和和谐发展，各国和国际组织都在寻求一种平衡，以实现经济效益、环境保护和社会公正的目标。正是在这一背景下，旅游业可持续发展的理念——绿色旅游应运而生，其发展历程如表 2-5 所示。

表 2-5　绿色旅游的概念、实施策略、影响概括

绿色旅游的概念	实施策略	对旅游业的影响
旅游业的可持续发展理念，注重经济效益、环境保护和社会公正的平衡。	深挖旅游资源的历史文化内涵，打造丰富多元的旅游产品。	改变旅游市场的竞争格局，提高旅游目的地的吸引力和竞争力。
旅游业与环境的和谐共存，尊重生态平衡，确保资源的可持续使用。	采用绿色认证制度，规范旅游市场，提供绿色旅游产品的选择标准。	增强游客的环保意识，提升旅游体验质量，促进环境保护意识的提升。
在旅游活动中，旅游者和服务提供者都应注重自然的和谐共存。	提高旅游开发能力和效率，整合多方面因素，确保资源的合理利用。	推动旅游业向更健康的方向发展，实现经济效益与环境保护的双赢。
绿色旅游融入科学考察、探险和科普教育等多重元素。	现代化旅游接待设施的建设，提供高质量的旅游服务。	提升旅游目的地的整体形象，吸引更多高质量的游客流量。
绿色旅游强调环境保护、回归自然和生命的尊重。	政府通过制定政策和措施规范市场行为，引导客流的健康有序运行。	保障旅游业的可持续发展，确保环境和社会效益的最大化。

1990 年，《旅游业可持续发展行动纲领》在加拿大举行的旅游国际大会中提出。该纲领不仅为旅游业的可持续发展提供了一个清晰的定义，更为全球旅游业提供了一个行动指南，为旅游业的长远发展指明了方向。这不仅促进了人们对旅游业的新认识，更强调了在旅游业发展中，必须兼顾经济、环境和社会三大领域，实现它们之间的和谐共生。不久后，中国也对这一概念进行了积极响应。1994 年，《中国 21 世纪议程——中国 21 世纪人口、环境与发展白皮书》中，明确提出了发展绿色旅游的战略目标。[1] 强调在旅游业发展中，必须坚持不污染、不破坏环境的原则，以此来实现旅游业与环境的和谐共存。该白皮书也特别提到，开发旅游线路将是实现这一目标的主要途径，同时强调了旅游资源保护的重要性。这无疑为中国旅游业的持续、健康发展提供了有力的政策支持。

绿色，这一代表生命和活力的色彩，已成为当今时代的追求。在众多涉及生活领域的实践中，"绿色"不仅仅是一个色调的称谓，更多的是对环境友好、持续发展、生态和谐的象征。在现代人类文明的观念中，绿色与环境保护、回归自然和生命的尊重紧密相关。因此，当提及"绿色旅游"时，其

---

① 　刘住，陈永发 . 新时代都市旅游的可持续发展 [J]. 旅游科学，1997（4）：1—5.

内涵远远超越了字面意义。"绿色旅游"作为一种理念，强调在旅游活动中，无论是从旅游者还是旅游服务提供者的角度，都应注重与自然的和谐共存，尊重生态平衡，确保资源的可持续使用。这种理念要求旅游者在参与旅游活动时，应当秉持一种尊重自然、保护环境的态度，确保在享受大自然的美景的同时，不对其造成破坏。而对于饭店、景点管理者、旅行社和导游等旅游行业的参与者来说，则意味着在提供服务时，要确保旅游活动对环境的影响最小，资源的使用尽可能高效，还要保证旅游产品是真正的"绿色"。在中国，随着经济的发展和民众生活水平的提高，旅游业也经历了快速的发展。然而，这种迅猛的发展也带来了一系列环境问题。因此，中国的旅游企业在未来的发展中，更要考虑如何在获得经济利益的同时，确保环境的可持续性。这就要求旅游企业在经营中不仅要考虑经济效益，更要确保资源的合理利用、环境的保护以及与旅游者之间的和谐互动。这样，才能实现真正意义上的绿色旅游，确保旅游业的持续健康发展。绿色旅游不同于传统的旅游形式，其功能远远超越了简单的观光和休闲。绿色旅游中融入了科学考察、探险和科普教育等多重元素，使得旅游者在旅行中，不仅能够享受到大自然的美景，还能够增进对生态环境的认识，提高旅游者的环保意识。这样的旅游活动，无疑会增强人们对自然的敬畏之情，加深对生活的理解和体验。

绿色代表了和谐、生态和可持续性。在全球环境保护的大背景下，绿色营销和绿色消费正逐渐成为消费市场的主流趋势。这股浪潮不仅仅在国际高环保标准的国家或地区持续升温，在中国也逐渐兴起并得到了广泛关注。其中，绿色旅游成了这股绿色生活浪潮中的重要组成部分，它反映了当今社会中对于环境保护和可持续发展理念的追求。绿色旅游在近年来得到了广大消费者的喜爱，一方面是因为人们的环保意识不断增强，另一方面也得益于中国大力推进的绿色认证制度。这一制度不仅规范了旅游市场，更为消费者提供了一个鉴别和选择绿色旅游产品的标准。随着越来越多的企业和游客参与其中，绿色旅游正逐渐成为当下的时尚潮流。对于一个地区而言，要想在旅游市场中取得一席之地，仅仅依靠其自然资源是远远不够的。成功的旅游开发需要整合多方面的因素，确保以最少的资源投入获取最大的经济和社会效益。其中，提高旅游开发能力和效率无疑是关键，这不仅要求地区内部经济结构的持续优化，确保其向着更健康的方向发展，也需要充分挖掘旅游资源的潜力，打造更为广泛的市场。旅游接待设施的现状和未来发展潜力，也是决定旅游效益的关键因素之一。高质量的旅游设施不仅能够提供给游客更好的体验，还能够为当地带来更大的经济效益。而交通便利性则直接影响到旅游业的繁荣程度。只有确保游客能够轻松抵达和离开，才能确保旅游市场的稳定和持续增长。旅游开发的容量也是不容忽视的因素。超出容量的开发不仅会给当地环境带来压力，还会导致旅游体验变差，从而影响整体效益。需要注意的是，地方政府在旅游业的发展中起到了至关重要的作用。具体原因在于两个方面：其一，政府需要通过制定合理的政策和措施，规范旅游从业者的市场行为，确保其合法、合规地运营；其二，政府还需要扮演着旅游业"疏导者"的角色，合理地引导客流，确保其健康有序地运行。①

第五节　需求成长相关理论

一、马洛斯需求层次理论

1943 年，亚伯拉罕·马斯洛（Abraham H. Maslow）发表了他的《人类激励理论》，这是心理学领域的一个重要里程碑，从而为心理学研究带来了全新的视角。② 马斯洛需求层次理论作为该理论的核心，详细描述了人类需求的层次结构，为人类行为和欲望提供了一个框架性的解释，具体如表 2-6 所示。

---

① 郭祎. 中国可持续旅游政策创新扩散的影响因素及相互作用研究 [M]. 北京：旅游教育出版社，2022：22—23.

② 马斯洛. 马斯洛需求层次理论：动机与人格 [M]. 北京：中国青年出版社，2022：18—20.

表2-6 马洛斯需求层次理论在旅游产品设计开发中的表现

马洛斯需求层次理论在旅游行业的意义	旅游者需求的理解	定制化旅游产品策略
提供了对旅游者更高层面需求的分析和满足的框架。	旅游者的需求不仅仅是更换环境，更多是满足内心深处的需求，如社交、归属感、尊重和自我实现。	设计团队活动和交友活动，满足追求社交和归属感的旅游者。
旅游动机是推动人们选择进行旅游活动的内在原因，由需求层次决定。	旅游需求产生于生理需求和安全需求的基础满足上，进而上升至更高层次的需求。	提供更加独特和高端的旅游体验，迎合追求尊重和自我实现的旅游者。
理解和满足旅游者的多层次需求对旅游从业者至关重要。	支付能力和休闲时间是旅游活动实现的必要条件，影响旅游者的选择和旅游体验。	精准定位，为不同需求层次的旅游者提供适合的旅游产品和服务。
旅游从业者可以通过对需求层次理论的深入研究来提高服务质量。	旅游者的需求层次不断变化，要求旅游从业者持续更新和创新旅游产品。	持续更新旅游产品，确保满足旅游者不断变化的需求和期望。

如表2-6所示，在马斯洛的视角中，需求是有序的、层次化的。这种层次从最基本的生理需求开始，逐渐上升至安全需求、社会需求、尊重需求，最终满足自我实现的需求。每一个层次的需求都有其独特的属性和意义，为个体提供了不同层次的满足和激励。而且，当一个层次的需求得到满足，个体的关注点就会转向上一个层次的需求。这是一个动态的、连续的过程，正如一个人爬山，达到一个高度后，仍然会有上升到更高峰的欲望。然而，如同许多理论在应用到现实中会遇到挑战，马斯洛的需求层次理论也不例外。随着时代的变迁和社会经济的发展，人们的生活方式和价值观念也在发生变化。经济的繁荣和技术的进步使得大多数人能够较为轻松地满足生理和安全的需求。国民生活水平的逐步提高意味着许多基本需求已经得到了充分的满足。

旅游，作为一个重要的社会经济活动，涉及的不仅仅是从一个地点迁移到另一个地点的物理行为，更多的是关于心灵的迁徙和感受。马斯洛的需求层次理论为学者提供了一个理解旅游者需求的有力工具，尤其是在分析和满足游客的更高层面的需求方面。马斯洛提出的五层次需求结构，从生理需求、安全需求到社交需求、尊重需求和自我实现需求，描绘了人类需求的发展路径。这一理论也可以应用于旅游领域，为相关企业提供了对旅游需求的深入理解。对于旅游者而言，他们的需求不仅仅是简单地更换一下环境，更多的是为了满足内心深处的某种需求，无论是为了社交、寻找归属感，还是为了追求尊重和自我实现。旅游动机，作为旅游需求形成的关键要素，是推动人们选择进行旅游活动的内在原因。在生理需求和安全需求得到满足的情境下，外出旅游的需求才可能产生。但是这种基础的需求满足，仅仅是开启旅游之门的钥匙，真正吸引旅游者并让其深度参与的是更高层次的需求。与此同时，支付能力和休闲时间是旅游活动得以实现的必要条件。没有足够的经济能力和休闲时间，旅游动机再强烈也难以转化为实际的旅游行为。支付能力不仅决定了旅游者能够选择的旅游目的地，更影响了旅游活动的质量和深度。而休闲时间则为旅游者提供了从日常生活中抽离出来进行心灵放松和探索的机会。研究马斯洛的需求层次理论，可以使旅游从业者更好地理解和满足旅游者的多层次需求。通过对这一理论的深入研究和应用，旅游从业者可以精准定位，为不同需求层次的旅游者提供定制化的旅游产品和服务。例如，对于追求社交和归属感的旅游者，可以设计团队活动和交友活动；对于追求尊重和自我实现的旅游者，则可以提供更加独特和高端的旅游体验。

二、ERG（生存、相互关系、成长）理论

ERG 理论，作为现代心理学和组织行为学中的重要理论，为人类需求的认识和理解提供了新的视角。[①] 克莱顿·奥尔德弗（Clayton Alderfer）通过对传统需求理论的研究和批判，形成了自己独特的观点，进而提出了 ERG 理论。这一理论不仅为广大学者提供了一个更简洁、更实用的需求分类，还为需求与行为之间的关系提供了新的解释。

生存需要是 ERG 理论中的第一个维度，[②] 强调基本的生物和物质需求，涵盖了食物、水、住所等基础条件。这与马斯洛需求层次理论中的生理需要有所对应，同时，它融合了马斯洛的部分安全需求，如对一个稳定环境和保

---

① 宋志鹏，张兆同 .ERG 理论研究 [J]. 现代商业，2009（3）：88—89.

② 张德，陈国权 . 组织行为学（第二版）[M]. 北京：清华大学出版社，2011：55—57.

障的追求。相互关系需要揭示了人类作为社会生物的基本特性。[①] 人们追求与他人建立和维持关系，寻求归属感和集体融入感。这个维度包含了马斯洛的部分安全需求、完整的归属需求以及部分的尊重需求。这一层次的需求与社交、建立信任和情感联系等方面有关。成长需要体现了人类对自我提升和自我实现的追求。[②] 人们希望挖掘并发挥自己的潜能，达到个人的最佳状态。这个维度与马斯洛的部分尊重需求和完整的自我实现需求相对应，凸显了人的动力来源于不断的自我超越和进步。但奥尔德弗对马斯洛的需求层次理论修正不仅仅体现在需求的重新分类上，他进一步提出了支持这三个需求层次的观点。这些观点为广大学者提供了新的角度，理解人类行为背后的动机和驱动力。对比马斯洛的五个层次，奥尔德弗的 ERG 理论更为简洁，但更具解释力。它不仅重新定义了人类的基本需求，还提供了一种新的视角来理解这些需求如何驱动人的行为。这一理论在组织行为学、人力资源管理和心理学等领域都有着广泛的应用，帮助学者和实践者更深入地理解人类的需求和行为。

具体而言，在研究中，奥尔德弗提到，在同一层次上，当少量的需要得到满足之后，这会激发出更为强烈的需要。这一观点提醒人们，需求的满足并非一个线性、单向的过程。相反，随着某一层次上的部分需求得到满足，人们的欲望和追求可能会激增，进一步促使人们去寻求更为完整的满足。这与简单地认为需求满足后就会减弱或消失的观点有所不同，为需求动力学提供了更为复杂、动态的视角。奥尔德弗还认为，较低层次的需求得到了较为充分的满足之后，对于较高层次的需求的追求会更为强烈。这意味着当基础的、生物性的需求得到了满足，人们不会停滞不前，而是会努力追求更高层次的、心灵层面的需求。这一点和马斯洛的理论有所共鸣，但奥尔德弗更加强调这种动态的、上升的趋势。另外一个非常有趣且对马斯洛的需求层次理论进行了重要修正的观点是，当较高层次的需求无法得到满足时，人们会有

---

① 张德，陈国权 . 组织行为学（第二版）[M]. 北京：清华大学出版社，2011：64—66.

② 张德，陈国权 . 组织行为学（第二版）[M]. 北京：清华大学出版社，2011：104—106.

更强烈的追求低层次需求的倾向。这与马斯洛的观点形成了鲜明的对比。马斯洛曾认为人的需求满足是一个不断上升的过程，一旦达到一个新的高度就不会再回退。但奥尔德弗指出，人们在面对高层次需求的挫败或难以实现时，可能会回归到寻求低层次需求的满足，如安全、归属等。这种"回归"的现象在现实生活中并不罕见。例如，当一个人在追求自我实现的过程中遭遇困境，他可能会重新寻求归属感或安全感，来作为一种心理支撑。

第三章 旅游资源的发掘与优化

第一节 识别和评估潜在的旅游资源

一、识别潜在旅游资源的方法

（一）实地调查

1. 现场考察

现场考察作为这一方法的核心组成部分，依赖直接、感性的观察以揭示一个旅游目的地的综合吸引力。通过现场考察，研究人员或旅游开发者得以深入理解景区的地理和地形特征、人文和建筑风貌以及自然美景的各个方面。这种亲身体验需要考察者直观的感受和细致入微的洞察力，这是远程调研或理论分析难以比拟的。现场考察的过程不仅关注已有的景观和资源，更重要的是发掘那些未被充分认识和利用的潜在资源。考察者通过观察一个区域的自然和人文景观，能够评估其对游客可能产生的吸引力。例如，考察可能揭示特定地形的独特之处，如隐蔽的瀑布、古老的树林或者具有地方特色的村落，这些都可能成为新的旅游热点。现场考察也包含对既有旅游资源使用情况的评估，考察者通过观察和与游客及当地居民的互动，收集关于游客消费习惯、需求和反馈的第一手资料。这种直接的信息获取是理解游客满意度和改善旅游体验不可或缺的一环。例如，对特定景点的游客流动模式的观察，可以揭示导游路线的合理性、游客休息区的设置是否充分以及标识系统是否清晰等关键信息。

2. 访谈法

在旅游资源的识别过程中，访谈法是一种重要的实证研究手段，旨在通过与游客的直接对话获取关于旅游景点资源、景观及游客需求的宝贵信息。这种方法允许研究者或旅游规划者深入了解游客对旅游体验的主观感受和具体期望，从而为旅游资源的优化提供定向的指导。在开展访谈时，精心设计的问题能够引导游客深入反映其在旅游过程中的直接体验。这种互动性的信息交流能够识别景点中那些受游客青睐的元素以及那些需要改进的方面。访谈不仅关注游客对已有资源的评价，更关注游客未被满足的需求，这些未被满足的需求往往是新旅游产品开发的切入点。访谈的形式可以是结构化的，也可以是半结构化或非结构化的，依据研究的具体目的和需求而定。结构化访谈通常基于固定的问题列表进行，确保信息的可比性和系统性。而半结构化和非结构化访谈则更灵活、开放，能够激发游客分享更深层次的体验和见解。通过访谈所获得的信息，不仅可以揭示景点的实际资源和需求状况，还能反映游客的消费满意度。这些信息对于景点的经营管理、服务质量的提升以及旅游产品的创新都具有极为重要的参考价值。例如，对于旅游景点而言，通过访谈得知游客对于导览服务的反馈，能够帮助管理者对导览服务进行针对性的优化。

3. 文献搜集

文献搜集作为一种系统性的信息收集方法，在旅游资源的识别与评价中起到了重要作用。这一过程涉及对既定和可获得的资料进行彻底的检索和分析，目的是深入理解旅游资源的基本属性、开发现状以及潜在的开发价值。在文献搜集过程中，研究者通常首先需要确定信息的需求范围，随后根据既定的目标，从各种渠道搜集与旅游资源相关的资料。这些渠道包括但不限于政府发布的政策文件、旅游部门的规划报告、历史文献、地方志、学术期刊、网络资源等，专业书籍、旅游统计数据、以往的研究成果、专家论文及相关媒体报道等也是重要的信息源。有关部门通常会发布关于旅游资源开发与管理的文件，这些文件能够提供旅游资源的法规背景、开发指导原则和政策支持等官方信息。此类信息的权威性使得它们成为研究旅游资源时不可或缺的基础资料。同时，文档资料如地方志或历史记载可揭示某一地区的文化遗产和历史故事，这对于文化旅游资源的挖掘尤为重要。

（二）实验调查

1. 试用法

试用法在旅游资源评估中，作为一项实验性质的调查方法，主要聚焦于消费者体验的真实性和产品服务的实用性。该方法允许研究人员在控制的环境中观察消费者对新推出的旅游产品或服务的反应，从而获取关于产品吸引力和市场潜力的第一手资料。通过试用法，企业能够在产品正式面市前，获得反馈并据此进行必要的调整。在此过程中，选定的消费者会被邀请体验一系列的旅游产品或服务。例如，这可能是一个新开发的旅游路线、一家新开业的度假村或者一项新的旅游活动。参与试用的消费者应具备代表性，能够反映目标市场的多样性。参与者在试用过程中，通常会被要求记录其体验，注意各个方面的感受，包括产品的吸引力、服务的质量、体验的满意度等。游客的反馈，特别是对于新产品或服务的直观感受，是企业评估和改进的重要依据。这种反馈通常涉及对服务的可接受性、愉悦度、易用性以及满足预期的程度的评估。

2. 聚类分析法

聚类分析法是一种常用于统计分析的技术，它通过对数据集进行分类，旨在将具有相似属性的对象聚集在一起形成一个群组，而将不同属性的对象分开，以此揭示数据内在的结构特征。在旅游资源的识别过程中，聚类分析法提供了一种有效的手段，用于分析和评估旅游资源的多维度特征，从而为决策提供科学依据。应用聚类分析法时，首先需要确定旅游资源的多种属性或特征，这可能包括地理位置、自然环境、文化价值、旅游活动种类、访客量、经济收益等因素。通过收集这些数据，分析人员能够构建出一个多维属性空间，每一种旅游资源都可以在这个空间中找到其位置。随后，通过特定的算法，如 K- 均值、层次聚类或密度基础的聚类算法等，将数据集中的对象根据它们属性的相似度进行分组。这一过程要求进行严格的数学计算，以确保每一个群组内部的相似性尽可能地高，而群组间的差异尽可能地大。聚类分析完成后，分析人员会对形成的群组进行深入的因素分析。这一步骤旨在解释各个群组内部数据的内在联系和差异的根本原因。例如，某一群组可能因为拥有独特的自然景观而吸引了大量游客，而另一群组则可能因为其丰富的历史文化资源而成为旅游热点。在因素分析的基础上，可以对旅游资源的潜在价值进行评估，包括投资回报率、可持续发展能力、生态影响评价等。通过比较不同聚类群组的这些指标，决策者可以更准确地定位旅游资源的发展潜力，并制定合理的开发策略。

3. 市场细分

市场细分作为一种市场营销的策略，涉及将庞大而多元的消费者市场划分为较小、具有相似需求和偏好的消费者群体。在旅游行业，这一概念不仅是营销理论的应用，更是旅游资源开发和管理过程中的一项重要实践。通过市场细分，旅游规划者可以揭示各个细分市场中消费者的具体需求，进而开发出满足这些需求的旅游产品，优化资源配置，实现旅游业的可持续发展。在进行市场细分时，首先需要确立一系列细分标准，如地理位置、年龄段、性别、收入水平、生活方式、旅游偏好等。这些标准将帮助旅游行业专家对潜在的旅游消费者进行分类，并识别出具有潜在旅游意向的特定群体。随着目标市场的明确，对于每一个细分市场的深入研究随之展开。在此过程中，旅游规划者将分析这些群体的购买动机，这可能包括对某一地区文化的兴趣、休闲和娱乐的追求，或者对特定旅游体验的渴望。消费者忠诚度及其风险承受能力也是考量因素，因为这将影响旅游产品的定价和推广策略。同时，媒介投资的研究也是市场细分不可或缺的一环。了解不同消费群体获取信息的渠道和媒介偏好，是营销活动有效的前提。通过精准的媒介定位，旅游推广信息能更有效地传播给目标消费者，提高营销效果和资源的利用效率。多元消费者调查法在市场细分中同样发挥重要作用，通过问卷调查、深度访谈、焦点小组讨论等多种方式，收集细分市场消费者的详尽信息。这一过程的深度和广度，决定了市场细分策略的成效。通过对收集到的数据进行分析，旅游规划者可以识别出最具吸引力的市场细分，并制定相应的开发方案。在方案的制定过程中，需要结合旅游资源的实际状况、可持续性以及预期的社会经济效益，确保旅游资源开发的合理性与前瞻性。

（三）调查统计法

1.抽样调查法

该方法依据统计学原理，从总体中按照一定的规则和程序随机抽取一部分个体作为样本，通过对这些样本的研究和分析，推断整个总体的特征。由于直接研究全体个体往往资源消耗巨大，甚至不可行，抽样调查法因其相对较小的资源需求和较快的反馈速度成为研究者偏好的方法之一。在旅游行业中，通过抽样调查法可以有效了解游客的访问习惯、观点偏好、消费行为以及对旅游目的地的满意度。此方法的科学性在于它所采用的抽样技术，如简单随机抽样、系统抽样、分层抽样等，每种技术都有其特定的适用条件和优势。需要注意的是，进行抽样调查前，旅游研究者需要明确调查目的并设计相应的调查问卷或访谈大纲，确保所收集的数据能够精确反映游客的真实意愿和偏好。此外，样本量的确定是影响调查结果准确性的关键。样本量的计算通常需要综合考虑总体大小、预期的抽样误差、置信水平以及样本的变异性。样本选择完成后，接下来的步骤是数据的收集工作。这包括问卷调查、面对面访谈、电话访谈或网络调查等多种形式。在数据收集过程中，确保数据的质量至关重要，这要求严格的调查操作和监督机制，以确保收集的信息准确无误。随后，所收集的数据需要经过整理和分析。数据分析不仅包括描述性统计分析，如频率分布、平均值计算，还包括推断性统计分析，如假设检验、回归分析等。这些统计方法能够帮助研究者理解样本数据背后的趋势和模式，并以此推断总体的特性。在抽样调查法的基础上分析得出的结果对于旅游资源的营销定位具有重要的指导意义。研究者可以根据游客的偏好和习惯，为旅游资源的开发、推广策略制定提供科学依据。这包括产品的设计、价格的设定、促销活动的策划以及服务的改进等方面。通过细致的市场细分和目标市场的精准定位，研究者可以更有效地满足游客需求，提高旅游产品的市场竞争力。

　　2.结构调查法

　　结构调查法在旅游资源评估中的应用，旨在深入揭示旅游资源组成的多维结构及其内在联系，为资源的合理开发和有效管理提供科学依据。此方法通过量化分析，探察资源的各种属性和因素如何相互作用，构成旅游目的地独特的吸引力。旅游资源的结构分析首要关注点在于资源类型的多样性，包括自然资源、文化资源、历史遗产等各个层面。每一类资源都具有不同的特征和吸引游客的能力。通过系统化的调查，研究者可以对资源的特性进行分类与排序，确定各类资源的地位和作用，为资源组合优化提供参考。在实施结构调查时，采集数据的手段包括现场勘察、专家访谈、问卷调查等。通过这些方式，研究者可以收集关于资源分布、状态、可访问性、受欢迎程度以及与游客满意度之间关系的数据。而后，通过定量的方法如频次分析、因子分析或聚类分析等，研究者可以对数据进行深入的数理统计处理，揭示不同资源的权重和价值，进而发现资源结构的优势和不足。结构调查法不局限于资源本身的分析，还涉及资源与旅游市场之间的动态关系。例如，研究者会探讨不同旅游资源如何满足特定市场细分群体的需求或者预测市场趋势变化对资源结构的影响。资源的时效性和可持续性亦是结构调查需要考量的重要方面。资源的开发与利用不应破坏其本质特性，而应考虑长远利益，实现旅游发展与资源保护的双赢。在这里，结构调查法对于资源的空间布局亦有重要意义。研究者需要评估资源在空间上的分布格局以及该格局如何影响旅游线路的设计和游客的体验。这对于规划旅游基础设施、完善旅游服务设施以及提升旅游目的地整体吸引力等都有指导作用。

3. 网络调查法

该方法借助现代信息技术，以互联网为平台，收集有关旅游资源的广泛数据，并通过高效的网络分析软件对这些数据进行深入的分析，以期发现旅游资源的内在价值和开发潜力。在实施网络调查时，研究者或相关机构发布在线调查问卷、监控社交媒体动态、分析用户在线评价等，以获得游客关于旅游资源的直接反馈。此方法的优势在于能够迅速接触到大量分布广泛的样本，也能收集到及时且多维度的数据。而且网络调查法还可以通过分析搜索引擎查询数据和在线交通流量，掌握旅游资源的知名度和受欢迎程度。网络大数据分析的应用，使得研究者能够预测旅游趋势，辨识出哪些旅游资源在消费者中的关注度正快速上升，哪些可能正在被忽视。通过数据挖掘技术，可以进一步深入理解旅游资源形成的历史和文化背景、自然生态条件以及其他影响旅游资源可持续发展的因素。例如，分析游客的在线评论和行为模式，能够揭示特定旅游资源吸引游客的关键因素和潜在的问题。另外，通过网络信息，可以监控和评估旅游政策变化、市场需求动态以及竞争者状况。网络调查允许研究者从宏观角度把握市场趋势，也能够从微观层面洞悉消费者的具体需求和偏好。更重要的是，网络调查法为旅游资源的差异化营销策略提供了数据支撑。在市场细分日益显著的情况下，研究者可以根据网络调查得到的数据，为不同的消费者群体定制具有针对性的旅游产品和服务。

二、潜在旅游资源的评估方法

（一）主观评价法

该方法依赖专家群体对旅游资源的知识和经验，通过专家群体的直觉、洞察力以及专业判断力来对资源进行评价。该评估方法本身的优势和作用也较为突出，具体如表 3-1 所示。

表 3-1　潜在旅游资源评估中的主观评价法

应用方法	优势	局限性和提升策略
依赖专家群体对旅游资源的直觉、洞察力以及专业判断力进行评价。	能迅速提供基于丰富经验的评价结果，特别适用于新兴或未充分开发旅游资源的评估。	评估结果可能因专家个人偏好而有所不同，带来主观性。
评估融合了专家对旅游资源可行性、吸引力及其未来发展的预见。	专家凭借在旅游业的背景，准确把握资源的独特性、可访问性和市场吸引力。	评价可能缺乏可验证的数据支持，影响客观性和适用性。
考虑旅游资源的自然特征、文化历史价值、地理位置、环境承载力和可持续性等多维度。	专家能够识别资源的优势和潜在的限制因素及风险。	提高效果和可靠性：采用多个专家的意见，收集来自不同背景的评价。
包括对旅游资源的未来潜在价值的预测，基于对旅游趋势的敏锐洞察。	前瞻性评价对制定长远的旅游发展战略尤为重要。	结合其他定量评估方法，如成本效益分析、市场调查等，验证和补充结果。

如表 3-1 所示，在评估过程中融合专家对旅游资源可行性、吸引力及其未来发展的预见。此方法的优点在于能够迅速提供基于丰富经验的评价结果，尤其是在关于新兴或未充分开发旅游资源的初步评估阶段。专家凭借其在旅游业的深厚背景，能够准确把握旅游资源的独特性、可访问性、市场吸引力以及与现有旅游产品的协同效应。在评估过程中，专家可能会考虑旅游资源的自然特征、文化历史价值、地理位置、环境承载力和可持续性等多个维度。通过主观评价，专家不仅能够识别资源的优势，还能够指出其潜在的限制因素和风险，为旅游资源的优化和提升提供依据。

此法还包括专家对旅游资源的未来潜在价值的预测，其中基于对旅游趋势的敏锐洞察，专家能够评估特定旅游资源适应市场变化和游客需求演变的能力，这种前瞻性的评价对于决策者制定长远的旅游发展战略尤为重要。然而，主观评价法也存在一定的局限性。评估结果可能会因专家个人偏好和观点的差异而有所不同，从而有一定的主观性。此外，由于依赖于专家个人的经验和知识，评价结果可能缺乏可验证的数据支持，这在一定程度上会影响评价的客观性和广泛的适用性。为了提高主观评价法的效果和可靠性，可以采用多个专家的意见，并尽可能多地收集来自不同背景和专业领域的专家评价。此举可确保评估结果更加全面和均衡。同时，结合其他定量评估方法，如成本效益分析、市场调查等，可以进一步验证和补充主观评价的结果。

（二）客观评价法

该方法以其可度量、可比较和较强的普遍适用性，成为旅游规划和决策的重要工具。在应用客观评价法时，通常依赖于数据分析手段，如统计分析、空间数据分析等技术手段，以确保评价的客观性和科学性。例如，旅游资源的自然环境评价可能涉及生态多样性指数、地理信息系统数据分析，甚至遥感影像解译，这些都是评估自然景观价值和环境承载力的有效途径。再如，景区容量的计算不仅涉及游客承载量的计算模型，还可能包含对旅游季节性波动的分析以及对不同类型游客需求的响应模式。这些分析有助于规划者确定最佳的开发程度和游客管理策略。

服务配套设施的评价则更多关注基础设施的完善度和服务质量，这通常包括交通连通性、住宿条件、餐饮服务、游客信息服务等方面的考量。通过量化的方式，可以对服务设施进行分级，从而为资源开发提供明确的方向和改进措施。而且客观评价法还会参考旅游市场的需求分析，包括但不限于旅游消费趋势、目标市场偏好以及竞争对手分析等。这些信息对于判断资源的市场吸引力和竞争力至关重要。在整合上述各类数据时，评价者需要采用多种统计工具和评价模型，如多元回归分析、层次分析法等，来确保评价结果的综合性和多角度性。评价结果应能反映旅游资源的多维价值，同时指出资源在开发和保护方面的潜在平衡点。

（三）综合评价法

综合评价法在潜在旅游资源评估中，展现了独到的优势，将主观与客观评价相结合，提升了评估的全面性和精准度。在具体实施过程中，该方法涉及多维度指标的选择与综合运用，确保评价结果的广泛性与深入性。利用综合评价法时，评估者通常会先确定评价体系的框架，包括自然环境、社会经济、文化历史、旅游需求等多个维度。每个维度下又会分解出具体的评价指标，如生态保护状态、交通便捷程度、地方民俗文化吸引力等。此过程中，指标的选择要能够涵盖旅游资源的关键属性，同时保证数据的可获得性和可靠性。

在此基础上，可以运用专家评审、市场调研、实地考察等多种手段获取所需的数据和信息。此环节的多元化方法保障了评估结果的深度与准确性。例如，专家组可以提供对旅游资源特殊价值的洞见，而实地考察可以直观反映资源的当前状况。综合评价法的核心在于多指标的量化与综合，评估者需运用数学模型和统计方法，如加权打分法、模糊综合评价法或层次分析法等，对各指标进行加权和综合，以获得旅游资源的总体评分或等级。这些方法的应用能确保不同指标之间的差异得到合理的量化和综合处理。在评价过程中，指标权重的确定尤为关键，这通常需要依赖专家知识或相关领域的研究成果。权重的分配反映了不同指标对旅游资源价值贡献的重要性，因此需要充分考虑旅游资源的特性和旅游发展的目标。

三、旅游资源评估工具

（一）SWOT 分析法

该分析法以直观明了的方式揭示旅游资源在当前及未来环境中的竞争地位，为资源开发和管理决策提供科学依据。在进行 SWOT 分析时，评估者通过综合考虑旅游资源的多个维度，来构建一个四方格模型，以此来系统地分析和评估资源的现状和发展潜力。优势（Strengths）和劣势（Weaknesses）两个维度侧重内部条件的审视，而机会（Opportunities）和威胁（Threats）则侧重外部环境的分析。

对优势的评估侧重识别旅游资源的独特价值点和竞争优势，包括但不限于自然景观的独特性、文化遗产的丰富性、地理位置的优越性以及基础设施的完善程度等。这一评价有助于明确旅游资源在市场中的吸引力和竞争力。劣势评估则着眼于旅游资源的局限和不足之处，评估过程可能包括资源的可持续性问题、保护和管理上的挑战、服务质量的不一致性或者是营销和推广活动的不足。认识到这些弱点使得相关管理部门能够针对性地制定改进措施，提升资源的整体竞争力。机会评估关注的是市场趋势、政策导向、技术进步等可能带来的发展机遇，分析和预测这些外部变量，可以发掘新的市场需求，拓展旅游产品和服务，从而增加旅游资源的吸引力和访问量。威胁分析则需要对那些可能对旅游资源构成风险的外部因素进行监控和预判，如经济波动、政治不稳定、自然灾害或竞争对手的策略变化等。对这些潜在威胁进行分析，进而制定风险预防和应对策略，保障旅游资源的稳定发展。

（二）Delphi 法

Delphi 法，是一种广泛应用于预测和决策的系统化方法。该方法特别适用于那些不完全依赖定量数据，而需要专业知识和经验判断的场景，如旅游资源评估。采用 Delphi 法时，通过一系列轮次的问卷调查，组织专家团队对特定的旅游资源进行深入分析和评价。此方法的显著特点是匿名性，避免了直接对话可能产生的领导意见对其他成员的影响，确保了每位专家观点的独立性和客观性。在初始阶段，组织者向专家们提供一份调查问卷，包含对旅游资源的评估要素。专家根据自身知识和经验独立填写问卷，并提供具体的评价和建议。一旦收集了第一轮问卷，组织者将信息汇总并分析，抽取出共识点和分歧点。随后的轮次中，专家将获得前一轮的汇总结果，并有机会重新考虑自己的立场。通过这种反馈和重新评估的过程，专家们意见逐步靠拢，最终形成对旅游资源的广泛认可的评估和建议。

Delphi 法的优点在于能够合理利用专家的知识和经验，克服单一专家可能存在的偏见。同时，多轮的咨询过程有助于逐步提炼和精细化问题，最终达到更为精确和深入的理解。应用 Delphi 法于旅游资源评估，可以有效地识别资源的发展潜力、风险和创新点。专家可能基于多年的行业经验，提出未来旅游趋势的洞察，或者对资源保护与持续利用提供策略建议。不过，Delphi 法也有其局限性，因为这一方法的效率相对较低，因为多轮循环需要较长时间才能达成共识。此外，选择合适的专家群体对于结果的质量至关重要。若专家选取不当，可能会影响到最终的评估结果。

（三）问卷调查法

问卷调查法作为旅游资源评估的一项重要工具，以其实施简便、覆盖广泛、成本相对较低的优势，在旅游资源评估中发挥着不可或缺的作用。通过设计结构化或非结构化的问卷，此方法收集游客、从业人员及居民的直接反馈，从而获取关于旅游资源现状与潜力的第一手数据。有效的问卷设计是此方法的核心，必须确保问题的准确性和相关性以及对受访者的可理解性。问卷中的问题应覆盖旅游资源的多个维度，包括但不限于自然景观、文化遗产、服务设施、旅游体验与游客满意度等。

采用问卷调查收集的数据经过严格的统计分析，可以揭示旅游资源的多种特征。例如，通过游客满意度调查，研究者能够辨识出旅游目的地在游客体验中的强项与短板，便于管理者制定针对性的改进措施。同时，从业人员的反馈则提供了运营和管理过程中的实际体验与见解，对于优化服务流程、提高旅游资源吸引力具有重要意义。居民的意见也是问卷调查中的宝贵资讯，居民对旅游发展的态度与感受能够反映社区参与度和旅游发展的社会影响。旅游资源评估不能仅关注经济效益，还要关注其带来的社会和环境影响，从而实现可持续发展。问卷调查的优势在于灵活性，因为无论是纸质问卷还是电子问卷，都可以根据研究需求和目标群体的特点进行量身定制。随着信息技术的发展，线上问卷调查平台的应用使得数据收集更加迅速和广泛，同时降低了成本。

第二节　旅游资源的保护与可持续性开发策略

一、旅游资源保护的意义

旅游资源保护关系着旅游业的可持续发展，它们是旅游产业链的基石，对吸引游客、满足游客体验具有决定性作用。然而，旅游资源在转化为旅游产品的过程中，难免遭受各种程度的消耗和损害。这种损害可能会削弱资源的再利用价值，降低其对旅游市场的吸引力，影响旅游目的地的长期竞争力。保护旅游资源不仅关乎其本身的持久性与完整性，还牵扯到广泛的环境保护问题。资源保护不单指自然资源如风景名胜区、野生动植物保护区的生态完整性，也包括对历史文化遗产的维护，确保文化的传承和历史的连续性。

如表3-2所示，就目前而言，世界各国普遍认为旅游资源保护是支持旅游业发展的关键环节。这是因为旅游资源的独特性、不可替代性和脆弱性要求行业与社会采取积极措施，以防止资源的过度消耗和破坏。旅游资源的可持续管理和合理利用，不仅有助于保持资源的吸引力，还有助于促进旅游经济的健康增长。

表3-2　旅游资源保护的意义概括

旅游资源保护的意义	保护的重要性	实现可持续旅游的策略
保护旅游资源关系着旅游业的可持续发展，它们是旅游产业链的基石。	资源的多样性、丰富度、独特性以及保护状态直接影响旅游目的地的吸引力和竞争力。	科学规划和有效管理，确保旅游资源的长效利用和环境的可持续性。
旅游资源的损害会削弱其再利用价值，降低其对旅游市场的吸引力。	面对资源相对短缺，特别是在人口密集、旅游开发需求高的情境下，保护显得尤为迫切。	法律法规的支持，建立既满足当前需求又不损害后代利益的利用模式。
保护旅游资源不仅关乎其本身的持久性，也涉及广泛的环境保护问题。	旅游资源的可持续管理和合理利用，促进旅游经济的健康增长。	着眼于资源的再生和恢复能力，避免破坏其结构和功能。
旅游资源保护包括自然资源和历史文化遗产的维护。	旅游资源的独特性、不可替代性和脆弱性要求采取积极措施防止过度消耗和破坏。	旅游业界、政策制定者及社会各界共同参与旅游资源的保护。
旅游资源保护关联到旅游活动的可行性和旅游产业的长期繁荣。	缺乏对资源合理保护的规划和管理可能导致经济效益丧失和环境破坏。	资源的枯竭时间得以延后，旅游资源的价值得到长久发掘和利用。

旅游资源的保护具有至关重要的意义，它关系到旅游活动的可行性和旅游产业的长期繁荣。这些资源包括自然风光、文化遗迹以及人文景观等，它们是各地区吸引游客的独特资产。在旅游业的竞争日益激烈的今天，资源的多样性、丰富度、独特性以及保护状态的优劣直接影响旅游目的地的吸引力

和竞争力。面对资源的相对短缺，尤其是在人口密集、旅游开发需求高的情境下，资源的保护与合理利用显得尤为迫切。开展旅游活动时，如若缺乏对资源合理保护的规划和管理，不仅仅会丧失所谓的"无烟工业"所带来的经济效益，还会对环境造成不可逆转的破坏，这种损失对于社会经济和自然环境都是难以承受的。可持续旅游理论的核心在于追求旅游资源利用的长效性与效益最大化。以此为指导思想，旅游资源的保护应当注重在不损害资源潜能的前提下，最大限度地发挥其经济和社会价值，同时要着眼于资源的再生和恢复能力，避免破坏其结构和功能。可持续性要求旅游业界、政策制定者及社会各界共同参与到旅游资源的保护中，通过科学的规划、有效的管理以及法律法规的支持，建立一套既能满足当前需求又不损害后代利益的利用模式。这种模式下，旅游资源的价值将得到长久发掘和利用。

二、开发可持续发展旅游资源应采取的策略

（一）旅游资源的保护须以法律法规为保障

在探讨可持续发展旅游资源的策略时，旅游资源的保护被提上了重要议程。显而易见，法律法规的制定和实施成为保障这一目标不可或缺的支柱。有关部门应加强现行法律法规的执行力度，包括设立《风景名胜区管理暂行条例》《中华人民共和国自然保护区条例》《森林公园管理办法》等，这已经为旅游资源的保护奠定了基础。然而，法律的生命在于执行，法规的力量在于落实。必须确保这些法律法规不仅仅是一纸空文，而是要被有效执行。这需要加大监管力度，确保各级政府和相关部门履行职责，严厉打击违法行为，确保旅游资源的保护职责不被忽视。

不仅如此，还要对法律法规进行不断地更新和完善。随着旅游业的发展和社会环境的变化，原有的法律法规可能已不能完全适应新的情况和需求。因此，持续对法律体系进行修订和更新是确保旅游资源保护工作与时俱进的重要举措。应借鉴国际经验，参考《保护世界文化和自然遗产公约》等国际法规，结合中国国情，制定和实施更为细致、具体的保护措施。还要注意的

是，需要提高法律法规的公众知晓度。法律法规的效力还取决于公众的理解和支持度。因此，应通过教育、媒体宣传等多种途径提高公众对旅游资源保护法律法规的认知，强化公众的法治观念和保护意识。当公众成为旅游资源保护的参与者和监督者，法律法规的效力将得到极大增强。鉴于中国地大物博，各地旅游资源特点各异，因此地方性法规的制定至关重要。地方政府应结合本地实际，制定符合当地旅游资源特色的保护法规，既保护了资源，又促进了地方旅游业的可持续发展。同时要注意倡导公私合作模式，提高法律执行的灵活性和实效性。通过政府与私营部门的合作，可以集中双方资源与专业知识，形成有效的旅游资源保护和管理机制，既能确保法律法规得到切实遵守，又能在市场机制下最大化资源的经济价值。

（二）旅游资源的保护须以技术保护为保障

在旅游资源的可持续发展中，技术保护扮演着极为关键的角色。其间，需要在现有基础上进一步增强对技术保护措施的投入与创新，以期达到旅游资源保护与合理利用的均衡。加强对历史文物及自然遗址的科技维修与保养，继承和创新传统保护工艺，同时，采用现代科技手段，如数字化技术、红外线扫描等先进技术，对文化遗产进行细致的监测和修复。这种技术的运用不仅可以更准确地评估旅游资源的状况，还可以提高保护工作的效率和质量。与此同时，应推广景区的科技化管理，运用物联网、大数据、云计算等现代信息技术手段对旅游资源进行智能化监控和管理，以实现资源利用的最优化。通过对游客流量的智能分析，合理规划景区承载量，可以避免过度游憩导致的资源破坏。

另外，还应强化动植物多样性的技术保护。运用生物科技手段，对旅游资源中的生物多样性进行积极保护。此外，采用生态模拟和恢复生态学技术，对受损的生态系统进行修复和重建，并建议构建全面的技术保护管理机制，这涉及从政策制定、资金投入、人才培养到技术应用各个环节的综合性设计。通过跨学科、跨领域的合作，形成闭环式的技术保护体系，使之不断循环、自我完善。

（三）旅游资源的保护须以行政保护为保障

在推动旅游资源的可持续发展战略中，行政保护措施的作用不可小觑。其间，有几项工作不断深化，由此方可提升行政保护在旅游资源保护中的效能。具体而言，一是建议制定全面的旅游资源保护法规。各级行政机关应当结合自身地域特色与资源条件，细化并执行国家相关法律法规，确保旅游资源保护的规范化、制度化。二是建议强化旅游规划编制的科学性与实施力度。在旅游规划中应综合考虑资源保护与经济发展的关系，合理划定保护区域，制定可操作性强的管理办法，并确保规划的落实。三是建议提升行政监督效能。各级政府应建立健全监督体系，对旅游资源使用过程进行全程监管，对违法行为进行严厉打击，确保旅游资源的有效保护。

除此之外，还建议优化旅游资源管理机构，因为完善旅游资源管理组织结构，明确各级行政机关在旅游资源管理中的职责与权利，形成高效协调的管理网络。开展跨部门、跨区域的合作，因为旅游资源的保护与管理是多方面、多领域的工作，需要多个行政部门协同合作，跨区域合作也同样重要，以确保保护措施的整体性和一致性。此外，应加大行政执法力度，必须确保有足够的行政资源投入旅游资源保护中，包括人员、资金和技术的支持，为执法提供充分保障。

（四）旅游资源的保护须以规划保护为保障

在旅游资源的可持续发展过程中，规划保护的作用至关重要。合理的规划是确保旅游资源得到有效保护和合理利用的基础。应先确立明确的旅游资源规划原则，立足于保护自然风光的原始状态和维持生态平衡。在规划的各个阶段，都应以环境保护为核心，确保旅游开发与环境保护的和谐共生。之后应进行详尽的风景区规划设计，应通过精确的科学方法来界定风景区的边界，设计游客流线，以减少对景区环境的干扰。

在此基础上，强化规划执行力度，必须对旅游规划的实施过程进行严格监督，确保各项规划得到有效执行，特别是对于保护区内的违章建筑和不合规设施，应当采取坚决措施进行处理。完善旅游规划立法，制定和修订相关法律法规，为旅游规划提供法律依据，确保旅游资源保护措施具备法律效力。更重要的是，还应增强规划的适应性和灵活性，旅游资源规划应能够适应环境变化和社会经济发展的需要，及时更新，以应对不可预见的挑战。最大程度做到强化规划与环境影响评估的结合，规划旅游项目时应全面考虑其对环境的潜在影响，并采取措施以降低负面影响，让绿色旅游理念在公众中实现大范围推广。

（五）旅游资源的保护须以教育保护为保障

旅游资源的保护须以教育保护为保障，意味着需要通过教育与宣传来增强公众、游客及旅游经营者对旅游资源保护的意识。这一战略的实施需要采取多种手段，构建全方位、多层次的教育保护网络。在策略层面，应倡导全社会共同参与的保护理念，采取积极措施教育公众，提升公众环境保护意识。在技术层面，应构建教育性的信息宣传平台，利用公益广告、媒体、社交网络等，普及旅游资源保护的重要性，传播环保知识，倡导可持续旅游的理念。在资源层面，应整合教育资源，协调教育、旅游、环保等部门资源，形成合力，开展形式多样的保护旅游资源的教育活动。

例如，设计专题教育课程，在学校教育中加入关于旅游资源保护的课程，从小培养学生的环保意识和责任感。提供实践参与机会，组织志愿者活动，让公众和游客亲身参与到旅游资源的保护工作中，体验保护环境的成就感与紧迫感。更重要的是，还应全面开展目的地居民教育，针对旅游目的地的居民开展专项教育，提升居民对于旅游资源保护的认知与行动力。以此为契机，还要加强对环保旅游产品的全面推广，鼓励旅游企业开发环保旅游产品，通过市场机制来促进旅游资源的保护。

第三节　提升旅游资源的吸引力与价值

一、打造具有吸引力的旅游资源

（一）深化旅游资源的文化内涵

在竞争激烈的旅游市场中，单一的自然景观已不能满足游客对深度体验的需求，而富有文化内涵的旅游资源能够提供更加丰富和多元的体验。对旅游资源进行文化挖掘和整合，意味着通过专业的历史和文化研究，识别出资源的独特性和故事性。这不仅是一个学术活动，更是一种打造品牌的方式。例如，通过故事化的导览解说，可以增强旅游体验的吸引力，使得游客对旅游地产生情感上的共鸣。当故事与景点相结合时，每一个角落都变得生动而有意义，景点的价值也随之提高。发展与文化相关的旅游产品，如将传统工艺转化为互动体验活动，不仅为游客提供了参与感和新奇感，也为当地的文化传承创造了条件。例如，节庆活动和文化工作坊等，能够使游客在参与中深入理解地方文化的精髓，这种体验往往比单纯的观光更具有吸引力，也更能激发游客的消费欲望。利用现代信息技术进行文化传播，旅游资源的故事和文化可以通过影像、文字、声音等形式在全球范围内传播。新媒体和网络平台的利用，使旅游资源能够超越空间的限制，传播给更广泛的受众。这种方式不仅提高了旅游资源的知名度，还激发了潜在游客的兴趣，促进了旅游目的地形象的全面提升。

（二）优化旅游产品的品质和服务

在当今旅游市场，游客对旅游资源的品质和服务有着日益增长的期待。

游客的体验和满意度成为衡量旅游吸引力的关键因素之一。通过打造高品质的旅游产品和服务，旅游资源的吸引力和价值无疑会得到提升。高质量服务的提供是增强游客体验的核心，通过对服务人员的专业培训，可以确保服务人员具备满足游客需求的技能和态度，无论是在信息提供、应急处理还是日常互动中，都能够让游客感受到高水平的专业性和温暖的人文关怀。这种高标准的服务体验会直接转化为游客的口碑推荐，从而吸引更多游客，并增加回访的可能性。旅游设施的完善和创新则是提升旅游产品品质的关键，其原因在于随着科技的进步，利用 AR 和 VR 技术等高科技手段为游客提供沉浸式体验，已经成为吸引游客的新途径。这些技术不仅能够为游客提供传统游览所不能达到的体验，还能够在一定程度上减少对自然环境的压力。所以不断提升住宿、餐饮和交通等基础设施的质量，确保这些服务设施能够满足不同游客的需求，对于提升旅游资源的吸引力至关重要。对旅游环境的维护是吸引游客的基础，因为环境质量直接影响游客的游览体验和对旅游目的地的整体印象。通过实施有效的环保措施，进行绿化美化，不仅能确保旅游资源的自然美得到保护，还能提供一个舒适宜人的游览环境。优美的环境本身就是一个强有力的吸引点，能够让游客的旅游体验更加完美。

（三）精准市场定位与营销

这一过程涉及对旅游产品的深度理解、在市场中的定位以及如何通过有效的营销手段使其脱颖而出。市场研究是提升旅游资源吸引力的关键步骤，通过对游客需求和市场趋势的深入分析，可以发现潜在的旅游产品机会。深入了解游客群体的偏好有助于塑造旅游产品的特色和优势，确保旅游资源与游客期待相匹配。精准的市场定位使旅游目的地更容易被目标游客群体所识别和接受。品牌建设是赋予旅游资源特定意义的过程，通过标志、口号和故事等元素树立独特的品牌形象。一个强有力的品牌可以传递旅游目的地的文化、价值和体验，提高游客对其的记忆度和忠诚度。有策略地构建和维护旅游品牌形象，可以在游客心中留下深刻印象，提高游客选择特定旅游目的地的可能性。多元化的营销策略则是传播旅游资源吸引力的手段，通过结合线上线下的营销活动，如利用社交媒体、旅游博客、影响者营销以及传统的电视和印刷广告，可以扩大旅游资源的影响力。这种策略的多渠道性确保了信息能够触及不同的潜在游客，无论消费者处于旅游决策过程中的哪个阶段。

二、旅游线路组织设计

（一）旅游线路的情感节奏

精心规划的旅游路线能够显著优化游客的体验，提升游客对旅游目的地的整体评价，从而影响游客的消费行为和传播效果。旅游线路的情感节奏对游客的体验产生深远影响，与人的情绪波动相呼应，从而在记忆中留下深刻的印象。通过景点的合理布局和事件的有序展开，游客在期待中前往下一站，在惊喜中体验未知，在满足感中结束旅程。这样的情感设计让游客在旅途中感受到故事的张力，从而加深对旅游资源的情感联结。体验节奏的管理则确保游客既有兴奋高潮的经历，也有放松休息的时刻。适宜的休息间隔和服务设施的布置使游客在享受景点的同时，能够充分恢复体力和精神，准备投入下一个旅游体验中。这种节奏的安排可以有效避免游客感到疲劳或者厌倦，延长游客在旅游目的地的停留时间，从而有更多机会进行消费，增加旅游收入。多样化体验的设计则满足了不同游客的需求，将自然景观、文化遗产、娱乐活动等多种旅游资源有机结合，既可以吸引不同兴趣的游客，也可以提供丰富的选择，让游客根据个人偏好自由组合，寻求个性化体验。多样化的旅游路线设计能够让每一位游客找到符合自己期待的活动，从而提高满意度和忠诚度。

（二）增强景点之间的连贯性

旅游路线设计的核心在于提供一条清晰、连贯的旅行路径，这不仅仅是物理空间上的连通，更是文化和体验上的串联。连贯性的设计确保游客在各个景点之间顺畅移动，减少了迷路和路程重复的可能性，从而使游客能够将更多时间和精力专注于景点本身的体验，关于该连贯性的分析如表3-3所示。

表3-3　游线经典之间的连贯性分析

连贯性的重要性	实现方式	潜在影响
提供清晰、连贯的旅行路径，确保游客顺畅移动，减少迷路和重复路程的可能性。	旅游线路设计：优化游览体验，减少游客行进中的不便，防止拥挤和混乱。	提升游览效率，扩大游客活动范围，使游客有机会探索更多元的旅游资源。
使游客能够更多专注景点本身的体验，提高舒适度和愉悦度。	信息引导：明确的线路图和指示标识，减少游客迷茫与焦虑，增强方向感。	旅游线路本身成为吸引力，如特别设计的主题故事或线路上的文化元素。
顺畅的旅游线路使游客在享受景点魅力的同时，不受路径规划问题的困扰。	交通配置：合理安排，便捷连接即便距离较远的景点。	丰富旅游体验，提高旅游线路的趣味性和教育性，提供深入了解当地文化和自然的机会。
明确的线路图和指示标识传递目的地的友好与专业。	主题故事和文化元素的融入，增加旅游线路的吸引力和教育价值。	提升目的地的整体形象，增强游客对旅游体验的满意度和回访意愿。

如表3-3所示，旅游线路设计是优化游览体验的重要策略，良好的旅游线路规划能够减少游客行进中的不便，防止出现拥挤和混乱的现象，从而提高游览的舒适度和愉悦度。顺畅的旅游线路能够使游客在享受景点魅力的同时，不受路径规划问题的困扰。信息引导也是旅游线路组织的关键组成部分，明确的线路图和指示标识可以减少游客的迷茫与焦虑，使其在探索未知环境时感到更加自信。良好的信息引导不仅能增强游客的方向感，也能在无形中展示目的地的友好与专业。交通配置的合理安排使得即便是距离较远的景点也能便捷地连接起来，这样的安排不仅提升了游览效率，还扩大了游客的活动范围，使其有机会探索更多元的旅游资源，从而丰富旅游体验。当景点之间的连贯性得到加强，旅游线路本身就可能成为一种新的吸引力。例如，旅游线路上特别设计的主题故事或者线路上的文化元素，可以成为吸引游客的另一大亮点。这样的设计思路不仅提高了游线的趣味性和教育性，还为游客提供了深入了解当地文化和自然的机会。

（三）优化休息区和消费点的布局

合理的旅游线路组织设计关乎旅游资源吸引力与价值的提升，不仅因为它提高了游览的流畅性和体验的连贯性，也因为它融合了游客的实际需求和情感节奏。在旅游线路中巧妙布局休息区和消费点是提升游客满意度的重要策略，同时为旅游资源带来经济价值的增长。休息区的设计应综合考虑位置选择和功能配备，在游客流量较大或观赏点之间的关键节点设置休息区，可以为游客提供必要的休憩场所，尤其是在长时间行走或站立后。休息区不应仅仅是简单的休息场所，还应该提供充电、饮水等服务设施，确保游客在继续游览前能得到充分的恢复。消费点的设置同样需要体现策略性，旅游者在特定的情感高潮点或体验后，往往更愿意进行消费，如购买纪念品或享受地方特色小吃。因此，在景点高潮后设置消费点，不仅能满足游客的即时需求，也能提升旅游景区的经济收益。更重要的是，消费点应避免过于商业化的氛围，以免破坏游客的体验感。在设计休息区和消费点时，创造性地融入当地文化元素极为关键。将地方特色与消费点相结合，可以增加购物和餐饮的体验价值。例如，地方手工艺品店或充满地方风情的餐馆不仅可以为游客提供物质上的满足，也可以让游客在消费中体验到当地的文化特色。

三、旅游景点设计

由于在旅游景点设计时，关键的基本要素构成了提供卓越游客体验的基石，所以这些要素的精心规划和实施旨在创造一个既直观又身临其境的环境，其中每一步都经过深思熟虑，以优化游客的每一个视角和步伐，从中深刻体会到文化意蕴。旅游景点本身对游客的教育、引导、启发作用也从中得到体现，而这恰恰是旅游资源吸引力和实际价值最直观的说明。以下针对旅游景点设计的基本要素进行归纳，如表3-4所示。

表3-4 旅游景点设计的基本要素

设计要素	体现方式	旨在达成的体验效果
有效享受旅游	设计便捷的栈道，优化游客的观赏角度和路径	让游客更直观、更舒适地感受自然景观
参与体验	建造与自然景观相协调的互动设施	促进游客与环境的互动，提升参与感和体验感
突出自然价值	精心规划视觉焦点和最佳观赏位置	强化自然美的感受，带来身心愉悦

（一）优化游客体验

这种设计通过改善游客的整体体验，提高景区的市场竞争力并且增强游客的参与感。在这里，观景路径的科学规划是旅游景点设计的基础，因为适宜的路径布局可以引导游客顺畅地游览，避免拥堵，同时确保游客能从最佳视角欣赏景观。例如，山谷旁的栈道设计不仅体现了对地形的利用，更是对视觉体验的优化。这样的设计使得游客能从不同的高度和角度体验自然之美，从而在感官上获得满足，提升旅游体验的品质。互动体验空间的设置是增强游客参与度的有效手段，构建观景平台、休息区和其他互动展示空间，不仅强化了旅游资源的功能性，更提供了游客与景点互动和社交的机会。例如，通过设置解说牌、互动触摸屏或其他教育互动装置，游客可以获取更多关于旅游景点的信息，提高知识性和趣味性，从而提高游客对旅游景点的认知和满意度。环境保护设计是旅游景点设计不可或缺的部分，立足可持续发展的原则，景点设计应最小化对自然环境的破坏。合理的设计能够保护景区的生态环境，同时提供游客深入自然、亲近自然的体验，这样既保护了旅游资源的本质，又满足了游客对于绿色旅游的追求。在学术讨论中，游客体验的优化与环境心理学中的"环境行为"研究相辅相成。环境行为学指出，人们的行为受到环境因素的影响，而良好的旅游景点设计能正面影响游客的情绪和行为，从而提升游客的体验感。景点的美学设计、功能布局及其与环境的和谐共处，都能显著增强游客的积极体验。

（二）强化自然价值的呈现

在景点设计中，自然景观的展示是吸引游客的重要手段。合理选用设计元素以展示自然界的活力与和谐，可以优化游客的自然体验。例如，通过保护和恢复溪流、山石等自然元素，可以提升景区的生态价值，并通过景观设计突出这些元素的自然美，如通过建设木栈道沿溪流布置，允许游客近距离感受溪流的潺潺与山石的古朴，从而增强游客对自然美的感知。同时，将当地文化元素和自然景观相结合是提升旅游资源价值的关键。这种结合不仅体现在视觉艺术上，如运用地方特色的建筑风格和装饰艺术，还包括对当地传统和故事的呈现。这样的融合使得旅游体验不仅成为一次自然的探索，还成为一次文化的旅行，强化了游客对景点的记忆，提高了旅游资源的文化吸引力。为了充分利用自然景观的魅力，精心规划最佳的观赏点至关重要。例如，通过科学分析和地形研究，确定能够观赏到日出日落、潮起潮落等自然现象的最佳位置。这些观赏点不仅提供了观看自然奇观的机会，还能在特定时刻为游客提供独一无二的体验，如在晨曦初照时观看山川的渐变，或在落日余晖中体验海潮的澎湃。通过环境设计来强化游客的自然体验，可以在游客心中留下深刻的印象，并可能促使游客进行口碑传播。这种从心理和情感层面上的影响，被视为提升旅游资源吸引力的有效途径。同时，旅游资源的可持续性受益于这种设计，因为它提高了游客对自然保护的认识和参与度。

（三）提升旅游资源的可持续性

可持续性的提升意味着对自然资源和旅游活动进行精心管理，确保它们能够承受时间的考验，保护和促进环境、社会和经济福祉。在环境层面，采用可持续材料和环境友好的建筑技术不仅减轻了对自然的负担，还展示了对地球资源的尊重。这种方法不仅保护了景点的自然美，也为未来的游客提供了访问的机会。实施这些设计理念的景点，由于其对环境的正面影响，常成为行业标杆，吸引那些寻求更负责任旅游体验的游客。教育在提升旅游资源的吸引力和价值方面扮演了重要角色，通过信息牌、互动式展览等教育性内容，游客对环保意识的提升有助于培养游客的参与感和责任感。这种参与不仅增强了个体对旅游体验的评价，在社会层面也促进了对可持续旅游实践的更广泛支持。管理与维护策略的实施确保了旅游资源能够持续为游客提供高质量的体验，因为有效的管理制度和定期维护活动能够避免资源的过度消耗和退化，这对于维持资源的吸引力和价值至关重要。当旅游资源得到妥善管理时，它们更有可能吸引那些寻求高品质体验的游客。在经济层面，可持续旅游资源的吸引力增强了其经济价值。游客愿意支付更高的价格体验那些对社会和环境有积极影响的旅游活动。这种经济激励促进了更多的投资，进一步提升了旅游资源的质量和可持续性。

四、休憩节点设计

（一）优化休憩空间以增强体验

良好的休憩空间规划能够有效增强游客的整体体验，延长游客在景区的停留时间，并促进消费，这一切都有助于提升旅游资源的吸引力和经济价值。休憩空间的多功能性是提升游客体验的重要因素，融合观光与休憩设计的休憩节点成为景区内的重要组成部分。观光平台和小广场等设施提供了既能休息又能观赏美景的场所，这种设计策略有效地利用了空间，丰富了游客的体验。当游客在长时间的行程后找到可以放松的场所时，游客的满意度和对旅游体验的正面评价就会提高，进而增加游客推荐该旅游目的地给其他人的可能性。便捷商业服务的配置能够满足游客在休憩时的即时需求，商业店铺提供了除基本休息设施外的购物和餐饮服务。这样的设计不仅方便了游客，还激发了游客的消费欲望，从而直接提高了旅游景区的经济效益。合理的商业布局可以引导游客进行额外消费，如购买纪念品或当地特色小吃，这些消费行为在增加游客满意度的同时，为景区带来了更多的营收。环境融合设计强调的是休憩空间与自然环境的和谐共存，在设计休憩设施时，保护和利用自然环境可以使休憩点本身成为景观的一部分。这样的设计不仅保护了景区的自然环境，还提升了游客对旅游资源的感知价值。例如，利用自然地形设置的休憩点，既能让游客在欣赏景色的同时得到休息，又能增强游客对旅游地自然美的认识和欣赏。还有一点需要引起高度重视，即休憩节点的合理设计和规划对于旅游资源的可持续经营同样至关重要。提供良好的休憩体验，游客的回访率可能会提高，正面口碑也会随之增加。游客的重复访问和推荐是提升旅游资源价值的重要指标之一。同时，这种设计还有助于平衡游客流量，避免某些热门区域过于拥挤，确保了游客体验的质量和舒适度。

（二）突出景区特色以提升吸引力

在旅游线路中设置具有吸引力的休憩点，可以强化景区的特色，为游客提供更深层次的体验，并且增加其对景区的好感和记忆点。景区的自然景观是吸引游客的重要资源，休憩节点如观景台的恰当布置，使得游客能够在最佳的位置上欣赏到自然景观，如雄伟的山川、静谧的湖泊或茂密的林木。这种设计不仅为游客提供了休息的空间，更是提供了观赏和拍照的绝佳地点，使得游客的体验更加丰富和愉悦。通过这样的视觉体验，游客的情感得到满足，对旅游地的好感度增强，进而提升旅游资源的吸引力。在休憩节点的设计中融入地域文化，也是提升旅游资源价值的有效手段。加入地方建筑风格、艺术装饰等文化元素，可以使休憩点成为展示当地文化特色的窗口。这种设计使得游客在休息之余，也能沉浸在浓郁的地域文化氛围中，体验到与日常不同的文化风情。对于游客而言，这不仅是一次休息，更是一次文化的探索和学习，提高了旅游体验的层次。构建动静结合的旅游体验对于提升休憩节点的吸引力同样关键，可以通过借景、框景、隔景等造景手法打造休憩点，旅游体验由纯粹的观光转变为动态与静态相结合的体验。游客在活动与休息之间的转换中，能够更好地消化和吸收所见所闻，这种多样化的体验让旅游不再单调，而是变得更加丰富和充实。

（三）提高旅游资源的可持续发展能力

可持续性旅游旨在满足现代游客需求的同时，保护和旅游景点优秀传统文化的能力。休憩节点的合理布局与设计能有效实现这一目标。在关键地点设置休憩节点，可以控制游客流量，从而减轻对热点区域的游客压力。这种分流可以缓解对景区中某些易受损害地区的过度使用，减少对景观和生态的负面影响。例如，路径和观景点的明智规划，可以避免游客过于集中，从而减少对脆弱生态系统的踩踏和干扰。在休憩节点的建设中，选择环保材料和施工技术同样至关重要。这些材料通常具有较低的环境影响，可以降低景区的碳排放量，并对生态系统产生的干扰最小化。使用本地材料、可再生资源和能够促进生物多样性保护的设计理念，不仅能减少维护成本和环境损害，还能增强游客对旅游目的地自然美和可持续发展的认识。除此之外，休憩节点是传递教育信息的理想场所。通过展示板和互动设施教育游客关于保护环境和文化遗产的重要性，可以提高游客的环保意识，并鼓励游客在旅游过程中采取更为环保的行为。通过这种方式，游客不仅是消费者，也成了保护旅游资源的参与者。

五、娱乐设施设计

（一）增加参与度和互动性

在全球化与科技革命的大背景下，游客对旅游体验的要求日益提高，娱乐设施的创新设计能够有效满足这一需求，从而提升旅游资源的吸引力与价值。娱乐设施的设计趋向于提高参与度和互动性，通过此方式，游客能够获得非凡的体验。例如，虚拟现实技术能够将游客带入一个全新的虚构世界，这种沉浸式体验不仅是视觉上的震撼，更是心理层面的冲击。游客不再是单一的观察者，而是故事的参与者，通过自己的行动影响虚拟环境，从而获得独特的个人化体验。娱乐设施的设计还可以通过情感参与加强游客与旅游资源的连接，通过故事讲述、角色扮演等手段使游客在情感上与游乐设施建立联系，通过角色扮演活动，游客可以进一步融入景区的文化中，从而提高旅游体验的满意度。情感参与的加深，使得游客的体验不再是表层的观看，而是内在情感的共鸣，提升了旅游回忆的价值，这对于吸引游客重游及通过口碑传播对旅游目的地的吸引力至关重要。多感官体验的融合也是娱乐设施设计中的一个亮点，通过视觉、听觉、触觉等感官元素的有机结合，游乐设施不仅提供了视觉的震撼，还给人以听觉与触觉的刺激。例如，模拟器械可以复现极限运动的体验，既刺激了游客的视觉感官，也模拟了运动时的身体触觉，甚至可以通过特殊装置模拟气味，全方位地刺激游客的感官。这种全感官的互动体验提高了游客对旅游活动的参与感，使得体验更加生动且难以忘怀，从而极大地提升了旅游资源的吸引力。

（二）创新与科技的融合

科技进步不仅开辟了娱乐设施设计的新天地，还使得旅游体验更为丰富和多元。具体表现在科技的融合极大地丰富了游乐设施的形式，创新型的娱乐设施如模拟飞行器、数字互动墙，依托于机械化、光电化和数字化技术，向游客提供了超越传统游乐项目的新鲜体验。这些设施以其新颖的科技感吸引了广泛的游客群体，尤其是科技爱好者和年轻一代，这些群体往往寻求与众不同的娱乐方式和非凡体验。高科技游乐项目通过独特的设计和前沿的技术，能够激发游客的好奇心和探索欲，从而提高了旅游目的地的吸引力。随着信息时代的到来，游客对旅游内容的新鲜感有着更高的期待。利用数字化技术，游乐设施可以轻松地更新内容，提供定期变化的娱乐体验。这种更新能够维持游客的兴趣，刺激游客的多次访问，从而带动旅游地的复游率和可持续发展。内容的不断刷新也使得游乐设施能够紧跟潮流和趋势，保持其在市场中的竞争力。科技与安全的结合是现代游乐设施设计不可忽视的一环，游客在追求刺激和娱乐的同时，对安全性的要求也是至关重要的。现代科技使得游乐设施可以在保障极高安全性能的前提下，提供个性化和创新性的乘坐体验。例如，运用先进的传感器和控制系统，可以确保设施的运行在可控范围内，也可以根据游客的偏好提供定制化的体验。这种安全与个性化的结合，提升了游客对旅游体验的整体满意度，进一步提高了旅游资源的价值。

（三）增强场景的沉浸感和故事性

所谓的"故事化设计"，是通过结合故事元素和本地文化或创意主题来提高游客的沉浸感。游乐设施和相关活动的主题设计，如故事情节的引入和角色设计，允许游客在参与过程中体验一个连贯的故事过程，增加游客对文化和地方特色的理解和欣赏。这种设计不仅能吸引游客参与其中，还能让游客在体验后对旅游地留下深刻的记忆，提高其回访率。而场景化体验则利用高度仿真的环境和装饰设计，让游客得以沉浸在一个完全不同于日常生活的环境中。通过模拟创建的场景，如逼真的鬼屋探索或是飞行模拟器中的天空漫游，这些场景化的体验可以强烈地刺激游客的想象力和探索欲望，提供独一无二的旅游体验。这种体验上的差异化是提高旅游资源吸引力的关键。另外，情绪共鸣在娱乐设施设计中占有独特地位。精心设计的音乐、灯光和其他多媒体元素，可以唤起游客强烈的情感反应。人们通常会被那些触动游客情感的体验所吸引，而娱乐设施设计师可以利用这一点来创造令人难忘的瞬间，从而与游客建立情感上的联系。这种情感的联结不仅提升了游客的满意度，也提高了游客将体验分享给他人的可能性，增加了旅游资源通过口碑传播的价值。从理论角度分析，游乐设施的故事性和沉浸式设计符合环境心理学中关于环境感知的原理，特别是当环境引发的感知与个人内在需求相结合时，会大大提升个体的体验质量。因此，娱乐设施的设计不仅是一种经济投资，更是对旅游体验价值的重要提升。

第四章 中国"四大西湖"之旅游产品分析

第一节 杭州西湖：古典与现代的完美结合

一、杭州西湖旅游产品设计与开发已经具备的资源条件

杭州西湖以其深厚的历史文化底蕴和独特的自然风光，成为中国著名的旅游胜地。显而易见的是，这一区域自 2000 年起已经经历了一系列深入的改造和提升，这些改革不仅丰富了游客的旅游体验，还展示了古典与现代的和谐融合。西湖环境综合保护工程的实施，对旅游资源进行了全面优化。例如，对灵隐寺、净慈寺等著名景区进行扩建，2002 年西湖南线保护及整合工程的完成以及 2003 年新湖滨的改造，都是优化西湖空间布局的重要举措。这些项目不仅增强了西湖的吸引力，也在很大程度上提升了游客的体验。

重建和复兴历史景区也是重要的一环。例如，雷峰塔景区的重建和杨公堤景区的恢复，不仅让西湖的景色更加丰富多彩，还让游客有机会体验到 300 多年前西湖的辉煌景观。此外，西湖水域面积的扩大，从 5.6 平方公里增至 67 平方公里，极大地改善了西湖的水域景观。其中，西湖景区的空间

组合优化，特别是环湖八大公园的围栏取消以及各公园的整合，形成了一个连续的环湖大公园。这一措施不仅提高了区域的可达性和连贯性，还提高了游客的自由度，西湖成为长三角地区唯一一个无须门票即可进入的著名旅游区。通过这些改革，西湖不仅保留了其古典的美学特征，还加入了现代化的元素，使其成为古典与现代完美结合的代表。旅游产品的设计与开发，以其独特的资源条件，提供了丰富多样的旅游体验，既有古典的韵味，又不失现代的便利和舒适，完美地融合了历史与现代、自然与文化。因此，杭州西湖的旅游产品设计与开发，不仅展示了丰富的资源条件，更是古典与现代的完美结合的典范。表4-1将杭州西湖旅游产品设计与开发已经具备的资源条件进行了归纳。

表4-1 杭州西湖旅游产品设计现有资源一览表

景区名称	已优化的景点名称	数量总计
西湖南线	宁湾骑射、澄湖、林蔼漫步、柳浪闻莺、涌金池、"金牛出水"雕塑、张顺雕像、涌金楼、钱王祠、翠光亭御码头、刘松年书画廊、清照亭、水南半隐、唐云艺术馆、双投桥、朱娘酒店、净慈寺、南屏晚钟、雷峰夕照、章太炎纪念馆、张苍水祠、苏东坡纪念馆、太子湾公园	24
湖滨	唐李泌引水纪念标志、风波亭、清旗营和练兵场、圣塘闸别墅建筑、淞沪会战阵亡将士纪念雕塑像、新泰饭店、惜别白公、马可波罗与杭州纪念雕塑、圣塘闸	10
杨公堤	风荷御酒坊、环碧湖舍、燕南寄庐、赵公堤、天泽楼、小隐园、兰苑、茅乡古道、五峰草堂、赵之谦纪念亭、大麦岭苏东坡摩崖题记、于谦墓、俞曲园墓、子久草堂、武状元坊、黄篾楼、法相唐樟、松鹤山庄、红栎山庄、景行古桥、玉涧桥、永福桥、杨公堤碑亭	23
梅家坞茶文化村	梅家坞周恩来纪念室、郎当岭（入口）、礼耕堂	3

二、杭州西湖旅游产品设计与开发的主要内容

（一）对景区进行准确的文化定位，深度挖掘其内涵，提升产品质量

在杭州西湖旅游产品设计与开发中，对景区进行准确的文化定位并深度挖掘其内涵以提升产品质量，是一项至关重要的任务。这不仅涉及对旅游产品外延的扩大，更关乎其内涵的提升，从而增强旅游产品的竞争力。特别是

对于西湖这样拥有丰富历史文化积淀的旅游区，准确地把握文化定位，深化其内涵，并将潜在的文化价值转化为具体的旅游产品，是提升产品质量的关键。以雷峰塔为例，2000年雷峰塔地宫的发掘为其重建提供了丰富的文化定位选择。雷峰塔的经营者在多种可能的文化定位中，选择了以《白蛇传》这一民间传说为基础，塑造"千年爱情第一塔"的主题。这一决策不仅赋予了雷峰塔独特的文化身份，也为旅游产品开发提供了明确的方向。通过全方位、多层次地开发与爱情、婚恋相关的产品，雷峰塔不仅创造了一个引人入胜的旅游主题，还丰富了雷峰塔的文化体系，实现了其旅游文化价值的最大化。

对西湖旅游产品设计与开发而言，关键在于如何将独特的历史文化资源转化为具有吸引力的旅游产品。这不仅要求对景区的文化背景有深刻的理解和把握，还需要创新性地将文化元素融入旅游体验设计中。采取这样的方式，既能保留和弘扬西湖丰富的文化遗产，又能满足现代游客对文化深度和体验质量的需求。

（二）合理设计游览线路，设计丰富的西湖旅游产品

1. 重新设计包装观光旅游产品

在杭州西湖旅游产品设计与开发过程中，合理设计游览线路以构建丰富的西湖旅游产品是一项至关重要的任务。对于新西湖而言，其多样的景点及丰富的文化内涵提供了极佳的机会，用以提炼资源与产品之间的关联。例如，"千年等一回爱情游览线"就是一种创新的尝试，它借助杭州打造爱情之都的背景，将西湖旅游区中与爱情相关的景点如万松书院、雷峰塔、保椒塔、断桥、长桥、西泠桥等组织成一条主题游览线路。此外，通过融入诸如"阮公墩招亲"的参与性项目以及采用不同的交通形式（游船、步行、电瓶车）连接这些景点，进一步增强了游览体验的多样性和趣味性。

另外，在食、住、行、购等方面融入与爱情婚姻相关的元素，如提供情侣餐、情侣店、情侣路线和情侣商品，这些都是为了打造一条完整的爱情之旅路线。这种有感染力的主题游程设计，不仅能将西湖的多个景观名胜通过

一个主题串联起来，还构建了丰富多样的旅游产品，这对于提升游客的参与感和体验感至关重要。通过这样的游览线路设计，旅游产品不仅可以以热点带动冷点，延长游客的停留时间，还能满足不同游客的多元化市场需求。更重要的是，这种深度的体验设计能使旅游者获得更加深刻和难忘的体验，从而有效提升旅游产品的整体质量。

2. 开发专题旅游产品

杭州西湖作为中国历史文化名城的核心部分，有悠久的历史和丰富的文化资源。其旅游产品设计与开发，应以文化为魂、自然为体，通过创新的方式，把传统与现代融合，构建出符合现代游客需求的高质量旅游产品。在游览线路的设计中，应充分考虑到西湖的历史文化背景和自然景观。以博物馆之旅和名人故居游为例，杭州的历史作为古都，孕育了良渚文化、吴越文化、南宋文化和明清文化等，形成了一个完整的文化发展系列。这些文化资源不仅体现在博物馆和名人故居的数量和质量上，更体现在它们所承载的深厚文化内涵和历史价值上。因此，在游览线路的设计上，应将这些博物馆和名人故居有效地串联起来，形成具有特色的专题旅游线路，以满足不同游客的需求。

艺术之旅的开发也是西湖旅游产品设计的重要部分。中国美术学院、西泠印社等不仅文化底蕴深厚，艺术价值也极高，为开发艺术专题旅游提供了宝贵的资源。设计时应深入挖掘这些艺术机构的历史和文化价值，结合其丰富的艺术作品和名人故事，打造具有吸引力的艺术主题游览线路。在游览线路的设计中，还应注意融入现代游客的需求。例如，通过运用现代科技手段，如VR、AR等技术，为游客提供更为生动、直观的历史文化体验。同时，还应结合西湖的自然风光，提供各种户外活动，如徒步、骑行等，使游客在体验西湖的自然美景的同时，感受到其深厚的文化底蕴。

3. 打造休闲旅游产品

杭州作为一个以自然山水为基础的城市，具有美丽的西湖、恬静的老城区、缓慢的生活节奏、良好的社会治安和便捷的交通条件，这些特点使得杭州成为长三角地区极具休闲韵味的城市。打造休闲旅游产品，可以围绕西湖的空间地域特性，着重从以下几个方面进行深度开发。

环湖休闲区：环湖线路超过 15 公里，由南线、西线（杨公堤）、北线和湖滨构成。这一区域自明代以来就是人们休憩玩乐的好去处。2003 年，环湖八大公园免费开放和杨公堤的恢复，为打造理想的环湖休闲带提供了资源和市场空间。依托"南山路休闲一条街"，可增设或改造一些现代化的休闲设施和项目，如深度体验项目，这对引导游客纵深消费，提高产品的附加值具有重要意义。湖面休闲区：新西湖的发展拓宽了水域面积，形成了 9 个相对独立但又互为贯通的水面区域。西湖游船功能的拓展，如开发歌舞船、宴船、钓鱼船、诗船、画船等，能提高西湖游船的使用价值和观赏价值。改变目前以交通为主的功能，能重现南宋时期西湖湖面休闲的盛况。山林休闲区：西湖之美与其周围的青山紧密关联。西湖旅游区拥有的山体面积、丰富的植被和珍贵的天然植物园为开发山林休闲产品提供了得天独厚的条件。2003 年，区内的山道线全线贯通，为山林休闲产品的开发提供了更多的可能性。总结"梅家坞模式"的文化休闲旅游产品开发的成功经验，对打造更多特色各异的休闲旅游产品具有借鉴意义。

这种休闲旅游产品的设计与开发，不仅能满足城镇居民日益增长的近郊休闲旅游需求，还能促进西湖旅游产品的纵深发展。这样的设计与开发，可以更好地展现西湖的自然美景和文化底蕴，提升游客的体验质量，同时为杭州旅游业带来更多的活力和发展潜力。在未来的旅游产品设计与开发中，应继续挖掘西湖的文化和自然资源，创新产品设计，提供更为丰富多彩的旅游体验，以适应市场的不断变化和游客的多样化需求。

第二节 扬州瘦西湖：江南水乡的璀璨明珠

一、扬州瘦西湖旅游产品设计与开发的现实情况分析

扬州瘦西湖作为中国历史文化名城的重要组成部分，其夜间旅游产品的设计与开发是扬州旅游业发展的关键环节。然而，从蜀冈—瘦西湖风景名胜区的实际情况来看，夜间旅游产品的开发仍处于初级阶段，未能形成一个成熟的体系。通过对外地游客和本地居民的问卷调研，本研究可以对其当下现实情况进行更加深入和客观的分析。瘦西湖作为绝大多数游客的首选旅游目的地，其夜间旅游产品的发展水平直接影响着游客对于整个扬州夜游水平的看法。目前，瘦西湖的主要夜间旅游产品是《春江花月夜》实景演出，但它在很大程度上无法完全满足游客的夜游需求，因为它仅是单一的演出形式且不是全年开放。本地居民认为蜀冈—瘦西湖风景名胜区在基础设施、体验项目、产品设施和产品创意等方面都有待改善。特别是基础设施方面的不足，已成为影响居民对景区夜间旅游产品开发现状满意度的一个重要因素。

为此，扬州市旅游管理部门针对瘦西湖的夜间旅游产品设计与开发做出了多方面努力。其中，在产品多样性方面，强调开发更多样化的夜间旅游产品，以满足不同游客的需求。除了传统的实景演出，还可以考虑引入夜间游船、文化体验活动、夜市等元素。在持续性和稳定性方面，扬州市旅游管理部门已经意识到夜游产品的持续性和稳定性对提升游客体验至关重要，已经考虑将某些夜间旅游活动常态化、全年化，以增强游客的参与度和满意度。在基础设施建设方面，已经开始完善夜间旅游的基础设施，如照明、指示牌、安全措施等，并且将其作为提升游客体验的基础。这不仅能改善游客

的游览体验，也能提升本地居民满意度的关键。在创新和文化融合方面，将夜间旅游产品的创新和文化融合是吸引游客的重要手段，做到结合扬州的历史文化，开发一些富有创意的夜间文化活动，如扬州古琴音乐会、园林夜赏等。在本地居民的参与和反馈方面，当地已经意识到在夜间旅游产品的开发过程中，重视本地居民的意见和反馈，鼓励游客参与到旅游产品的设计和改进中来。

二、扬州瘦西湖旅游产品设计与开发的成果分析

（一）实施品牌策略，提升景区夜游文化形象

蜀冈—瘦西湖风景名胜区作为扬州的一大旅游亮点，其夜间旅游产品的开发对于塑造扬州旅游的独特品牌至关重要。目前该区域的夜间旅游主要依赖于《春江花月夜》这一表演项目。由于缺乏其他配套的夜游产品和景区夜间的开放，游客对于瘦西湖的夜游体验感到单调，这无疑影响了游客对该景区夜游的整体满意度，也不利于景区夜间旅游目的地形象的塑造。为了解决这些问题，实施品牌策略显得尤为关键。以下是在实施品牌策略和提升夜游文化形象方面所取得的具体成果，如表 4-2 所示。

表 4-2　扬州瘦西湖品牌策略的实施

具体措施	目标	对旅游业的影响
深挖历史文化内涵，并将文化元素融入夜游产品设计。	为游客提供更加丰富和多元的夜游体验。	改变游客对景区的固有认知，提升夜游吸引力。
开发多元化夜游产品，如夜间游船、历史文化漫步、主题灯光秀等。	丰富游客的夜游选择，提升整体夜游体验。	为扬州旅游业带来更多的机遇和挑战。
通过社交媒体、旅游平台和广告等多渠道宣传策略。	提升瘦西湖夜游产品的知名度，吸引更多游客。	提高景区夜间旅游目的地形象，增加游客满意度。
优化夜间旅游基础设施，如照明、安全措施、导览服务等。	提升游客的整体满意度和安全感。	促进旅游产业链的可持续发展，提高旅游业的整体品质。
创新夜游产品设计，结合自然景观和文化特色创造独特体验。	提升景区的夜游吸引力，创造独特的夜游体验。	增强旅游目的地的竞争力，扩大旅游市场份额。

如表 4-2 所示，扬州瘦西湖品牌策略主要包括五个方面。瘦西湖丰富的

历史文化资源是其品牌建设的宝贵资产。深入挖掘这些文化元素,并将其融入夜游产品的设计中,可以为游客提供更加丰富和多元的体验。除《春江花月夜》之外,应开发更多种类的夜游产品,如夜间游船、历史文化漫步、主题灯光秀等,这些都能丰富游客的夜游选择,提升夜游体验。通过多渠道宣传策略,包括社交媒体、旅游平台、广告等方式,可以有效提升瘦西湖夜游产品的知名度,吸引更多游客前来体验。优化夜间旅游的基础设施,如照明、安全措施、导览服务等,对于提升游客的整体满意度至关重要。创新夜游产品的设计,结合瘦西湖的自然景观和文化特色,创造独特的夜游体验,可以有效地提升景区的夜游吸引力。通过这些措施,蜀冈—瘦西湖风景名胜区不仅能够提升其夜游文化形象,还能改变游客对景区的固有认知,从而提升景区的夜游吸引力。实施品牌策略,提升夜游文化形象,对于扬州瘦西湖旅游产品的整体设计与开发具有重要意义,这不仅能够提升游客体验,还能够为扬州旅游业带来更多的机遇和挑战。

(二)实施市场策略,扩大扬州夜间旅游市场

在探讨扬州瘦西湖旅游产品设计与开发的成果时,特别是在实施市场策略和扩大夜间旅游市场方面,需对其当前状况进行客观分析。扬州瘦西湖在华东旅游线与上海、南京、杭州、苏州等城市相比,在夜间旅游产品的知名度和经济效应方面尚未得到充分的认可。由于之前扬州夜间旅游产品相对单一,游客倾向于选择周边夜间旅游产品更丰富、发展更繁荣的城市。这种单调的夜游产品不仅未能吸引游客在扬州过夜,还导致"扬州一日游"成为主流旅游方式,从而失去了对有过夜需求的游客的吸引力。为了改变这一现状,扬州夜间旅游的发展战略已经明确了多个立足点,并且在旅游产品设计与开发过程中发挥了重要作用。

挖掘夜间旅游文化。深入挖掘扬州丰富的历史文化资源,将文化元素融入夜间旅游产品中,丰富夜游体验。促进产品多样化。开发更多样化的夜间旅游产品,如夜市、夜间游船、文化表演等,以满足不同游客的需求,提升游客体验。通过独特的夜间旅游产品和体验,树立扬州夜间旅游的品牌形

象，提升其在市场上的知名度和吸引力。实施创新的夜间旅游营销模式，利用互联网营销、文化营销和创意营销等手段，拓宽营销渠道。形成线上线下有机联动的营销氛围，利用数字媒体和社交平台提升扬州夜间旅游的可见度和参与度。通过提供丰富的夜间旅游活动和优质的服务，吸引游客在扬州过夜，延长其在城市中的停留时间。

（三）实施产品策略，提高景区夜间旅游价值

蜀冈—瘦西湖风景名胜区，作为扬州的一个重要旅游景区，其夜间旅游产品的发展对提升整个城市的旅游吸引力具有重要意义。目前，该景区的夜间旅游发展存在一些限制因素，包括未完全开放的夜间时间、产品单调性等。针对这些问题，实施产品策略和提高夜间旅游价值所取得的具体成果有：一是深化旅游产品开发，具体操作在于对现有夜间旅游产品进行深度开发，提供更加丰富和多元的游客体验。二是挖掘历史文化资源，其操作主要体现在深入挖掘蜀冈—瘦西湖风景名胜区的历史文化资源，将这些元素融入夜游产品中，增加文化深度。三是创造特色景点，例如，开发特色灯光秀广场、地方相声戏曲馆、文创纪念品馆、运河夜色文化公园等，这些都能提供独特的夜游体验。四是设计创意游乐项目，主要包括开发与历史文化相结合的游乐项目，如"梦回汉朝"汉服文化交流会、唐朝主题活动、盐商文化展览会等，这些都能吸引不同兴趣的游客。五是规划夜市小吃街，重点关注夜市小吃的质量，发扬淮扬美食的优势特色，彰显美食之都的魅力。六是挖掘特色文化，主要操作体现在将扬州特色的"水包皮"文化等融入景区夜间旅游产品中，形成有机组合，全面提升景区的夜间旅游价值。

（四）实施环境策略，提升景区夜游设施水平

在分析扬州瘦西湖旅游产品设计与开发的成果时，特别是从实施环境策略和提升景区夜游设施水平的角度出发，可以看到该景区在夜间旅游方面已经取得了一定的进展，但也面临着一系列挑战。蜀冈—瘦西湖风景名胜区作为扬州的一个重要旅游目的地，其夜间旅游环境的优化是吸引游客并提高游客满意度的关键。当前，该景区在夜间基础设施建设方面已经作出了一些努

力，包括加强夜间公共交通建设，确保游客可以在夜间方便地乘坐公共交通直达景区，并在景区内提供小交通工具以满足游客的夜间游览需求。在景区内增加投资，以完善基础设施和旅游设施，如增设路灯以保障夜间旅游的照明需求。强调低碳环保、绿色夜游，完善游客所需的环卫设施，减少环境污染。在景区内设立医疗站、消防站、警卫室等应急保障部门，制定完善的应急预案，配备必要的应急设施，并加强夜间安保巡逻，保障游客的生命财产安全。

尽管如此，瘦西湖的夜间旅游发展仍然面临一些挑战，包括如何进一步提高设施质量、增强游客体验、提升夜游吸引力等。为了实现这些目标，景区需要在几个方面继续努力：一是创新夜游体验。除了基础设施建设，景区还需要开发新的夜游活动和项目，如文化主题活动、互动体验等，增加夜游的吸引力和趣味性。二是进一步提升服务质量。优化服务流程，提升员工服务意识，确保游客在夜游期间获得良好的服务体验。三是继续加强营销推广。通过有效的营销策略，提升景区夜游的知名度和吸引力，吸引更多游客参与夜游活动。四是持续的设施升级。持续升级和维护景区内的各类设施，确保其能够满足游客日益增长的需求。

（五）实施管理策略，提高景区夜游服务质量

瘦西湖风景名胜区在提高夜游服务质量方面已经作出了积极的努力，这些努力不仅提高了游客在夜游中的体验质量，也增强了景区的吸引力，为扬州瘦西湖的夜游市场带来了更多的活力和发展潜力。通过持续的管理策略实施和服务质量提升，瘦西湖风景名胜区在夜间旅游领域的竞争力将得到进一步加强。具体而言，主要包括以下五个方面：

一是全面加强了夜间旅游管理的制度建设。瘦西湖风景名胜区在夜间旅游管理方面，通过加强制度建设和服务规范的强化，已经在一定程度上优化了夜游体验。景区管理层科学制定了每个夜间旅游产品的服务标准，这些标准是在考虑游客真实需求的基础上制定的，反映了对游客体验的重视。

二是服务标准得到严格执行和监督。景区服务人员严格遵守服务标准，

保证了夜游服务的质量。这种规范化的服务流程和标准化的服务内容在很大程度上提升了游客的满意度，保证了游客在夜游过程中的舒适和满足。

三是建立了夜游服务质量满意度反馈机制。景区建立了夜游服务质量满意度反馈机制，要求服务人员在提供服务后收集游客的即时反馈。这种反馈机制有助于景区及时了解游客的体验情况，并根据反馈进行调整和优化。

四是成功引入了第三方测评机构。为了提高反馈结果的客观性和真实性，景区引入了第三方测评机构定期进行满意度调研。这一措施提升了服务质量的评估标准，保证了反馈的客观性和科学性。

五是服务标准得到不断修正和补充。基于长期调研和满意度分析报告，景区对夜游服务标准进行适时的修正和补充。这种动态调整确保了服务标准始终保持科学性、合理性和有效性，与游客需求和市场变化保持同步。

第三节　惠州西湖：岭南文化与自然的交融

一、惠州西湖旅游产品设计与开发的相关研究成果

移动互联网和短视频的兴起，为旅游产品的宣传和营销提供了新的渠道。这些平台通过精准的目标受众定位和智能广告投放，有效地增强了旅游产品的可见度和吸引力。惠州西湖景区旅游产品设计与开发紧跟时代潮流，将数字旅游产品作为主要的设计与开发方向，并且将岭南文化与自然的交融作为重要的抓手，以此确保该旅游产品设计与开发的可行性。当前学者对于这一方面也进行了系统研究，这显然也为当今惠州西湖景区旅游产品设计与开发提供了坚实的理论支撑，具体如下：

张可等人的研究强调了网红短视频和网红形象代言在塑造观众心流式体

验方面的重要性。① 心流体验是一种完全沉浸在某项活动中的感觉，通常与高度集中和积极的情感体验相关。在旅游产品设计中，加入心流体验可提高受众的旅游意愿和满意度。这种策略通过增强观众与目的地之间的情感连接，提高了旅游目的地的吸引力。文捷敏等人对重庆洪崖洞的案例分析显示，独特的景观和故事情境体验是其成为网红目的地的关键因素。② 这表明，旅游产品设计应注重创造独特和吸引人的体验以及讲述与目的地相关的引人入胜的故事。同时，这项研究指出了网红目的地可能面临的问题，如交通混乱和过度商业化，这对于旅游产品设计和管理来说是值得关注的。蒋成风等人的研究指出，短视频热点可能导致网红目的地的短暂兴起，强调了理性对待这种"热点"效应的重要性。③ 这意味着旅游产品设计不应仅依赖于短期热点，而应更多地关注如何创新和维持长期吸引力。此外，学者提出了旅游产品需要不断创新，保持长效发展的观点。李凤亮等人的研究认为，网红旅游消费作为文化旅游消费的新趋势，需要在利用短视频等互联网工具的同时，提升服务品质和文化内涵。④ 这表明，在设计和开发惠州西湖的旅游产品时，应注重提供高质量的服务，并深入挖掘和展示当地文化特色。

叶锡祥对民宿的分类提供了一个有益的视角，将其分为观赏度假型、特色体验型和观光打卡型。⑤ 观赏度假型民宿注重提供优美的自然环境和舒适的休息空间，而特色体验型民宿则提供独特的文化体验。相比之下，观光打卡型民宿更吸引年轻人群体，通过提供拍照打卡的独特场景和视角，借助短

① 张可，许可，吴佳霖，等.网红短视频传播对消费者旅游态度的影响：以丁真走红现象为例 [J].旅游学刊，2022，37（2）：105—119.

② 文捷敏，余颖.基于扎根理论的滨海旅游体验研究：以广东省惠州市巽寮湾为例 [J].地域研究与开发，2023，42（2）：111—117.

③ 蒋成风，蔡畅.从抖音看短视频对旅游营销传播的影响 [J].新闻前哨，2019（1）：10—11.

④ 李凤亮，杨辉.文化科技融合背景下新型旅游业态的新发展 [J].同济大学学报：社会科学版，2021，32（1）：16—23.

⑤ 叶锡祥，谢慧敏，郑斌.数字化背景下的民宿设计发展现状及展望 [J].艺海，2021（12）：134—136.

视频和社交媒体的传播，吸引游客。这种分类说明民宿产品设计需要考虑不同目标群体的需求以及如何利用新媒体工具来增强其吸引力。陈春燕的研究强调了民宿服务的个性化、服务态度和服务质量的重要性。民宿与传统酒店相比，其主客互动更为密切，因此对游客的感知和需求更为敏感。① 这指出了在民宿产品设计时，需要重视软性服务的提升，以提高客户满意度和忠诚度。吕琳玉等人的研究表明，基础设施、交通便利性、设计风格和环境氛围是构成民宿吸引力的基础要素。② 这些要素是民宿能否吸引游客的关键，因此在设计和开发民宿产品时，需要充分考虑对这些基础要素的优化。黄向的研究进一步阐述了构成网红气质的要素，如民宿的配置、风格设计、周边环境、直观印象和心理感受等，并指出这些要素对游客购买意愿的积极影响。③ 此外，网络口碑在这些要素影响游客购买意愿中起到了中介作用，说明了网络口碑在推广民宿产品时的重要性。黄柔柔等人提出的竞争力提升策略，如关注民宿供给体系、特色化民宿品牌、内外部功能设施的优化以及网络平台的互动交流，为民宿产品的设计与开发提供了实用的指导。④ 这些策略强调了民宿产品在保持特色和创新方面的重要性以及如何通过多元化的渠道和高质量的服务来提高竞争力。

王丽军从短视频营销的角度出发，提出了一系列策略，强调了制作优质内容的重要性，包括民宿服务内容和短视频拍摄内容。通过精准定位目标群体和利用网红效应维持热点，可以提高目标群体对民宿的参与度和兴趣。同时，结合线上线下宣传策略，可以进一步增强旅游景区及服务项目的市场影

---

① 陈春燕. 文化旅游视野下的景区民宿发展研究 [J]. 广西社会科学，2018（11）：188—191.

② 吕琳玉，毛蒙蒙，陈晓艳. 基于文本分析的网红民宿旅游吸引力要素研究：以江苏为例 [J]. 旅游纵览，2021（6）：21—23.

③ 黄向，陆李莎，洪毅娜. 从民宿到"名宿"：网红民宿红在哪 [J]. 中国生态旅游，2022（1）：49—64.

④ 黄柔柔，李渊，黄竞雄. 基于旅游者网络评分的民宿竞争力评价研究：以鼓浪屿为例 [J]. 旅游论坛，2021，14（1）：27—40.

响力。① 除了营销策略之外，对民宿吸引力的量化评估同样重要。卢慧娟和李享通过 IPA 分析法和陶基磊的模糊综合评价法为民宿吸引力的评估提供了科学的方法论。这些评估方法可以帮助民宿经营者和市场分析师更准确地识别民宿的优势和潜力，从而制定更有效的对策和策略，对提升旅游景区旅游产品的品质更是发挥着重要作用。② 王丽军的研究强调了新媒体工具，尤其是短视频平台在民宿营销中的重要性。短视频平台的算法可以精准地定位目标群体，提供个性化的营销内容，从而有效吸引潜在客户。此外，利用网红效应可以快速提升民宿的知名度和受欢迎程度，尤其是在年轻消费者群体中。卢慧娟和李享的研究提出了对民宿吸引力进行量化评估的必要性。这样的评估可以帮助更好地理解消费者对民宿的期望和需求，同时识别出哪些方面需要改进或强化。这种量化评估有助于民宿从业者在市场上保持竞争力，同时为未来的发展策略提供数据支持。

二、惠州西湖旅游产品设计与开发成果的分析视角

在在线平台上搜索惠州西湖民宿，并结合短视频 APP 对惠州西湖民宿的推荐，按照热度综合排名选择惠州某民宿作为研究视角，对惠州西湖旅游产品设计与开发的成果进行分析，从而说明惠州西湖旅游产品设计与开发的独特性。其中，惠州某民宿系列产品包括西湖畔、满庭芳、花影、心宿创意等，与其他民宿相比，惠州西湖民宿区位紧邻西湖美景，各产品设计了不同的文化主题，风格各异，并提供酒店管家式服务。

三、数据来源与处理

文本选择的条件和数据的处理方法对于确保成果分析的有效性和客观性至关重要。必备条件主要由四个方面构成：一是数据的时效性。选取的在线

① 王丽军. 抖音短视频 APP 对民宿营销的影响分析 [J]. 电脑知识与技术：学术版，2019，15（5）：245—247.
② 卢慧娟，李享. 基于 IPA 分析法的民宿旅游吸引力研究：以北京城市核心区四合院民宿为例 [J]. 地域研究与开发，2020，39（1）：112—117.

点评内容时间段为 2020 年 1 月 1 日至 2021 年 12 月 31 日的惠州西湖某民宿网络评价文本。这个时间段的选择意味着数据能够反映当前和近期的用户体验和评价，从而提供了一个更新的视角来分析民宿的表现和消费者的偏好。二是保证样本数据的均衡性。通过对惠州西湖的各品牌民宿网络评价文本进行提取，研究能够涵盖不同类型和风格的民宿，从而避免了对某一特定类型民宿的偏向。这种全面性确保了研究结果的普遍性和可靠性，允许对惠州西湖区域内民宿业的整体表现进行更准确的评估。三是选择权威的网络平台，保证内容的有效性和权威性。四是数据的筛选和清洗。通过剔除与主题无关或重复的内容，研究能够专注于最相关和最有价值的数据。在 4754 条点评中进行这样的筛选，可以确保最终分析使用的数据是精准和高质量的，从而提高研究结果的准确性和可信度。惠州西湖旅游产品设计与开发成果（民宿订阅网站）数据统计结果如表 4-3 所示。

表 4-3　惠州西湖旅游产品设计与开发成果数据统计结果（民宿订阅网站数据统计）

综合排名	订阅网站	Akxa 周排名	百度权重	PR 值	反链数	文本数量
1	携程旅行	710	9	7	63352	1768
2	去哪儿	5459	7	7	52216	2123
3	同程	35538	7	0	26530	863

　　在"分析惠州西湖旅游产品设计与开发成果"的数据处理过程中，使用 ROST CM6 软件进行网络评价文本的分析是一个关键步骤。这个过程可以大致分为几个阶段，每个阶段都对确保数据分析的准确性和可靠性起着至关重要的作用。

　　第一阶段是将网络评价文本复制到 Word 文档中，进行错别字更正。这个步骤的重要性在于它能够清除文本中的语言错误，从而确保后续分析的准确性。网络评价往往包含非正式和非标准化的语言表达，包括错别字、俚语和缩写等，这些都可能影响后续文本分析的准确性。通过仔细地校正这些错误，研究人员能够确保分析的基础数据质量。第二阶段涉及将经过修改的文本复制到 txt 格式的文档中，并使用 ROST CM6 软件进行词频分析。选择

txt 格式是因为它是一种纯文本格式,可以确保文本内容不受格式和编码的影响,从而更适合文本分析软件的处理。词频分析是一种常见的文本分析方法,通过统计文本中各个词汇出现的频率,可以揭示文本的主要主题和消费者的关注点。这种分析对于理解消费者对民宿的看法和偏好非常有帮助。第三阶段是设置过滤词表,以排除无意义的词(如"的""已经"等),不纳入词频分析。任何语言都存在许多功能性词汇,这些词汇在句子中起到语法作用,但对于理解文本的主题和内容来说并没有实际意义。通过设置过滤词表,可以排除这些词汇,从而使词频分析更加集中于内容丰富、信息量大的词汇。这样的处理可以提高分析的有效性,使得研究人员能够更清晰地捕捉到消费者评价的核心内容。

四、网络评论内容提取和语义分析结果

(一)高频词汇提取与分析

通过 ROST CM6 软件对网络评价进行高频词汇提取,从 4754 条网络评价中获得的数据揭示了游客关注点的多个方面。高频出现的词汇如"酒店""房间""服务""管家""西湖""环境""设施""干净""卫生""位置"和"设计",充分反映了游客对于住宿体验的多维度关注。其中,"酒店""房间""设施"等词汇的高频出现表明游客对于民宿的硬件设施极为关注。硬件设施的质量直接影响着游客的住宿体验,从而成为民宿吸引力的基本要素。这些硬件设施包括房间的舒适度、设施的完善程度和整体的维护情况。"服务""管家""贴心""舒服""满意"和"热情"等词汇的频繁出现凸显了民宿接待服务的重要性。这些词汇表明游客对服务质量有着高度的期望,游客不仅关注硬件设施,还注重服务人员的态度和服务水平。良好的服务能够提高游客的满意度和回访率。另外,"卫生"和"干净"这两个词汇的高频出现强调了游客对住宿环境卫生状况的关注。干净、卫生的住宿环境是游客评价民宿时的一个重要考虑因素,直接影响游客的满意度和口碑。涉及"西湖""环境""惠州""周边"和"位置"的词汇表明游客对外部环境

也有较高的期待。这些词汇涵盖了民宿的地理位置、周边环境和交通便利性等方面，反映了游客对于旅游目的地整体环境的关注，具体的民宿数据统计如表4-4所示。

表4-4　惠州西湖旅游产品设计与开发的切入点选择依据（以民宿的数据统计为例）

频词	频次	频词	频次	频词	频次	频词	频次
酒店	7296	入住	1654	晚上	1185	惠州	952
房间	4504	干净	1432	设施	1125	周边	939
服务	4399	下午	1429	适合	1100	位置	808
管家	3361	贴心	1401	舒服	1085	免费	802
西湖	2165	水果	1312	体验	1027	满意	769
环境	1932	卫生	1227	餐厅	1023	热情	750
早餐	1867	方便	1214	前台	1007	设计	606

（二）民宿感知语义网络分析

在进行"惠州西湖旅游产品设计与开发的民宿感知语义网络分析"时，社会网络和语义网络分析的应用对于理解游客感知和评价非常重要。通过NetDrax软件构建的共线矩阵语义网络分析图能够揭示关键词汇之间的关系和相互作用，从而为民宿的服务和设施提供深入的见解。在分析图中，如"酒店""服务""房间""早餐"和"入住"等词汇作为重要节点，其在网络中的位置和与其他节点的连接数量揭示了它们在游客感知中的重要性。例如，"酒店""房间"和"服务"与其他节点的连线数量最多，这表明这些方面是游客评价中最为关注的要素。这一发现符合民宿住宿的基本需求，即游客期望获取舒适的房间和优质的服务。

"早餐"和"入住"作为较为密切关联的节点，凸显了民宿在提供个性化体验方面的重要性。早餐作为民宿体验的一部分，通常反映了民宿的地方特色和个性化服务，入住体验的重要性表明游客对民宿接待过程中的个性化关注和体验有着较高的期望。除此之外，语义网络分析也显示了民宿游客对于"服务""早餐"等非标准化产品或服务内容的重视。与标准化酒店产品相比，民宿的这些特色服务和产品在提供个性化体验方面具有显著优势。这些发现表明，游客在选择民宿时不仅关注基本的住宿条件，还在寻找独特的体验和高质量的个性化服务。综合来看，在设计和开发惠州西湖旅游产品时，对民宿的硬件设施如"房间"和"酒店"条件的优化是基础，而对服务质量、早餐提供的个性化以及整体入住体验的重视则是提升游客满意度的关键。这种对游客感知的深入理解有助于提升民宿产品的吸引力，满足游客对于高质量和个性化旅游体验的需求。这样的分析可以为民宿业的持续发展和优化提供宝贵的洞见。

（三）民宿感知情感分析

在分析"惠州西湖旅游产品设计与开发的民宿感知情感分析"时，使用 ROST CM6 软件进行自动化情感分析提供了对游客体验情绪有价值的见解。情感分析通过对网络评价中的语言表达进行分类，可以推断出游客体验的情感倾向。"积极情绪"的点评占据了 80.85%，具有绝对优势。这一显著的比例表明绝大多数游客对于西湖某民宿的体验感到满意。积极的评论通常与高质量的服务、舒适的住宿环境、良好的设施等因素相关。这种积极的情感反应也与之前的高频词汇分析中的正面调和为主的结论相呼应，显示了某民宿在提供优质体验方面取得了较好的效果。然而，存在一定比例的中性和消极情绪，合计为 19.15%。这表明尽管大多数游客体验是积极的，但仍有一部分游客在某些方面感到不满意。中性情绪占比 4.77%，表明这部分游客对某民宿的体验持中立态度，可能意味着游客的期望没有得到完全满足，但也没有遇到明显的问题。消极情绪占比 14.38%，这一比例虽然不高，但仍然值得关注。消极情绪的存在可能与一些具体的问题相关，如卫生问题。例如，"垃圾""头发"等关键词的出现，指出在卫生方面可能存在不足。这种反馈对民宿经营者而言至关重要，因为卫生问题是影响住宿体验的关键因素之一，具体数据统计结果如表 4-5 所示。

表4-5　惠州西湖旅游产品设计与开发的民宿感知情感分布统计结果

情绪类型	比例	强度	比例
积极情绪	80.85%	一般	10.96%
		中度	20.37%
		高度	49.52%
中性情绪	4.77%		4.77%
消极情绪	14.38%	一般	8.91%
		中度	4.22%
		高度	1.29%

五、民宿旅游吸引力要素分析

对于"惠州西湖旅游产品设计与开发的民宿旅游吸引力要素"的分析，需要综合考虑多个方面。这些要素不仅涉及民宿自身的特点，还包括与其相关联的外部环境和社会影响因素。表4-6是对这些要素的具体分析。

表4-6　惠州西湖旅游产品设计与开发的民宿旅游吸引力要素提取列表

部分评论	对应高频词	吸引力要素
酒店房间的基础设施还是很完善的，就是附近的大环境和餐饮配套设施如果能再完善一下就完美了	"酒店""房间""设施"	基础设施
十分推荐这家民宿，主题房很多，适合情侣、亲子游，而且靠近很多惠州景区，如西湖和惠州植物园，游玩便利	"惠州""西湖"	地理位置
西湖边上旧房改造的民宿，干净整洁，前台管家服务超赞，很热情，有求必应，住了三天	"管家""服务""热情"	服务质量
周边都是景点，出了门就是西湖，地理位置很好！非常不错，下次还会来	"周边""位置""方便"	地理位置
民宿整体设计很棒，配套设施很多，非常满意	"设计""设施""满意"	设计风格
朋友推荐的酒店，干净卫生，强烈推荐	"酒店""干净""卫生"	口碑效应

（一）基础设施

基础设施不仅包括民宿内部的设施和环境，也涵盖了周边的配套设施。惠州西湖某民宿在内部设施方面表现出色，客房不仅提供了基本的设施，还保持了整洁干净的环境，这对于提高游客的住宿体验至关重要。游客对于住宿的第一印象通常与房间的整洁度和舒适度直接相关，因此，保持高标准的卫生和提供必要的便利设施是吸引和保留客户的关键。某民宿结合了古色古香的建筑风格和现代风格的元素，这种独特的风格融合使得其在众多民宿中脱颖而出，成为一大吸引力。独特的建筑风格不仅提升了住宿体验的视觉感受，而且常常成为游客选择住宿的重要因素之一。然而，基础设施的考量不仅限于民宿内部，周边环境和配套设施也是影响游客体验的重要因素。例如，评论中提到的周边餐厅等配套设施的缺乏，可能会影响游客的总体满意度。餐饮服务是旅游体验的一个重要组成部分，尤其是对于希望在住宿地点附近享受便利餐饮服务的游客。因此，虽然民宿本身的设施可能达到了较高标准，但缺乏周边配套设施仍然可能会限制其吸引力。

（二）服务质量

服务质量不仅直接影响游客的住宿体验，还对民宿的整体口碑和重游意向产生重要影响。根据评价中频繁出现的"服务""满意"和"热情"等词汇，可以推断出游客对于服务质量的高度重视。在民宿行业，个性化和高质量的服务是区别于标准化酒店服务的关键特点。周到热情的服务不仅能够让游客感受到被重视和尊重，还能够在一定程度上弥补民宿在其他方面的不足。一个民宿的服务质量很大程度上取决于其服务人员的态度和专业素养，从现有的评价来看，惠州西湖某民宿在这方面做得比较好。服务人员的周到和专业不仅能够提高游客的满意度，还能够在游客心中留下深刻的印象，从而提升民宿的整体形象。优质的服务对于在线口碑的形成较为重要，随着社交媒体和在线评价平台的普及，游客的在线评价对于民宿的声誉和吸引力有着直接的影响。积极的评价能够吸引更多潜在的游客，而负面的评价则可能对民宿的声誉产生不利影响。在这种背景下，提供高质量的服务成为吸引和保留客户的关键。

（三）地理位置

某民宿位于惠州西湖附近，这一地理优势对于提升其吸引力具有显著影响。某民宿的位置优势首先体现在其邻近多个著名旅游景点，如森林公园、植物园、元妙古观、泗州塔和丰湖书院等。这样的地理位置使得民宿能够为游客提供便捷的访问途径，让游客轻松游览这些景点。对于那些希望深入探索当地文化和自然景观的游客来说，这一点尤为重要。此外，靠近特色美食集散地的位置也为游客提供了品尝当地美食的机会，进一步增强了其作为旅游目的地的吸引力。地理位置的优势还在于能够为游客提供沉浸式的体验，位于景区核心的民宿不仅方便游客访问周边景点，还能够使游客更深入地体验当地的文化和自然环境。这种沉浸式体验是许多游客寻求的，尤其是在忙碌的现代生活中寻找一种逃离日常、贴近自然和文化的体验。而且某民宿通过利用现有的旅游资源和周边生活服务设施，实现了自身的特色和个性化发展。这种发展模式不仅使民宿在众多竞争企业中脱颖而出，也为游客提供了与众不同的住宿选择。这种结合地理位置优势的个性化发展策略，为民宿创造了独特的市场定位。

（四）设计风格

惠州西湖某民宿通过为不同的店铺设计不同的主题风格，成功地打造了独特的旅游体验，这在现代旅游市场中尤为重要。设计风格的重要性在于它能够为游客提供一种独特的文化和视觉体验，例如，以中国的茶文化为主题，设计禅茶套房。这种以文化元素为灵感的设计不仅能够吸引对中国文化感兴趣的游客，还能够为寻求特色体验的游客提供独一无二的住宿环境。民宿的整体建筑风格偏向文艺，营造出舒适的生活氛围，这种设计风格的选择对于提升游客的整体体验和满意度至关重要。还有一家民宿采用了以休闲愉悦为特色主题的现代风格设计，这种设计风格迎合了现代旅游市场的需求，特别是对于那些寻求现代化、时尚住宿体验的年轻游客。现代风格的设计通常简洁、时尚，能够提供一种轻松愉悦的住宿氛围。这两种不同的设计风格都显示了民宿经营者对于满足不同游客需求的深刻理解，通过为不同的民宿设计不同的主题风格，惠州西湖某民宿能够吸引更广泛的游客群体，满足游客对于多样化和个性化住宿体验的需求。

（五）口碑效应

在当前的信息时代，消费者的选择和偏好越来越多地受到在线评价和推荐的影响，这使得口碑成为影响民宿成功的关键因素之一。对于民宿行业而言，优秀的口碑是通过满足消费者需求并在服务过程中关注细节而获得的。惠州西湖某民宿之所以能够形成良好的口碑，一方面归功于其优质的服务。优质服务不仅意味着提供舒适的住宿条件，还包括体贴、细致的客户关怀和个性化服务。这些细节在提升客户满意度方面发挥了至关重要的作用。另一方面，某民宿的独特设计风格也是其积攒良好口碑的原因之一。独特的设计风格不仅能够吸引游客的目光，还能够为其提供与众不同的住宿体验。这种体验常常超出游客的预期，从而激发游客通过社交媒体分享自己的体验的热情，如在小红书、微博等平台上发布正面评价。此外，游客在社交媒体上的积极分享和推荐对于提升民宿的可见度至关重要。当游客在这些平台上发布关于民宿的正面评价时，不仅能提升民宿的声誉，还能吸引更多潜在客户的关注。这种由满意的游客主动推荐的营销方式，是传统广告无法比拟的。

第四节　颍州西湖：深厚的历史文化背景

颍州西湖，作为一个历史悠久且文化底蕴丰富的景区，不仅仅是自然景观的展现，更是一段文化旅行的开始。在这里，每一处景点、每一项活动都经过精心设计，旨在让游客深刻体验和感悟这片土地上的历史遗迹和文化精粹。颍州西湖的旅游产品展示了一种对历史与现代融合的敏锐洞察。通过再现宋朝集市的繁华、复原古代戏台的魅力以及提供传统游戏的体验，游客不仅可以享受到视觉和感官上的盛宴，更是在时空的流转中寻觅着历史的足迹。这些设计巧妙地将古代文人对颍州西湖的赞颂与现代人对美好生活的追求相结合，使之成为一种独特的文化体验。以下就通过表4-7，将颍州西湖旅游产品的概况加以简单介绍，并在本节内容中将各类型旅游产品进行深入分析。

表4-7　颍州西湖旅游产品概况

项目	描述	体验活动	文化背景
戏台表演	颍州西湖边的戏台上的经典历史故事	观赏传统戏剧表演，感受历史故事	展现颍州西湖深厚的历史文化
宋朝集市	沿湖边向东而行可达，重现宋朝集市景象	逛古市，购买传统商品	重现宋朝时期的商贸繁华
游艺场	新建的游艺场，提供传统游戏体验	免费体验"射九格""木射"等游艺	传承和展示传统游戏文化
湖上游览	从南岸码头出发的湖上游览，新增"竹筏"体验	游船、画舫、泛湖轻舟、竹筏泛舟	感受湖上风光，接触自然美景
环湖风景	颍州西湖的环湖路连接了湖中的岛屿和桥梁	徜徉在颍州西湖，欣赏自然风光	体现颍州西湖的自然美与和谐
历史文化	受到北宋文学家苏轼、欧阳修等文豪的赞誉	探访古建筑，了解文人故事	颍州西湖深厚的历史文化传统

一、历史与文化的融合

（一）历史故事的再现

颍州西湖的旅游产品在历史与文化融合方面展现了其独特魅力，尤其是通过历史故事的再现，颍州西湖为游客提供了深刻且生动的文化体验。该地区通过精心策划的活动和展演，巧妙地将历史文化的精髓与现代旅游需求相结合，创造出独特的旅游吸引力。颍州西湖通过"撷芳之约"等戏剧表演，使得游客能够亲身体验到历史故事的魅力和情境。这种表演不仅仅是对古代文化的一种展示，更是对历史故事的再现。它让游客从书本上的文字跳脱出来，亲眼看到故事的情节发展，感受人物的情感起伏。通过这种方式，历史故事变得生动而具体，为游客提供了一种身临其境的体验，极大地提升了文化旅游的吸引力。

颍州西湖在展示历史故事时，不仅是为了娱乐，还是对文化遗产的一种传承。通过戏剧表演，西湖区域的文化特色和历史故事被巧妙地融入旅游产品中。这不仅让游客深入了解当地的历史文化背景，也加强了对中国传统文化的理解和认同。这种文化遗产的展现和传承，对于维护文化多样性和促进文化交流具有重要意义。在颍州西湖的旅游产品中，文化与旅游的结合达到了一个新的高度。通过历史故事的再现，游客不仅能享受到旅游的乐趣，还能深入了解当地的历史和文化。这种结合方式使得旅游不仅是一次外出的休闲活动，更是一次文化和历史的深度探索。它提供了一种新的视角，让游客在享受自然美景的同时，感受到文化的魅力和历史的厚重。

（二）文化场景的复原

在颍州西湖旅游产品中，"文化场景的复原"这一特点展现了其对历史与文化深度融合的独到理解。在宋朝集市的重现中，这一特点得到了充分的体现，为游客提供了一种独特的文化体验。这种复原不仅仅是对古代文化的展现，更是一种历史故事与现代体验的完美结合，展示了颍州西湖对文化遗产的深刻理解和尊重。宋朝集市重现了古代市集的生活场景，这种再现不仅关注历史的宏观背景，更注重细节的精准描绘，从而使得历史场景栩栩如生。在这里，游客能够看到、感受到宋代市集的繁华与活力，仿佛穿越时空回到了那个时代。这种对复原历史的重视，不仅增加了文化体验的真实性，也让游客更加深入地理解那个时代的文化特征。

颍州西湖通过宋朝集市的复原，展示了对传统文化的深刻尊重和积极传承。在这个复原的市集中，游客不仅可以购买到各种传统商品，更能感受到古代市集的商业氛围和生活方式。这种传统文化的再现和传承，不仅为游客提供了学习和了解中国传统文化的机会，也展示了颍州西湖对文化遗产的责任感和使命感。

（三）历史与现代的交融

在颍州西湖旅游产品的设计与发展中，历史与现代的交融这一特点尤为显著。这种独特的旅游形式，不仅保留了古代文化的韵味，还融入了现代旅游的便利与新颖，从而创造出一个既具教育意义又充满吸引力的旅游体验。这种独到的设计思路为游客提供了一个全新的视角，让游客在享受现代便利的同时，深入地体验历史文化。颍州西湖在旅游产品设计中，巧妙地将古代文化元素与现代旅游需求相结合。这种结合不仅是视觉上的复古风格，更是在体验方式上的融合创新。游客在游览过程中，既能感受到古代文化的魅力，又能享受到现代旅游的便捷与舒适。这种结合方式使得传统文化与现代生活紧密相连，为游客提供了一个独特的旅游体验。

通过历史与现代的结合，颍州西湖的旅游产品不仅成了一种文化传播的途径，更具有深刻的教育意义。在体验旅游产品的过程中，游客不仅能学习到关于颍州西湖及其周边的历史知识，还能对中国传统文化有更深刻的理解。这种体验式学习方式使得文化知识更加生动、易于理解，对提升公众对传统文化的兴趣和认识具有重要作用。颍州西湖在旅游产品设计中恰到好处地平衡了现代便利与历史体验，游客在这里既能享受到现代科技带来的便捷，如线上预订、智能导览等，也能深入体验到历史文化的精华。这种平衡让游客在轻松愉快的旅行中，获得文化的滋养和历史的回味。而且在颍州西湖的旅游产品设计中，创新与传统的融合尤为突出。这不仅体现在传统故事的新颖呈现方式上，还体现在整个旅游体验的构建上。这种创新不仅使得古代文化在现代社会中焕发新的生机，也为传统文化的传承和发展开辟了新的道路。

二、自然与人文景观的结合

（一）景观融合的艺术表达

颍州西湖旅游产品中自然与人文景观的融合展现了其深厚的历史文化背景。通过景观融合的艺术表达，颍州西湖不仅呈现了自然美景，还将丰富的人文历史巧妙地融入其中。这种融合是对自然美学与文化遗产的深刻理解和尊重的体现，为游客提供了一种既能欣赏自然之美，又能感悟人文精神的独特体验。颍州西湖的湖上游览和环湖风景精心设计，使得自然美景与人文历史相得益彰。例如，游船经过的"飞盖桥"等名胜古迹，不仅是自然景观的一部分，也是历史文化的重要组成部分。这种景观的设计，不仅让游客在视觉上享受到自然之美，更是使游客在精神上感受到人文历史的深度和厚重。

这种自然与人文的和谐共生，是对传统文化和自然美学的一种共同致敬。

通过湖上游览，游客不仅能够欣赏到颍州西湖的自然美景，更能深入了解该地区丰富的历史文化。每一处景观、每一座桥梁都承载着一段历史，每一次游览都是一次历史文化的探索之旅。这种景观中融入的历史文化元素，使得旅游体验不再局限于表面的游览，而成为一次文化和历史的深度学习。颍州西湖的旅游产品将历史文化遗产与现代旅游需求相结合，展现了对传统文化的现代诠释。这种诠释不仅使得历史文化在现代社会中焕发新生，也为传统文化的传承和发展提供了新的路径。这种现代与传统的融合，展现了颍州西湖在传统文化保护和发展方面的创新思路，使传统文化更加贴近现代人的生活和审美。

（二）文化内涵的深化体验

在颍州西湖的旅游体验中，自然景观与文化景观的结合不仅是简单的并置，更是一种空间上的重塑。湖区的每一处自然景观都被赋予了文化意义，形成了一种独特的文化空间。例如，游船穿梭在历史与自然交织的水域，每一处自然美景都与历史故事紧密相连，使游客在享受自然之美的同时，经历了一段历史的穿越。颍州西湖的历史文化不仅存储在文字和物品中，更被景观化在自然之中。湖边的古迹、桥梁以及雕塑等都是历史文化的具象化表现，成为一种活生生的文化记忆。这种文化记忆的景观化，让游客在亲身体验自然景观时，同时触摸到历史的脉络，体验到文化的深层次内涵。

颍州西湖的旅游体验不是单向的观赏，而是一种互动式的文化体验。游客在游览的过程中，不仅将观看自然与感受文化结合，更是参与其中，通过互动式的体验深入了解文化和历史。这种体验方式使得文化学习变得更加生动和有效，增强了游客对颍州西湖文化遗产的理解和情感。颍州西湖的旅游叙事不再局限于当下，而是成为一种时空对话。通过结合自然景观与历史文化，颍州西湖的旅游产品构建了一个跨越时空的叙事框架。在这个框架中，古代的历史故事与现代的旅游体验相互交织，形成了一种独特的时空对话，使游客在欣赏自然美景的同时，深刻感受到历史的厚重与文化的魅力。

（三）教育与娱乐的结合

在颖州西湖的旅游产品设计中，教育与娱乐的结合展现了其对深厚历史文化背景的独到理解和创新展示。这种结合不仅为游客提供了放松和享受的旅行时光，更加深了游客对当地历史和文化的认识。这种模式，将旅游体验提升到了一个新的层次。颖州西湖的旅游景点不仅展示了自然之美，还巧妙地融入了丰富的历史文化元素。例如，古桥、亭台、楼阁不仅是观赏的对象，更是讲述历史故事和文化传承的载体。这些景点通过视觉美感吸引游客，同时通过解说和互动体验，让游客了解到这些建筑的历史背景和文化意义。这种设计使得每一次游览都成为一次教育性的历史文化之旅。

通过教育与娱乐的结合，颖州西湖的旅游产品不仅传递了知识，更建立了游客与地方历史文化之间的情感连接。这种连接让游客在体验中产生文化认同感，深化了游客对颖州西湖文化遗产的尊重和珍惜。这种情感上的连接和文化认同是对传统文化保护和传承的一种强有力支持，使文化遗产得以在现代社会中继续生生不息。颖州西湖旅游产品的设计展现了对传统旅游教育模式的创新。这种创新不仅在于融合了教育与娱乐，更在于以游客为中心，创造了一种新的旅游学习体验。这种以游客体验为核心的创新方式，不仅使得旅游成为一种文化学习的渠道，也为其他旅游地区提供了值得借鉴的范例。

三、中华优秀传统文化的传承

（一）游戏活动设计中的文化融入

颖州西湖通过游艺场和传统游戏的设置，创造了一种创新的文化体验方式。这种方式使得游客能够在参与游戏的过程中，直观地感受到传统文化的魅力。这不仅是一种娱乐活动，更是一种文化的互动体验。通过这种方式，游客不仅能享受到传统游戏的乐趣，还能深入地理解和体验中国的传统文化。在颖州西湖的旅游活动中，传统文化的传承被活动化。这种活动化的传承方式使得文化学习变得更加生动和实际，而非仅仅停留在理论层面。游客在实际参与中不仅能够感受到传统文化的独特魅力，还能够更加深刻地理解文化背后的历史和意义。这种方式极大地提高了文化传承的效果。

颍州西湖将文化与旅游的互动融合做到了极致，在游艺场中，游客不仅能观赏到传统文化，还能通过亲身参与来体验文化的内涵。这种互动融合的方式不仅使得旅游活动更加有趣和吸引人，还加深了游客对传统文化的认知和理解。这种融合方式为传统文化的传承提供了一个新颖且有效的途径。在颍州西湖的旅游产品中，传统文化与现代旅游体验的对话成为一种独特的景观。游客在现代的旅游环境中体验古老的文化传统，这种传统与现代的对话不仅展示了颍州西湖深厚的历史文化背景，还为传统文化的现代传承和发展提供了新的思路和空间。

（二）文化传承的现代表达

颍州西湖旅游产品的设计融入了现代化的元素，使传统文化的传播更加符合现代社会的趋势和游客的需求。例如，通过利用现代化的传媒工具和互动体验，使得传统文化的展示更加生动和具有吸引力。这种现代化的传播方式不仅增强了传统文化的吸引力，也让更多的人能够轻松地接触并了解这些文化。在颍州西湖的旅游产品设计中，传统文化与现代生活方式的融合尤为显著。这种融合不仅体现在文化展示的内容上，也体现在游客体验的方式上。通过这种方式，传统文化被赋予了新的生命，更加贴近现代人的生活和审美。这种融合是对传统文化传承的一种现代诠释，使传统文化在现代社会中焕发出新的活力。

四、古代文人的赞誉

（一）历史名人赞誉的文化价值

颍州西湖在中国的历史文化中占据着重要地位，这一点从古代文人如苏轼和欧阳修对其的赞誉中可见一斑。这些历史名人的赞誉不仅是对颍州西湖自然美景的认可，也是其深厚历史文化底蕴的映射。在分析颍州西湖旅游产品时，这些古代文人的赞誉对突出其历史文化背景具有重要意义。古代文人的赞誉对于颍州西湖而言，不仅是一种荣誉，更是历史文化的一种认证。苏轼、欧阳修等人的赞誉，使颍州西湖在历史上的地位显著提升。这些文人的赞誉，让颍州西湖成为历史文化的象征，其美景与深厚的文化内涵相得益彰。颍州西湖的旅游产品不仅停留在表面的自然景观欣赏上，更深入地挖掘了这些文人赞誉背后的文化价值。这种深层次的文化挖掘，使得旅游体验不仅是一次视觉上的享受，更是一次文化上的深度探索。游客在游览过程中，不仅能欣赏到湖光山色，还能深入了解这些文人的生平和作品，感受与颍州西湖之间的深厚情感。

（二）古代文化遗迹的复原与体验

在现代旅游业的发展中，对历史文化的复原与体验已成为一种重要的趋势，尤其是在颍州西湖这样拥有丰富文化底蕴的地方。该地区的旅游产品通过复原古代文化遗迹，如古代文人笔下的湖亭、兰园等，不仅仅是对古代建筑的复原，更是一种深层次的文化传承和再现。通过精心的设计和恢复工作，这些文化遗迹不单是历史的再现，更被赋予了新的生命，使得古代的历史和文化得以在当代社会重新焕发光彩。在这些景点中，游客不仅可以欣赏到古代建筑的精美细节，还可以感受到古代文化的深厚底蕴。这种体验使得游客能够穿越时空，感受到古代文人的生活氛围和艺术追求。

通过复原这些文化遗迹，游客还能够感受到古代文人对颍州西湖的赞誉和情感。如苏轼、欧阳修等文人对颍州西湖的描述，在这些复原工作中被巧妙地融入，为游客提供了一种全新的体验方式。通过互动式的展览和解说，游客不仅能够了解到古代文人的生活场景，还能够了解历史名人的文学创作和历史背景。这种生动的展现方式让游客仿佛置身于古代文人的世界中，增强了对古代文化的感知和理解。同时，这种现代化的展现方式为传统文化的保护和传承提供了新的可能。通过现代技术的辅助，古代文化遗迹不仅在物理形态上得到了恢复，其内涵和精神也得到了更广泛的传播。这种结合了传统与现代的展现方式，不仅让历史文化更加生动鲜活，还激发了人们对历史文化的兴趣。通过这种方式，颍州西湖的旅游产品不仅展示了历史文化的魅力,还促进了文化遗产的保护与传承。

(三)文化与旅游的融合

在颍州西湖旅游产品中,古代文人的赞誉与现代旅游体验的融合,深刻展示了其深厚的历史文化背景。这种融合不仅让颍州西湖成了一处自然景观,也成了深入理解中国古代文化和历史的重要窗口。这种融合方式极大地丰富了旅游体验的内容,提升了游客对中国传统文化的认识。

在颍州西湖的旅游产品设计中,古代文人的赞誉及相关文化元素被广泛应用。通过在景点中设置相关的文化展示,如诗文碑刻、艺术装置等,游客可以更加直观地感受到古代文化的魅力。这些文化元素的应用,不仅是对古代文化的一种展示,更是对其精神内涵的传达。

颍州西湖旅游产品通过将文化教育与体验活动结合,有效地提升了游客的文化体验质量。游客在享受自然美景的同时,进行一次文化上的探索和学习。这种结合方式使得旅游不再仅仅是一种休闲活动,更是成为一种文化和教育的途径。通过融合古代文人的赞誉和现代旅游体验,颍州西湖为游客提供了一种多元化的文化探索方式。游客可以通过参与各种文化体验活动,如诗词朗诵会、历史讲座等,从不同角度和层面深入了解颍州西湖的文化和历史。这种多元化的文化探索,丰富了游客的旅游体验,同时提高了游客对颍州西湖历史文化价值的认识。

第五章　颖州西湖旅游产品的深度研究

第一节　颖州西湖的历史文化探索

一、欧阳修与苏轼文学作品的历史渊源

（一）文人的生活轨迹与颖州西湖

欧阳修作为北宋著名的文学家和政治家，在颖州西湖的时间虽然短暂，但为此地留下了深刻的印记。欧阳修将在颖州的生活融入了他的多篇作品中，他的诗词不仅描绘了颖州西湖的自然美景，还反映了他对政治和生活的深刻思考。通过研究欧阳修的文学作品和历史记录，人们可以深入了解他与颖州西湖的情感联系以及他在此地的生活和工作情况。苏轼作为一位多才多艺的文人，在颖州西湖留下了丰富的足迹。他的诗词中充满了对颖州西湖自然风光的赞美，也包含了对人生哲学的深刻思考。研究苏轼在颖州西湖的生活，可以发现他与当地的互动，他如何在政治动荡中寻求精神慰藉以及他的艺术创作如何受到颖州西湖自然环境的启发。

欧阳修和苏轼在颖州西湖的社交活动也是探索历史名人与该地区联系的重要内容。此二人与当地文人士大夫的交往，参与的各种文化活动和宴会，

都在一定程度上对其创作和思想产生影响。这些社交活动不仅展现了二人的个人魅力，也反映了当时颍州西湖文化生活的繁荣。欧阳修和苏轼对颍州西湖的自然美景有着深刻的感悟和描述，二人的诗词中经常出现对湖光山色的描绘，反映出对自然美的深刻理解和赞美。研究这些作品，可以发现此二人与自然的亲密关系以及自然环境是如何激发二人的文学创作的。

（二）诗词作品的深度分析

欧阳修和苏轼的诗作中充满了对颍州西湖自然风光的生动描绘。在诗句中，不仅有对湖光山色的直观描绘，更通过意象的运用传达了对这片风景的情感和哲学思考。例如，苏轼的诗句"西湖虽小亦西子，萦流作态清而丰"不仅描绘了西湖的优雅，还蕴含了对自然美的哲学思考。欧阳修和苏轼的诗作中，不仅反映了对颍州西湖的情感，还体现了二人的生活哲学和审美观念。他们的作品中经常蕴含着对人生、政治、社会的深刻思考，通过对颍州西湖的描绘传递了更深层次的文化意义。

这两位文人的诗作在语言风格上各有特色。欧阳修的语言通俗易懂，富有情感，能够深入人心；苏轼的诗作则更具哲学色彩，言简意赅，意境深远。通过对二人诗作的艺术特色分析，可以更全面地理解其文学成就和对后世的影响。欧阳修和苏轼的诗作深受个人经历和当时社会环境的影响，颍州西湖的自然美景在动荡不安的生活中为他们提供了心灵的慰藉。通过分析其诗作与生活背景的关系，可以更深入地理解这些作品背后的情感和思想。深度分析这些诗词作品，不仅能够宛如欣赏到颍州西湖的自然美景，还能感受到它在历史文人心中的重要地位。这些作品成为连接过去与现在、自然与文化、人与环境的桥梁。

（三）历史文献与书信的研究

欧阳修和苏轼的书信是二人内心世界的直接折射。通过这些书信，人们可以窥见二人在颍州西湖生活时的真实情感和思考。例如，苏轼在书信中对家人的思念、对政治局势的感慨以及对颍州西湖美景的赞叹，都生动地描绘了他当时的心境。欧阳修和苏轼的散文作品提供了二人在颍州西湖生活的细节描述，从二人对节庆活动的记录、对日常琐事的描写中，人们能够更深入地理解当时颍州西湖的社会风貌和文化氛围。

通过研究这些文献，人们还能了解到二人的政治生涯对其文学创作产生的影响。欧阳修和苏轼的政治生涯充满波折，许多作品都与当时的政治局势紧密相关。这些背景信息对深度理解其作品有着重要意义。欧阳修和苏轼的书信和散文中不仅有对美景的赞美，还蕴含了二人的文化观念和哲学思考。二人对颍州西湖的描述不仅是对自然美的记录，还是对人生、道德和社会的深层次思考。在研究这些文献时，需要综合考虑文本分析、历史背景、文化研究等方面。通过跨学科的研究方法，人们可以更全面地理解这些文献的文化价值和历史意义。

（四）文化影响与后世评价

欧阳修和苏轼的文学作品对后世文学的发展具有深远的影响。二人的诗词不仅在艺术性上达到了极高的水平，还在情感表达和思想深度上展示了极高的成就。特别是苏轼的诗词，以其豪放的风格和深邃的情感，对后世诗人产生了重要影响。欧阳修和苏轼的作品不仅是文学创作，还是二人艺术和哲学思想的体现。二人的作品中融入了深刻的生活哲学和审美观念，对后世中国文人的艺术创作和思想观念产生了显著影响。

欧阳修和苏轼的作品极大地提升了颍州西湖的文化地位，二人的诗文中对颍州西湖的描绘和赞美，使这一地区成为中国文化史上的重要地标。二人的作品使颍州西湖的自然美景与深厚的文化内涵完美结合，成为文人墨客向往的地方。在后世的文学和艺术评价中，欧阳修和苏轼被誉为文学巨匠，二人的作品被广泛研究和赞誉。二人的诗词、散文和书信成为中国文学史上的经典，被后世的学者和爱好者反复研究和赏析。

二、宋韵文化的体现

（一）文学艺术的集聚与创作

宋代的文人墨客纷纷以颍州西湖为背景，创作了大量的诗词和散文。这些作品不仅赞美了颍州西湖的自然美景，也融入了文人的情感和哲思。通过分析这些作品，人们可以洞察当时文人的生活情趣，颍州西湖成为文人情感抒发和艺术创作的重要场所。

颍州西湖也是众多画家的灵感来源。宋代绘画中的山水画，往往以颍州西湖为原型，展现了当时的自然美学和艺术风格。这些绘画作品不仅展示了颍州西湖的景致，也反映了宋代绘画艺术的独特魅力。

颍州西湖在宋朝文化中的重要性，不仅是因为其自然美景，更是因为它在当时社会中扮演的角色。颍州西湖周围的社区和市井生活是宋代文化的缩影，许多文人墨客在这里找到了灵感，创作出反映当时社会风貌的文学和艺术作品。颍州西湖作为文人聚集的地方，促进了不同文化思想的交流和碰撞。文人在这里交流思想，切磋文艺，相互影响，共同推动了宋代文化的发展。颍州西湖因此成为宋代文化多元化和创新的象征。对颍州西湖在宋代文学艺术中的地位进行研究，不仅能够了解当时的文化背景，也能够理解这些文化遗产对后世的长远影响。颍州西湖作为艺术创作的发源地之一，对中国传统文化乃至世界文化都产生了深远影响。

（二）历史文献与社会地位

宋代的官方志书、地方记载以及其他历史文献中对颍州西湖有着详细的描述，这些文献不仅详细记录了颍州西湖的自然景观，还提供了关于其历史变迁、社会地位及其在当时社会中的重要性的见证。例如，一些地方志可能详细记录了颍州西湖周围的商业活动、社会结构和文化活动。通过研究这些文献，可以揭示颍州西湖在宋代社会经济结构中的位置。例如，颍州西湖可能是重要的贸易和交通枢纽，周围可能发展出了商业市集、手工业和其他经济活动。这些活动的兴衰与颍州西湖的自然资源和地理位置密切相关。

历史文献中还可能包含对当时颍州西湖周围民俗风情的描述，如节庆活动、民间信仰、日常生活习惯等。这些描述不仅体现了颍州西湖在日常生活中的重要性，也体现了它在当地社会文化中的独特地位。颍州西湖在文化上的影响力可以从这些文献中得到证实，颍州西湖可能是文人墨客、艺术家的聚集地，是诗词、文学、绘画创作的灵感来源，从而在宋代文化发展中扮演了重要角色。对历史文献的研究不仅有助于理解颖州西湖的历史地位，也强调了保护其周围的历史遗迹和文化遗产的重要性。这些历史遗迹和文化遗产是颖州西湖历史和文化价值的重要证据，是连接过去与现在的桥梁。

（三）民间传说与文化传承

颖州西湖的民间传说和故事是理解当地文化的重要资源，这些故事往往围绕着湖泊的形成、历史事件或著名人物展开，如与欧阳修和苏轼相关的传说。这些故事不仅反映了民众对这些历史人物的崇敬和情感，也揭示了二人在民间文化中的地位。许多关于颖州西湖的民间故事深刻地描绘了自然景观与当地人民生活的紧密联系。例如，关于湖泊的形成和变化的传说，不仅展示了自然景观的美丽，还反映了人们对自然环境的敬畏和依赖。

民间故事和传说可以加深人们对颖州西湖文化传承和保护的认识。这些故事往往代代相传，成为当地文化认同和历史记忆的重要组成部分。它们不仅是娱乐和教育的工具，也是连接过去和现在甚至未来的纽带。颖州西湖周边的民间艺术和节庆活动也是文化传承的重要方面，这些活动往往与民间传说紧密相关，如传统节日庆典、民间舞蹈和戏剧表演，都可能与颖州西湖的历史和传说相结合，成为文化传承的生动表现。随着时间的推移，这些传统故事和文化元素也在不断地被现代社会重新解读和传播。通过文学作品、影视剧、艺术展览等形式，颖州西湖的民间传说被赋予了新的生命，与当代人产生共鸣。

（四）宋代文化特点的体现

宋代是中国历史上一个文化精细化和细腻性达到高峰的时期，这不仅体现在艺术和诗词中，也反映在日常生活的方方面面。例如，颖州西湖地区的园林建筑、亭台楼阁的设计，都展示了宋代对自然美的崇尚和艺术的精细追求。宋代的市井文化在颖州西湖得到了鲜明的体现，市集、茶馆、戏楼等成为文化交流的重要场所。这些市井文化空间成为文人墨客与普通百姓互动的平台，也促进了文化的下沉和普及。

宋代文人的生活态度和精神在颖州西湖得到了完美的体现，文人借助自然景观来寄托情感，通过诗词、绘画等方式表达对生活的理解和感悟。颖州西湖的宋韵文化并不只是历史的遗迹，它在现代仍然有着活跃的生命力。通过各种文化活动和教育项目，宋代文化的精髓得以在当代得到传承和发展。这不仅提升了颖州西湖的文化价值，也让更多的人有机会接触和理解这一独特的文化遗产。

三、文学与艺术的交融

（一）诗词与自然景观的描绘

欧阳修、苏轼等人的诗词中，颖州西湖的山水风光被赋予了丰富的诗意和情感色彩。二人通过精致的文字，将青山、秀水、云雾缭绕等自然景观描绘得栩栩如生。这些描述不仅展现了颖州西湖的自然之美，更富含诗人对自然之美的深层次感悟。在这些诗词中，颖州西湖不仅是静态的自然景观，更是诗人情感的寄托。诗人们将对家国情怀、个人遭遇乃至对生命哲学的思考，巧妙地融入对自然景观的描绘之中，使得自然与人的情感深度融合。

（二）文学作品中的哲学思考

欧阳修和苏轼的诗词中充满了对自然和宇宙的深刻理解，二人通过对颖州西湖自然景观的描绘，表达了对宇宙、自然和人生的哲学思考。这种思考不局限于对自然的赞美，而是深入了对生命、宇宙秩序和人与自然关系的探索，以下就针对颖州西湖文学作品中的哲学思想进行概括，如表5-1所示。

表5-1　颖州西湖文学作品中的哲学思想概括

诗人	作品特点	哲学思考	文化影响
欧阳修	1.对自然和宇宙的深刻理解。 2.在颖州西湖的背景下抒发个人情感。 3.将个人经历与自然景观相结合。 4.表达对人生境遇和社会现实的理解。	1.对生命和宇宙秩序的探索。 2.对人与自然关系的深入理解。 3.对人生苦乐、成败得失的感悟。	1.对后世文学创作产生影响。 2.在文化和哲学层面上有重要贡献。

续表

诗人	作品特点	哲学思考	文化影响
苏轼	1. 诗词中反映对宇宙、时间和空间关系的洞察。 2. 通过颍州西湖景色表达人生苦乐。 3. 将个人情感与自然景观相结合。 4. 作品体现个人情感、社会现象和哲学思考。	1. 对宇宙、自然规律和生命本质的思考。 2. 对人与自然的深刻理解。 3. 对社会现象的观察和反思。	1. 影响了后来的文学和艺术创作。 2. 对哲学和文化产生重要影响。

在这些诗词作品中，颍州西湖成为诗人抒发对人生境遇、社会现实和个人情感的场所。通过对颍州西湖景色的描绘，诗人们表达了自己对人生苦乐、成败得失的理解和感悟，使个人经历与自然景观相互映射，表现了一种深刻的人生哲学。

颍州西湖在宋代文学作品中不仅是一个物理场所，更是一个哲学意义上的宇宙缩影。诗人通过对湖泊的描绘，反映了对宇宙、自然规律和生命本质的思考。例如，苏轼的作品中常常体现出对宇宙、时间和空间关系的深刻洞察。这些作品被视为对中国古代哲学和文化的重要贡献，对后世的文学创作、哲学思考以及对自然和人生的认识产生了深远影响。

（三）艺术作品中的文学元素

在宋代绘画中，颍州西湖常被作为背景或主题来描绘。这些画作不仅捕捉了湖泊的自然美景，还表达了画家对颍州西湖的情感。画家们常常借助自然景观来表达个人的情感和哲学思考，使得颍州西湖的自然美景和宋代文人的诗意情怀紧密相连。在这些绘画作品中，可以看到对山水、亭台楼阁和人物的细腻描绘，它们不仅展现了宋代绘画的精湛技艺，更反映了宋代文人的审美观念和文化理念。宋代书法作品也体现了对颍州西湖的文学赞美，很多诗词作品被书法家以独特的书写风格呈现出来，使得文字本身成为一种艺术表达方式。这些书法作品不仅是对文字的书写，更是对颍州西湖及其背后文化的一种诠释和赞美。通过书法，颍州西湖的美景和文人的情感得以在纸上重现，成为一种持久的艺术和文化记忆。

宋代的其他艺术形式，如陶瓷、雕刻等，也常常融入文学元素。这些艺术作品通过细腻的工艺和独特的设计，将颍州西湖的自然美景与文人的诗意生活巧妙地结合起来，展现了宋代人对自然与文化的深刻理解。在颍州西湖的文化探索中，这些艺术作品的研究不仅是对历史美学的回顾，更是对宋代文化精神的深入理解。通过这些作品，人们可以更深入地理解宋代文人如何将自然美景、个人情感和哲学思考融入自己的艺术创作中，创造出一种独特的文化景观。颍州西湖不仅蕴含了自然美景的魅力，更反映了宋代文化的深刻内涵和历史价值。

（四）文学与艺术的相互影响

颍州西湖的历史文化探索，特别是在挖掘宋韵文化的视角下，揭示了文学与艺术之间相互影响的过程。这种影响不仅体现在艺术形式上的相互借鉴，还表现在文化内涵和表达方式上的相互渗透。在颍州西湖的文化历史中，文学作品对艺术创作产生了深远的影响。以欧阳修和苏轼的诗词为例，作品中对颍州西湖的描绘，不仅是文字上的表达，更是情感和哲学思考的融合。这些诗词作品中对自然美景的赞美和对人生哲学的思考，成为绘画、书法和其他艺术形式的灵感源泉。艺术家通过笔墨，将这些诗词中的意象和情感转化为可视化的艺术形式，使得颍州西湖的美景和深邃的文化意涵在不同艺术作品中得到了再现和传承。

相反，艺术作品对文学创作也产生了影响。在宋代，绘画和书法作品中的颍州西湖景致，不仅是自然美的呈现，更是文化和情感的表达。这些作品中的自然景观、人物表情和情境布局，为文人提供了新的创作灵感。文人通过观察和体验这些艺术作品，能够从中汲取新的灵感，进而融入自己的文学创作中。这种相互影响，使得颍州西湖在文学和艺术中呈现出更加丰富和多元的文化内涵。这种文学与艺术的相互影响，不局限于具体的作品层面，而是深入了文化和思想层面。颍州西湖作为一个文化符号，其在文学和艺术中的呈现，反映了宋代人对自然、社会和人生的深刻认知和独特见解。通过研究颍州西湖在文学和艺术中的相互影响，人们不仅能够欣赏到优秀的艺术作品，更能够深入理解宋代文化的精神内核和时代特色。

四、生活方式的体现

（一）市集交易的社会经济作用

颖州西湖周边的市集交易在宋代社会经济中扮演了至关重要的角色。市集不仅是商品交易的场所，更是社会、文化交流的重要平台，深刻反映了宋代的经济状况和生活方式。市集的繁荣反映了宋代经济的活力，在那个时期，颖州西湖附近的市集上，各式各样的商品琳琅满目，从基本的生活必需品到奢华的艺术品，一应俱全。这些商品的多样性不仅显示了宋代经济的发达程度，也反映了当时的社会需求和消费能力。商贩从四面八方汇聚于此，进行商品的买卖，使得市集成了经济活动的重要枢纽。

此外，市集还是社会和文化交流的中心。在那里，人们不仅进行物质交换，还交换着信息、知识和文化。商贩和顾客之间的互动以及市集上的各种社会活动，如戏剧表演、诗词朗诵等，都使得市集成为文化融合和社会交往的场所。市集上的这种文化交流，不仅增进了社会成员之间的理解和联系，也促进了文化的传播和发展。市集的经济和文化作用在颖州西湖的历史文化中占据了重要地位，它不仅是宋代社会经济活动的缩影，也是当时生活方式的生动体现。市集的繁荣展示了宋代社会的开放性和包容性，反映了当时人们对生活的态度。通过研究市集交易，人们可以更深入地了解宋代社会的经济结构、社会层次和文化特点，从而对颖州西湖的历史文化有更全面的认识。

（二）节庆活动的文化意义

颖州西湖周边社区在宋代的节庆活动是探索该地区历史文化的一个重要窗口。这些活动不仅是庆祝和娱乐的方式，更是社区成员之间文化交流和社会联系的重要渠道。通过这些节庆活动，人们可以深入了解宋代人的生活方式、文化价值观和社会习俗。节庆活动是当地文化传统和习俗的体现，在宋代，春节、中秋等传统节日都会有特别的庆祝方式，如灯会、舞龙舞狮、诗词吟唱等。这些活动不仅是为了庆祝，更是传承和展示宋代文化的重要方式。例如，春节的庆祝活动不仅展现了人们对新一年的期盼，也反映了对家庭和社区团结的重视。

节庆活动是加强社区纽带的重要机会，在这些活动中，社区成员不仅可以共同庆祝，还可以通过参与各种活动加深联系。例如，共同参与节庆准备工作、节日游戏等，都可以增进社区成员之间的互动。节庆活动还是展现宋代社会风貌的窗口，这些活动中不仅展现了宋代的服饰、音乐、舞蹈等艺术形式，还反映了当时的社会结构和人们的日常生活。研究这些节庆活动，可以对宋代的文化艺术和社会生活有更深入的了解。节庆活动是社会和文化认同感的重要来源，通过共同庆祝传统节日，社区成员可以增强对自身文化的认同感。这些活动不仅是对优秀传统文化的传承，也是对社区共同价值观的确认和庆祝。

（三）日常生活的细节

探索宋代颍州西湖周边社区居民的日常生活细节，可以为人们提供关于那个时期生活方式的丰富信息。这些细节不仅展现了物质文化的方方面面，也反映出当时的社会结构、人们的生活态度以及与周围自然环境的互动方式。饮食习惯是了解宋代生活的重要窗口，当时的饮食文化已经相当发达，市集上的食物种类繁多，从基本的谷物、蔬菜到各种肉类和海鲜。当地居民可能享用各种传统的宋代食物，如各式面食、粥品以及当地特色小吃。研究当时的食谱、食物制作方法和饮食习惯，可以窥见宋代人的生活和日常饮食结构。

服饰风格则体现了当时社会的审美观和社会分层，宋代服饰讲究简洁而优雅，男女装饰各具特色，色彩和样式的选择往往反映了穿着者的社会地位和身份。研究当时的服装材质、制作工艺以及服饰的日常使用场景，可以更加深入地理解宋代人的日常生活和社会文化。居住环境能揭示当时的建筑风格和生活习惯，宋代的住宅结构、布局以及家具的设计和使用，都体现了当时人们的生活需求和审美趣味。例如，通过研究当时的住宅平面图、室内装饰和家具摆设，可以发现宋代居住环境的特点和居民的生活方式。除此之外，市集的日常交易活动也是了解当时社会经济状况的重要途径。市集不仅是物品交换的场所，也是社会交流和文化交融的中心。通过研究市集的经济活动、商贩和顾客的互动，可以了解宋代市场经济的发展水平和社会交往的特点。

（四）文人墨客与市井生活的互动

在颍州西湖的历史文化中，文人墨客与市井生活的互动是一个颇为独特的现象。这不仅是文人创作灵感的来源，也是文人融入普通百姓生活的重要方式。这种互动体现了颍州西湖在文化和社会生活中的多重角色，为人们提供了一个深入了解宋代社会和文化的窗口。文人墨客在颍州西湖的生活，不局限于文学创作。文人经常与当地居民进行互动，参与到市井生活中。例如，文人可能会参与当地的市集活动，与商贩和手艺人交流，甚至在诗文中描绘这些市井场景和人物。这些活动使得文人与普通百姓之间的界限变得模糊，促进了不同社会阶层之间的文化交流。

文人墨客的生活方式和审美观念也对当地的市井文化产生了影响，文人的生活态度和审美趣味很可能被周围的居民所接受和模仿，特别是在服饰、饮食、居住等方面。这种影响可能会体现在市集上出售的商品种类、食物的烹饪方式、建筑风格和布局上。文人墨客的市井生活还表现在文人对当地社会现象的观察和评论上，其作品经常反映了对当时社会问题的关注，如对贫困、社会不公等问题的描写。通过文人的眼睛，人们可以看到宋代社会的另一面，理解当时社会的复杂性和多样性。这种互动还表现在文化传承方面，许多文人墨客在颍州西湖的生活经历及其作品，成为后世对这一地区的记忆和文化认同的重要部分。这些故事和作品被后世的居民所传承，成为当地文化的重要组成部分。

五、历史遗迹的保护与传承

（一）历史遗迹的识别和研究

在颍州西湖历史文化探索过程中，历史遗迹的识别和研究占据着至关重要的位置。这些遗迹不仅是历史的见证，也是文化传承的关键载体，它们为人们提供了深入了解过去的窗口，并帮助人们构建对该地区历史的全面理解。其间，对颍州西湖及其周边地区的历史遗迹进行详细的调查和记录的工作应置于首位，因为这不仅涉及显而易见的建筑结构，如古桥、亭台、楼阁等，也包括那些可能不那么显眼但同样重要的遗迹，如古代井泉、墓地甚至是老街巷的布局。这些遗迹的识别不仅需要依靠现场考察，还需要借助历史文献、地图和口述历史等多种资源。

对这些遗迹的研究应当超越其物理存在，深入探讨它们的历史背景和文化意义。例如，通过研究与欧阳修和苏轼相关的遗迹，人们可以更好地理解这两位文人的生活轨迹、创作背景以及二人与颍州西湖的深厚关系。此外，这些遗迹的建筑风格、使用的材料甚至是其位置选择都能反映出不同历史时期的社会结构、文化习俗和审美观念。历史遗迹的研究也应包括其在不同历史时期的变迁和发展，这些遗迹在不同时代可能有着不同的功能和意义，了解这些变化有助于人们更全面地认识颍州西湖的历史。例如，某座古桥可能在宋代是重要的交通枢纽，而到了后代则成为纪念性建筑。历史遗迹研究的一个重要方面是它们与当地居民生活的关联，这些遗迹不仅是过去的残留物，它们在当地社区中仍然扮演着重要角色，无论是作为日常生活的一部分，还是作为地区身份和历史的象征。通过与当地居民的交流，人们可以了解这些遗迹在当代社会中的生命力和意义。

（二）保护和修复工作

在进行颍州西湖的历史文化探索时，对周边历史遗迹的保护和修复工作是一个不容忽视的环节。这项工作的重要性在于它不仅涉及对过去文化的保存，还关系到文化遗产的传承。保护和修复工作的第一步是确立一个全面而细致的遗迹调查流程，这个过程涉及对遗迹的历史价值、当前状况以及潜在风险的评估。历史学家、考古学家、建筑师以及其他相关专家需要联合进行深入的研究，以确保对遗迹的每一个细节都有充分的了解。

在此之后则是制订一个具体的保护和修复计划，这个计划应当既要考虑到遗迹的历史价值，也要考虑到其在现代社会中的功能和意义。例如，对于某座古桥的修复，不仅要恢复其原有的建筑风格，还要确保它能够满足现代的使用需求。此外，修复工作还应该考虑到对周边环境的影响，确保在保护遗迹的同时，不破坏自然景观和生态平衡。公众参与也是保护和修复工作的重要组成部分，通过教育和宣传活动，提高社区成员对遗迹价值的认识，鼓励公众参与到保护工作中来。同时，可以通过各种活动，如文化节庆、展览等，让公众近距离接触和了解这些遗迹，从而增强公众对历史文化遗产保护的兴趣和责任感。保护和修复工作还需要考虑到长远的维护和管理，这包括定期的监测和维修以及制定应对自然灾害和人为破坏的预案。政府和相关机构需要制定有效的政策和规章，确保遗迹得到持续和专业的保护。

（三）文化教育和宣传

博物馆和展览是传播历史知识和文化价值的有效渠道，通过设置专题展览，如关于欧阳修和苏轼在颍州西湖的生活和创作的展览，观众可以直观地了解这些历史人物的生平及其作品。这些展览可以通过丰富的视觉材料、互动展品和详细的解说，使历史故事生动而具体地呈现在观众面前。教育活动和公众讲座也是一种重要的宣传方式，通过组织面向各个年龄段的教育活动，如学校课程、夏令营和工作坊，让更多的人参与到历史文化的学习中来。公众讲座则可以邀请历史学家、艺术家和文化工作者分享自己的见解，增强公众对颍州西湖历史文化的深入了解。

借助现代技术，如增强现实（Augmented Reality，AR）和虚拟现实（Virtual Reality，VR）技术，可以创造更具沉浸感的教育体验。例如，通过 VR 技术重现宋代颍州西湖的景象，让观众仿佛穿越时空，亲身体验历史环境。这种技术的应用不仅增强了历史教育的趣味性，也使得历史更加生动和易于理解。同时，网络和社交媒体是强大的宣传工具。在在线平台发布关于颍州西湖的历史文章、视频和图片，可以吸引更广泛的受众。此外，还可以通过社交媒体平台与公众互动，如答疑解惑、线上讨论等，进一步增强公众对颍州西湖历史文化的兴趣。另外，通过与学校和教育机构的合作，将颍州西湖的历史文化纳入教学课程，对于培养年轻一代的历史意识和文化认同尤为重要。这不仅有助于传承文化遗产，也是培养未来文化保护者的重要途径。

（四）旅游开发与文化体验

在颍州西湖的历史文化探索中，旅游开发与文化体验的结合是对历史遗迹保护和传承的一种创新方式。通过巧妙地将历史遗迹融入旅游产品设计中，不仅可以提升游客的体验质量，还可以促进地方文化的保护和传播。设计特色化的旅游路线是吸引游客的有效手段，例如，可以推出"欧苏文化之旅"，这样的主题路线可以让游客跟随欧阳修和苏轼的足迹，探索二人在颍州西湖留下的文化遗迹。这种路线不仅包括对著名景点的访问，还可以结合文学作品的阅读和解读，使得旅游体验更加丰富和深入。

另外，组织文化体验活动，如诗词朗诵会、书法和绘画工作坊等，可以让游客体验宋代文化的独特魅力。这些活动可以在古桥、亭台等遗迹现场进行，使得文化体验更具现场感和历史感。通过这种方式，游客不仅能欣赏到美丽的自然风光，还能深入了解当地的历史文化。开发互动性强的旅游项目，如历史角色扮演、寻宝游戏等，可以增强游客的参与感和体验感。这些活动可以设计成围绕颍州西湖的历史故事和人物进行，通过游戏的形式，让游客在互动中学习历史知识，体验历史文化。同时，利用现代科技手段，如AR和VR技术，可以为游客提供更加生动的历史体验。例如，通过AR技术，游客可以在手机或特殊眼镜上看到古代景观和历史人物的重现，这样的技术应用不仅增强了旅游的趣味性，也加深了游客对历史文化的理解。通过与当地社区的合作，可以举办各种文化节庆活动，如诗词节、宋代文化节等。这些活动不仅能展示颍州西湖的历史文化，还能促进当地经济的发展，提高当地社区的文化认同和自豪感。

第二节　颍州西湖的旅游资源评价

一、颍州西湖景区的整体评价

颍州西湖位于安徽省阜阳市颍州区西 9 公里处，经旅游景区、旅游度假区自愿申报，有关市旅游景区质量等级评定委员会初评推荐，依据《旅游景区质量等级管理办法》和《旅游景区质量等级评定与划分》（GB/T 17775—2003）《旅游度假区等级划分》（GB/T 26358—2022），参照《国家级旅游度假区管理办法》，省旅游景区质量等级评定委员会组织开展 4A 级旅游景区景观价值评价和省级旅游度假区基础评价，确认颍州西湖是安徽省级风景名胜区、省级自然保护区、国家湿地公园、国家 4A 级旅游景区。以下 11 家景区通过 4A 级旅游景区景观价值评价，4 家旅游度假区通过基础评价，列为4A 级旅游景区和省级旅游度假区创建单位，具体如表 5-2 所示。

表 5-2　4A 级旅游景区景观价值评价和省级旅游度假区基础评价名单

序号	通过 4A 级旅游景区景观价值评价的单位	序号	通过省级旅游度假区基础评价的单位
1	淮北市杜集区南山景区	1	六安市金安区张家店旅游度假区
2	涡阳县老子故里徽酒文化旅游景区	2	芜湖市湾沚区陶辛乡村旅游度假区
3	阜阳市颍州区颍州西湖景区	3	陵县烟墩霭里乡村旅游度假区
4	临泉县中环格林童话世界景区	4	潜山市环潜水河休闲旅游度假区
5	定远县定远古城景区	—	—

续 表

序号	通过 4A 级旅游景区景观价值评价的单位	序号	通过省级旅游度假区基础评价的单位
6	金寨县大青景区	—	—
7	含山县凌家滩遗址景区	—	—
8	潜山市天柱大吠谷景区	—	—
9	岳西县司空大峡谷旅游景区	—	—
10	铜陵市义安区犁桥水镇景区	—	—
11	宜城市宜州区十八湾大峡谷景区	—	—

二、颍州西湖的旅游资源评价

（一）评价目标

对颍州西湖旅游资源的评价目标是一项综合性的任务，旨在深入探究和理解这一省级风景名胜区及国家 4A 级旅游景区的综合旅游价值。此评价的核心在于揭示颍州西湖作为旅游目的地的独特魅力与未来发展的潜能。具体评价目标如下：

评价的首要目标是审视颍州西湖的自然美景，这涉及对其自然景观的多样性、美学价值和生态保护状况的全面评估。自然景观作为吸引游客的主要元素，其保护和维护的水平直接影响着旅游资源的可持续利用。紧接着，评价的重点转向颍州西湖的历史文化价值。考虑到颍州西湖曾与杭州西湖、惠州西湖和扬州西湖齐名，其历史背景和文化内涵极为丰富。因此，评价将深入探讨如何通过历史故事、文化活动和遗迹展示，提升旅游体验的文化层次，同时增强游客对该地区文化遗产的认识和欣赏。基础设施建设是评价的另一关键方面，这包括对交通、住宿、餐饮服务以及游客中心等设施的全面评估。良好的基础设施不仅是提供高质量游客体验的前提，也是促进旅游业可持续发展的关键因素。游客体验质量的评价至关重要，这一方面将基于游客的满意度、服务体验、重游意愿等维度进行考量。优秀的游客体验是提升颍州西湖旅游吸引力和口碑的核心，对于增强旅游目的地的竞争力至关重要。

（二）评价原则

客观性原则：该原则是确保评价结果公正无私的关键。在评价颍州西湖的旅游资源时，这一原则要求评价者在收集数据和分析结果时避免主观偏见，确保所有的结论都是基于可靠的数据和实证研究。例如，在评估自然景观的吸引力时，应依据游客的实际反馈、景观的保护状态和生态多样性的具体数据进行评估。此外，客观性还要求评价过程中考虑到各种可能的影响因素，如季节变化、旅游政策变动等，以确保评价结果全面准确。

全面性原则：该原则强调在评价颍州西湖的旅游资源时，需要全方位、多角度地考虑。这意味着评价不应局限于单一的自然景观或历史文化遗产，而应包括颍州西湖的所有旅游相关元素。例如，除了自然和文化资源，还应考虑基础设施（如交通、住宿和餐饮服务）、旅游服务质量、游客安全等因素。全面性原则确保了评价能够涵盖颍州西湖旅游资源的各个方面，从而为游客提供全面的旅游体验。

发展性原则：该原则关注的是颍州西湖旅游资源的可持续发展潜力及其对区域经济和社会的长期贡献。这一原则鼓励对颍州西湖的旅游资源的未来趋势进行分析，考虑如何通过改进和创新来提升其长期的吸引力和竞争力。例如，开发探索新的旅游活动，改善游客体验，同时确保生态环境的保护和文化遗产的保护。此外，发展性原则还包括考虑如何通过旅游促进当地社区的发展和居民的福祉，确保旅游发展的利益最大化。

（三）评价标准

资源丰富度：针对资源丰富度的评估主要集中在颍州西湖的自然景观多样性及其吸引力上。这包括对其湖泊、湿地、植被、野生动物等自然元素的考量。评价时需要考虑景观的美学价值、生态多样性以及提供独特的自然体验的能力。此外，资源丰富度还包括自然资源的可持续管理和保护措施，以确保这些资源对未来游客的持续吸引力。

历史文化价值：颍州西湖的历史文化价值评估涉及对其丰富历史背景的探究，包括古代文人的赞誉及历史遗迹的保存。评估时需要考虑这些文化元素如何与自然景观相融合以及它们对增强该地区旅游吸引力的作用。此外，还需要评估历史文化资源的保护和传承措施，确保这些宝贵资源得到妥善管理并能传递给后人。

基础设施完善度：评估颍州西湖的基础设施完善度关键在于考察其旅游相关设施的建设和维护情况。这包括交通的便利性、住宿设施的舒适度、餐饮服务的多样性和质量以及其他旅游服务设施，如信息中心、厕所、停车场等的配备。基础设施不仅直接影响游客的舒适度和满意度，还反映了旅游目的地的管理水平和服务质量。

旅游体验质量：旅游体验质量的评估着重于游客的整体满意度和体验感受。这涉及游客对颍州西湖景区的整体印象、服务态度、活动安排的满意度以及游客对景区的推荐意愿。此评估还应包括对游客接待服务、导游服务、安全措施以及各种娱乐和教育活动的质量评价。高质量的旅游体验是提升游客满意度和忠诚度的关键，也是评价旅游目的地吸引力的重要指标。

（四）评价方法

1.数据分析

对颍州西湖进行旅游资源评价的第一步是收集全面的统计数据。这些数据不仅涵盖游客数量，还包括旅游收入、住宿统计、游客停留时间、消费模式等多个维度。此外，收集的数据还应包括与旅游相关的环境、文化和基础设施条件，如游览点的数量、文化活动的种类以及旅游设施的质量等。这些数据的全面性和准确性对后续分析的有效性至关重要。收集到的数据需要进行深入解读，以揭示颍州西湖旅游资源的使用情况和效益。例如，游客数量的变化可以反映出景区在不同季节的吸引力，旅游收入可以揭示景区的经济效益，对住宿和消费数据的分析则可以帮助理解游客的消费行为和偏好。此外，环境和文化数据对于评估旅游活动的可持续性和对当地社区的影响也较为重要。对历史数据的趋势分析有助于预测未来的游客流量和收入情况，这种预测不仅基于现有数据，还需要考虑市场动态、政策变化、竞争环境等外部因素。例如，如果发现某个季节游客数量显著增加，可针对此时段推出更多旅游产品和服务。预测未来趋势对于资源的合理分配、基础设施的规划和市场营销策略的制定具有重要意义。在进行数据分析时，要保证数据的准确性、完整性以及分析方法的科学性，这需要专业的数据分析技能和对旅游市场深入的理解。同时，随着技术的发展，大数据和人工智能技术的应用为颍州西湖的旅游资源评价提供了新的机遇。这些技术可以更准确地分析大量数据，从而为颍州西湖的旅游发展提供有力的支撑。

2. 问卷调查

进行颍州西湖旅游资源评价时，问卷调查是一种重要的方法。通过精心设计的问卷，调查者可以直接从游客处获得反馈，这对于评估旅游资源的吸引力和确定改进方向至关重要。其中，问卷的设计需要全面且具有针对性，确保能够覆盖对颍州西湖的整体评价、服务质量和游客体验等关键方面。问卷中应包括对颍州西湖自然景观、文化遗迹、娱乐活动等方面的评价，以了解游客对这些方面的满意度。问卷需要评估游客对颍州西湖的接待服务、导游服务、住宿、餐饮等服务的满意程度。在这里，问卷应鼓励游客提供改进建议，这不仅包括对现有服务的建议，还包括对新活动或设施的需求。考虑到不同游客的需求和期望可能有所不同，问卷中应包含一些开放性问题，以收集更具体的意见和建议。为了确保问卷结果的代表性和广泛性，分发渠道需要多样化。例如，可以通过社交媒体、旅游网站和电子邮件等线上渠道分发问卷，可以快速覆盖广泛的受众。也可以在颍州西湖景区现场，通过纸质问卷或使用移动设备进行电子问卷调查，以确保直接接触到游客。确保问卷能够覆盖到不同年龄、性别、国籍和旅游动机的游客，以收集多样化的反馈。在此之后，对收集到的问卷数据进行详细的分析和解读，以确保能够准确评估颍州西湖的旅游资源。通过数据分析，识别游客的需求和偏好，包括自己最喜欢的景点、活动以及服务方面的期望；分析游客对颖州西湖的整体满意度，包括对自然景观、文化遗迹、服务质量和整体体验的满意程度；识别数据中的任何明显趋势或模式，如某些特定活动或服务的普遍满意或不满意态度。最后则结合定性（开放性问题的回答）和定量（封闭问题的评分）的数据分析，以获得更全面的视角。

3.专家评估

邀请旅游领域的专家、学者及业内人士进行综合评估，可以获得深入、专业的见解和建议，为颖州西湖的未来发展提供指导。专家团队的组成关键在于涵盖旅游领域的多个方面，以确保评估的全面性和深度。团队成员应包括旅游规划专家、文化遗产专家、生态环境专家、旅游市场分析师。通过组织座谈会，让专家就颖州西湖的旅游资源进行深入讨论，这种方式有助于激发新的想法。小型讨论组可以针对特定主题进行深入探讨，如关于景区管理、文化遗产保护或生态环境改善等。与专家进行个别访谈可以获得更具体和深入的建议，尤其是针对其专业领域的具体问题。最终基于专家的意见和建议，形成一份综合评估报告。这份报告应包括对颖州西湖的自然资源、文化遗产、基础设施以及游客体验等方面进行全面评价；明确指出当前颖州西湖旅游资源管理和利用中存在的主要问题；提出具体、切实可行的改进措施和策略；提出颖州西湖未来发展的战略建议，包括长期规划和短期目标以及如何应对潜在的挑战和市场变化。

（五）评价指标体系

颖州西湖作为一个著名的旅游目的地，其吸引力和发展潜力的评估对于实现其旅游资源的最大化利用和可持续发展至关重要。为了深入了解颖州西湖的旅游资源并制定有效的管理和发展策略，建立一个全面的评价指标体系是必要的。这一体系不仅涉及对自然和文化资源的直接评估，还涉及基础设施、游客体验等关键领域的建设。通过对这些多元化的指标进行细致的评价，可以揭示颖州西湖目前的旅游资源状况，识别存在的问题和机遇，并为未来的改进提供明确的方向。这种全方位的评估方法还有助于理解游客需求和偏好，从而提升游客满意度和目的地吸引力。因此，表 5-3 所呈现的评价指标体系旨在为颍州西湖的旅游资源评估提供一个结构化和科学的框架，确保评估的全面性和系统性。

表 5-3 颍州西湖旅游资源评价指标体系

指标类型	一级指标	二级指标	三级指标
自然资源指标	景观美观度	视觉吸引力	湖泊、植被、地形等景观特征的视觉美感
		独特性	景观的独特性和不可复制性
	生物多样性	物种丰富度	植物、动物等不同物种的多样性和数量
		稀有物种保护	稀有和濒危物种的保护情况
	生态保护状况	生态系统健康	湿地、水体等生态系统的保护和健康状态
		保护措施实施情况	生态保护区的管理和保护措施实施情况
文化资源指标	历史文化遗迹保护	保存状态	古迹、历史建筑的保存和维护情况
		文化传承	历史文化传承和教育活动的开展
	文化活动丰富度	活动种类和质量	文化节庆、展览、讲座等活动的种类和质量
		文化体验机会	提供给游客的文化体验机会
	文化体验深度	教育价值	文化活动的教育意义和启发性
		互动性	游客参与文化活动的互动性和参与度
基础设施指标	交通便利性	连接性	到达和离开景区的交通便利性
		内部交通组织	景区内部交通的组织和效率
	住宿餐饮质量	服务水平	住宿和餐饮设施的服务水平和质量
		设施条件	住宿和餐饮设施的舒适性和现代化程度
	信息指示系统	导向性	景区的指示牌、地图等信息指示系统的有效性
		可读性	信息指示的清晰度和易读性
游客体验指标	游客满意度	总体满意度	对颍州西湖游览体验的总体满意程度
		特定体验满意度	对特定活动、服务或设施的满意度
	重游意愿	再访率	表示愿意再次访问颍州西湖的游客比例
		推荐意愿	游客推荐颍州西湖给他人的意愿
	服务体验评价	服务态度	旅游服务人员的服务态度和专业性
		响应速度	对游客需求和问题的响应速度

如表 5-3 所示，颍州西湖的景观美观度是吸引游客的核心要素，这不仅包括自然景观的视觉美感，如湖泊的清澈、植被的茂盛、地形的独特性，还涉及这些景观如何和谐地融合在一起，创造出一种令人愉悦的自然环境。景观的美观度直接影响游客的初印象和留存时间，是评价旅游吸引力的关键要素。生物多样性反映了颍州西湖的生态健康和环境质量，丰富的动植物种类不仅是生态系统平衡的指标，也是增强游客自然体验的重要因素。生物多样

性是颍州西湖旅游可持续发展的一个重要方面。生态保护状况评估了颍州西湖在保护自然环境和维持生态平衡方面的努力和成效，良好的生态保护不仅有助于保持景区的自然美和生物多样性，还是实现可持续旅游的基础。

颍州西湖的历史文化遗迹是其独特魅力的源泉，这些遗迹的保护状况反映了对历史遗产的尊重。良好的遗迹保护不仅增强了旅游的文化深度，也是传承历史和文化的重要途径。文化活动的多样性能够丰富游客的体验，使旅游不仅限于观光，还包括文化学习活动。活动的丰富度也反映了颍州西湖将文化资源转化为旅游吸引力的能力。文化体验的深度决定了游客对颍州西湖文化内涵的理解和感受程度。深度体验有助于提高游客的满意度和文化认同，增强旅游目的地的吸引力。

交通是连接游客和旅游目的地的桥梁，颍州西湖的交通便利性直接影响游客的访问体验和旅游目的地的可达性。良好的交通连接不仅方便游客，也有助于提高游客的旅游效率和满意度。住宿和餐饮服务是旅游体验的重要组成部分，这些服务的质量不仅影响游客的舒适度和满意度，还反映了旅游目的地的服务水平和专业性。有效的信息指示系统为游客提供必要的导向和帮助，确保游客能够轻松地在景区内导航。这直接影响游客体验的便利性和愉悦度。

游客满意度是衡量旅游目的地成功与否的关键指标。它涵盖了游客对整体旅游体验的评价，是提升旅游品质和竞争力的重要反馈。游客的重游意愿不仅是对当前体验满意度的反映，也预示着旅游目的地的持续吸引力。高重游意愿表明颍州西湖具有持久的旅游吸引力。服务体验直接影响游客的满意度和评价。优质的服务能够提升游客体验，优化旅游目的地的口碑和形象。

第三节　以颍州西湖为核心的旅游产品设计

一、根据诗词提取文化元素

（一）诗词主题的文化体验活动

依托颍州西湖丰富的诗词文化资源，旅游产品的设计可以深入挖掘和利用这些文化元素，通过一系列诗词主题的文化体验活动，为游客提供独特的文化体验。这些活动不仅能展示颍州西湖的文化魅力，还能加深游客对中国古代诗词的理解和欣赏。例如，可以在颍州西湖举办诗词朗诵会，通过邀请知名诗人和当地文艺工作者参与的方式，为游客提供一场视听盛宴。

在自然环境中朗诵古代诗词，可以为游客营造一种时空交错的体验，让游客在现代背景下重温古典文化的魅力。诗词朗诵会还可以结合现代音乐、舞蹈等元素，使传统诗词在现代艺术形式中焕发新生。诗词创作工作坊是一种更加充满互动性和参与性的活动，在专业诗人的引导下，游客可以学习古代诗词的创作技巧，尝试自己创作诗歌。这种活动不仅使游客深入了解诗词的韵律、意象和表达方式，还激发了游客的创造力和文化参与兴趣。工作坊可以在风景如画的湖畔举行，让游客在自然美景的启发下挥洒文学才华。此外，还可以开发以诗词为主题的特色游览路线，将颍州西湖历代文人的诗词与具体景点相结合。例如，每到一个景点，都可以通过设置诗词碑林、解说牌等方式，展示相关的古代诗词和背后的故事。这种游览方式让游客在欣赏自然风光的同时，也能感受到诗人的情怀和历史的厚重。在颍州西湖设立一个永久性的诗词文化展览，展示与西湖相关的历代名诗及其创作背景、文人故事和历史影响。这样的展览可以采用多媒体、互动装置等现代展示手段，使古代诗词在现代观众面前栩栩如生。通过深入浅出的展览设计，使游客不仅能欣赏到诗词的美，还能理解其深层文化和历史意义。

（二）诗词主题的教育旅游

依托颍州西湖丰富的诗词文化资源，开发以"诗词与历史的对话"为主题的教育课程应放在首位，从而实现颍州西湖的自然美景与古代诗人的作品紧密结合。这种课程不仅是对诗词的学习，也是对历史的学习。课程内容可以包括诗词的背景介绍、文人的生平故事、作品中的文化元素解析等。通过专业讲解员的引导，游客可以更全面地理解颍州西湖在中国诗词史上的地位和文人眼中的意象。之后结合实地考察和互动讲座的方式，让游客在颍州西湖的自然环境中亲身体验诗中所描绘的景象。例如，讲解员可以带领游客走访古代诗人曾游历或提及的地点，现场讲解诗词背后的故事和历史背景。同时，可以设置互动环节，如诗词朗诵、即兴创作等，让游客在实际环境中深入体会诗词的魅力。

另外，探讨诗词文化在现代社会的传播与应用，如将古代诗词与现代艺术、音乐、戏剧等元素结合，无疑可以创造新的文化产品和体验。这可以通过举办现代诗词音乐会、诗词主题的戏剧表演、诗词影像艺术展等活动来实现。通过这种方式，游客不仅能欣赏到诗词的传统魅力，还能感受到诗词文化与现代艺术的创新融合。

（三）诗词主题的游览路线

以颍州西湖为核心，结合诗词主题开发游览路线，是将文化与自然美景融合的创新旅游产品设计。通过这种设计，游客不仅能欣赏到美丽的自然风光，还能深入了解古代诗人的文化背景和历史故事。例如，可设计以古代文人命名的特色游览路线，如"欧阳修之路"或"苏轼足迹"，使游客能沿着这些文人的足迹游览。这些路线应精心规划，不仅包括文人提及或赞美的自然景点，还要结合文人的生平和作品。每个景点可以设有详细的解说牌或数字化信息点，提供相关诗词的背景、创作故事以及文人与该地点的联系。在游览路线上，每个景点都与特定的诗词作品相关联，形成诗词与自然景观的深度融合。例如，景点附近可以设置诗词碑刻，展示该地点相关的诗句，同时结合现代科技。

此外，还可以提供专业的现场解说或配备音频导览服务，以丰富游客的文化体验。解说内容不仅包括诗句的文学分析，还包括诗人的历史背景、创作时的社会环境等，帮助游客全面理解诗词背后的深层含义。此外，可以邀请诗词学者或历史专家参与解说内容的编撰，确保信息的准确性和学术性。在游览路线中设置互动体验区，激励游客参与诗词创作。例如，可以设置创作角落，鼓励游客在受到自然景观启发后现场创作自己的诗句，还可以举办定期的诗词创作比赛或工作坊活动，让游客深入学习诗词创作技巧，并以颍州西湖为灵感创作诗作。

（四）诗词文化的创意展示

灯光秀是一种极具视觉冲击力的现代艺术形式，可用于创意性地展示颍州西湖的诗词文化。通过在湖面或周围建筑上投影古诗词与相关图案，结合动态灯光效果，可以营造一种浪漫和梦幻的氛围。灯光秀可以在特定节日或夜晚定期进行，作为吸引游客的亮点之一。通过这种方式，古诗词在现代技术的辅助下得以重生，为游客提供独特的视觉体验。多媒体展览是展示诗词文化的另一种创新方式，这种展览可以利用触摸屏、交互式装置、VR等现代技术，让游客在参与中学习诗词文化。例如，通过交互式屏幕展示不同诗人的作品，配以音频、视频和图像，增强游客的沉浸感。此外，可以结合VR技术，让游客置身于诗中描绘的场景，仿佛亲临颍州西湖的古代环境。

将音乐与视觉艺术和诗词结合，创造全新的艺术体验。例如，举办诗词音乐会，将古代诗词与现代音乐结合，通过现代音乐的演绎方式重新诠释古诗词。同时，可以举办以诗词为主题的艺术展览，展示以诗词为灵感的现代视觉艺术作品，如绘画、雕塑、装置艺术等，让游客在视觉与听觉上感受诗词文化的魅力。设置以诗词为主题的创意工坊，同样可以提供给游客参与式的艺术创作体验。在这些工坊中，游客可以在专业艺术家的指导下，创作以诗词为主题的艺术品，如绘画、书法、陶艺等。这不仅使游客能够深入参与到诗词文化的创作中，还能带走独一无二的纪念品，增强文化体验的个性化和参与性。

二、欧苏诗词文化体验

（一）欧苏专题展览

在颍州西湖的旅游产品设计中，举办关于欧阳修和苏轼的专题展览是一种有效的宣传方式，以深化游客对这两位文人及其与颍州西湖关系的理解。专题展览的核心内容是展示欧阳修和苏轼的诗词作品以及二人生平故事的有效方法之一。通过图文展板、原文展示和翻译，游客能够直观地了解这两位文人的创作背景和文学成就。除了传统的书写展示，还可以通过现代多媒体技术，如电子屏幕和交互式展示，让诗词作品的展示更加生动有趣。利用历史文献和艺术作品来丰富展览内容，也是较为理想的选择，这包括历史文献中关于欧阳修和苏轼的记录、古代绘画和书法作品以及现代艺术家对二人诗词的再创作。这些内容可以帮助游客更全面地理解这两位文人在历史上的影响和在文学艺术领域的地位。

多媒体技术的运用可以使展览更加互动和引人入胜，例如，可以通过VR技术重现欧阳修和苏轼生活工作的场景，或者利用AR技术让游客在现实景观中看到诗词中的意象。此外，还可以制作纪录片，讲述二人的生平故事，结合专家访谈和历史解析，使展览具有更高的学术价值和教育意义。为了提高展览的教育性和互动性，可以举办一系列相关的讲座和互动活动，如邀请诗词学者和历史专家举办讲座，深入解析欧阳修和苏轼的文学作品和二人与颍州西湖的关系。同时，可以组织诗词朗诵会、书法展示等互动活动，让游客作为参与者体验诗词文化。

（二）纪录片制作

制作一部关于欧阳修和苏轼与颍州西湖关系的纪录片是一种有效的方式，用于加深游客对这两位文人与颍州西湖之间深厚联系的理解。这部纪录片不仅是一次视听之旅，还是一次深入探究诗词背后历史和文化的学术旅程，具体制作流程及分析如表 5-4 所示。

表 5-4 颍州西湖旅游纪录片制作流程

纪录片内容分段	具体描述	制作方式
生平背景介绍	介绍欧阳修和苏轼的生平故事，重点突出二人的文学成就和对时代的影响	利用历史资料、文献以及专家访谈来确保信息的准确性
作品及文学价值	探讨二人的主要诗词作品及其在中国文学史上的地位和影响	结合诗词原文、历史背景解析以及文学评论家的分析
与颍州西湖的关系	描述欧阳修和苏轼与颍州西湖的特殊情感联系，及其在二人作品中的体现	结合颍州西湖的实地拍摄和诗词中的描述，展示颍州西湖的美景及其在诗人心中的意义
社会环境与个人情感	分析二人的作品如何反映当时的社会环境及其个人的情感体验	通过历史事件的背景介绍和专家对作品情感层面的解读
专家访谈	对诗词学者、历史专家进行访谈，提供对作品的深入解读	安排与学者的深度对话，探讨诗词背后的历史信息和文人的情感世界
视觉呈现	展示颍州西湖的自然风光，结合诗词内容，为观众提供身临其境的体验	使用高质量的摄影和影像编辑技术，将自然景观与文学作品相结合
创意与技术应用	运用创意手法和现代技术，如动画、再现场景等，使纪录片成为艺术作品	利用动画、特效和现场再现等手段，提高纪录片的观赏性和吸引力

如表 5-4 所示，纪录片的核心内容应围绕欧阳修和苏轼的生平、作品以及二人与颍州西湖的关系进行设计。内容可以分为几个部分：首先介绍这两位文人的生平，然后探讨二人的主要作品及其文学价值，最后专注于二人与颍州西湖的特殊联系。需要特别强调的是，纪录片的制作应广泛搜集和利用历史档案资料，包括古文献、书信、诗词原稿等，以确保内容的真实性和学术性。通过这些原始材料，纪录片不仅能展现历史事实，还能为观众呈现更加立体和深入的欧阳修和苏轼的形象。

纪录片中应包括对诗词学者、历史专家的访谈，这些专家可以对欧阳修和苏轼的作品进行深入解读，帮助观众理解诗词中隐含的历史信息和文人的情感世界。专家的解读不仅提高了纪录片的权威性，也使内容更加丰富和有趣。纪录片中应包含大量颖州西湖的自然风光拍摄，将这些景致与欧阳修、苏轼的诗词相结合，为观众提供一种身临其境的体验。通过精美的影像，观众可以更直观地感受到诗中所描绘的自然美景，理解诗人笔下的颖州西湖为何能够成为千古绝唱。在纪录片的制作中应运用创意手法和现代技术，如动画、再现场景等，使纪录片不仅是一部历史和文学作品的解读，更是一部艺术作品。这种创意呈现可以吸引更多的观众，尤其是年轻一代，让其对历史和文学产生兴趣。

（三）互动体验设计

将颖州西湖的欧苏诗词文化转化为互动体验活动，是一种创新的旅游产品设计方法。这种互动体验不仅能使游客深入了解欧阳修和苏轼的文学世界，还能让游客在参与和体验中更好地感受宋代文化的魅力，还可以为游客提供一个模拟的宋代文人创作环境，如重现欧阳修和苏轼的书房或他二人在颖州西湖畔的创作场所。这个环境可以包括古代书桌、文房四宝、宋代装饰艺术等元素。在这里，游客不仅能感受到宋代文人的日常生活氛围，还能尝试亲自进行诗词创作。提供指导书籍和专业指导，鼓励游客挥洒文学才华，体验古代文人的创作过程。利用虚拟现实技术，让游客置身于模拟的宋代颖州西湖环境中。戴上 VR 头盔，游客可以在虚拟环境中漫步，欣赏古代颖州西湖的风景，听见水波声、鸟鸣声，甚至遇见虚拟再现的欧阳修和苏轼。这种体验不仅增强了趣味性，还让游客在沉浸式的环境中更加直观地感受宋代文化和历史氛围。

举办互动式的诗词教学活动和讲座，专家或学者可以对欧阳修和苏轼的诗词作品进行解读，讲述其背后的文化和历史意义。结合现场互动，如诗词解读比赛、即兴创作等，鼓励游客参与讨论和创作，增强体验的参与感和教育价值。设计一个结合传统文化和现代科技的互动展览，展览中可以运用触摸屏、AR 等技术，展示欧阳修和苏轼的诗词作品及其在颖州西湖的足迹。

通过这种方式，游客不仅能阅读诗词原文，还能通过互动技术了解诗词背后的故事和历史背景。

（四）欧苏文化节的举办

举办以欧阳修和苏轼为主题的文化节，是在颍州西湖旅游产品设计中融入欧苏诗词文化体验的重要环节。这样的文化节不仅能够展现颍州西湖的文化内涵，还能够吸引广大文化爱好者，增强游客对传统文化的兴趣。诗词朗诵可以作为文化节的核心活动之一，可以邀请著名诗人、学者以及爱好者参与，朗诵欧阳修和苏轼的经典诗作。为增强现代感和吸引力，可以结合现代音乐、舞蹈等艺术形式，创新性地呈现这些古典诗词，也可以举办诗词创作和朗诵比赛，鼓励更多人参与到诗词创作和欣赏的活动中来。书法展览是向游客展示中国传统书法艺术的重要方式，可以向游客展出欧阳修和苏轼的书法作品复制品，同时展出现代书法家以这两位文人的诗词为题材的作品。通过这些展品，游客不仅能欣赏到书法艺术的魅力，还能了解书法与诗词的深刻联系。

诗词竞赛是提高游客参与度和互动性的重要活动，通过组织诗词创作和朗诵比赛，游客不仅能展示自己的文学才华，还能深入理解和感受欧阳修和苏轼的诗词精神。此类活动可以提高游客的文化体验感，也是对传统文化的一种传承和推广。在文化节期间，可以举办一系列关于欧阳修和苏轼的文化讲座和研讨会，邀请诗词学者、历史专家来讲述这两位文人的生平、作品及其与颍州西湖的关系。这些讲座和研讨会可以提供更深层次的学术交流平台，使游客能够更全面地了解欧阳修和苏轼的文化意义和历史影响。

三、北宋民间文化展现

（一）传统民俗表演

在颍州西湖的旅游产品设计中，展现北宋时期的民间文化是一个重要方向。通过举办各类传统民俗表演，游客可以深入体验和了解北宋时期的文化艺术。具体而言，举办的民俗表演应全面展示北宋时期的各类民间艺术，这包括传统戏剧、民间舞蹈、古代音乐和吟诵等。每种表演形式都应挖掘其在北宋社会中的文化意义和社会背景。例如，传统戏剧可以重现宋代的生活场景，民间舞蹈则可以展示当时的民间风俗和信仰。为确保表演的真实性和高质量，与当地的艺术家和表演团体合作至关重要。这些团体和组织的参与不仅提升了表演的专业水平，也为游客提供了接触真实传统文化的机会。

除了表演本身，还应向游客提供相关的文化讲解服务。在表演前或表演间歇，安排专业讲解员向游客介绍每种表演的历史背景、文化意义以及在宋代社会中的地位。此外，可以设置互动环节，如邀请游客参与舞蹈、戏剧体验，使其更加深入地了解和体验这些传统艺术。通过创造性地设计表演场地，如恢复或模拟宋代的市集、庙会等场景，为游客提供一种沉浸式的文化体验。这些场景不仅可以作为表演的背景，还可以让游客感受到宋代民间生活的氛围。结合传统服饰、道具和装饰，这些场景可以成为连接过去与现在的桥梁。

（二）服饰体验

在颍州西湖的旅游产品设计中，引入北宋时期的传统服饰体验，可以让游客更加直观地理解古代的生活方式和文化习俗。应建立一个专门的服饰体验区，展出北宋时期的各类传统服饰。这些服装应尽可能地反映当时的服饰风格，包括不同社会阶层和职业的服装。服饰体验区可以设计成类似宋代生活场景的布置，如仿宋代的庭院、书房等，以增强游客的沉浸感。在服饰体验区内，除了提供试穿服装的机会，还应有这些服饰的详细介绍，包括服饰的制作材料、款式设计、穿着场合及其背后的文化意义。这可以通过图文并茂的展板、多媒体展示或现场讲解员来实现。通过这种方式，游客在试穿服饰的同时，能学习到更多关于宋代服饰文化的知识。

在服饰体验区，可以安排定时的服饰演示和表演，由工作人员或专业演员穿着宋代服饰进行日常生活场景的模拟。例如，展示宋代的茶艺、书法、音乐等文化活动，让游客在观看的同时，能更加深入地体验宋代文化和生活方式。在特定节日或活动期间，可在颍州西湖举办以宋代文化为主题的活动，如宋代风俗节、历史文化讲座等。在这些活动中，参与者可以穿着宋代服饰，进行各类文化体验活动，如诗词比赛、书法展示等。这不仅增强了服饰体验的趣味性，也使得文化体验更加全面和深入。

（三）地方特色美食节

地方特色美食节应围绕颍州西湖及北宋时期的饮食文化进行精心策划，美食节的主题可以是"穿越宋代的味觉之旅"，将传统美食与颍州西湖的历史文化相结合。通过美食节，游客不仅能品尝到各种传统菜肴，还能了解这些菜肴的来源、制作工艺及其在宋代社会中的地位和意义，具体规划如表5-5所示。

表5-5 地方特色美食节规划

主题规划	美食展示与创新	文化活动
"穿越宋代的味觉之旅"：结合颍州西湖的历史文化和北宋时期的饮食文化策划美食节。	展示北宋时期的传统美食，如宫廷菜肴、民间小吃和地方特色菜。详细介绍每种美食的历史背景、制作方法、寓意等。	举办美食讲座，介绍宋代的饮食文化和烹饪技艺的演变。
强调传统美食与颍州西湖历史文化的联系，增强游客的体验。	对传统美食进行适度创新，适应现代人的口味和健康需求，如减少油脂和糖分使用，采用更健康的烹饪方法。	烹饪工作坊，让游客亲身体验宋代烹饪过程。
通过美食节，游客不仅能品尝传统菜肴，还能了解菜肴的来源和制作工艺。	确保传统美食的创新在保持文化真实性的同时，符合现代饮食习惯。	历史文化研讨会，深入探讨食物的文化和历史背景，增强游客的知识性体验。

考虑到现代游客的口味和健康需求，可以对传统美食进行适度的创新。这种创新不是简单地改变传统风味，而是在保持原有特色的基础上，适应现代人的口味。例如，可以减少油脂和糖分的使用，或者使用更加健康的烹饪方法。这样的创新可以使传统美食更加符合现代人的饮食习惯，同时保持其文化的真实性。在美食节期间，除了美食展示，还可以举办一系列与美食相关的文化活动。这些活动可以包括美食讲座、烹饪工作坊、历史文化研讨会等。通过这些活动，游客不仅能够品尝美食，还能够深入了解食物的文化和历史背景。例如，可以通过讲座介绍宋代的饮食文化、烹饪技艺的演变等。

（四）民间工艺体验工坊

在颍州西湖周边区域设置一系列民间工艺体验工坊，专注北宋时期的传统工艺品制作。这些工坊可以涵盖陶瓷、织物、书法、绘画等工艺。每个工坊应配备必要的工具和材料，并由熟练的工匠或艺术家指导，确保游客能够在专业的指导下体验制作过程。工坊体验不仅是动手制作，更是一个学习和教育的过程。通过实际操作，游客可以了解到制作每种工艺品所需的技巧、材料选择、历史背景和文化意义。例如，在陶瓷工坊，游客可以学习北宋时期陶瓷的制作技术和风格；在书法工坊，游客可以了解书法的基本笔画和书写技巧。

每个工坊应结合历史讲解和文化展示。除了动手制作，工坊还可以展出北宋时期相关工艺品的历史资料、样品以及介绍这些工艺品在当时社会中的意义。通过这些展示和讲解，游客可以更加全面地了解北宋时期的手工艺和民间文化。工坊体验结束后，游客所制作的工艺品可以作为独特的纪念品带走。这不仅是游客的一个纪念，也是对传统手工艺的一种传承。同时，工坊可以提供个性化的定制服务，如根据游客的要求定制特别的图案或文字，使体验更加个性化和有意义。

四、自然风景的深度探索

（一）环湖徒步之旅

颍州西湖可以设计一条环绕颍州西湖的徒步旅行路线，让游客沿着湖岸步行，欣赏湖泊的自然风光。这条徒步旅行路线应细心规划，以确保游客能够充分欣赏到颍州西湖的自然美景。路线应避开嘈杂的城市区域，尽可能沿着湖岸穿行，通过自然的景观如丛林、花园或者小溪。规划中需要考虑路线的长度和难度，以适应不同年龄和体力的游客。沿途设置多个观景点，如小型瞭望台、观景台和休息区，这些地点可以让游客停下来欣赏风景、休息和拍照。每个观景点都应选择在视野开阔、风景独特的位置，如湖边的某个特殊角度或自然美景的最佳观赏点。

颖州西湖可以在整个徒步旅行路线上设置解说牌，详细介绍沿途的自然景观、地理特点、生态环境及相关的历史文化信息。解说牌的内容应简洁易懂，富有教育意义，可包括当地的动植物介绍、地质构造、历史故事等。这些信息将增强游客的知识性体验，使徒步旅行不仅是一次身体上的锻炼，也是一次心灵上的教育。还应提供专业导游和解说服务，以帮助游客更深入地了解颖州西湖的自然和文化。导游可以在徒步旅行中提供实时的讲解，带领游客探索隐藏的自然美景，解答游客的疑问，让游客的旅行更加丰富和有意义。为了确保徒步旅行路线的安全性，还要定期维护路径、设置明显的路标和警示标志。同时，提供必要的便利设施，如公共厕所、垃圾桶、紧急呼叫点等。这些措施将确保游客的安全和舒适，使徒步旅行成为一次愉快和无忧的体验。

（二）生态观光船游

为保护颖州西湖的自然环境，应使用环保型游船进行观光。这些船只应采用清洁能源，如电力或太阳能，以减少对水质和生态的影响。环保船只不仅体现了对自然的尊重，也传达了环保的理念。设计的游览路线应充分展示颖州西湖的自然风光和生态特色。路线可以覆盖湖泊的主要景点，包括自然保护区、历史遗迹和生态敏感区。同时，确保路线的多样性，让游客能够从不同角度和视角欣赏湖泊的美景。

船上应配备专业的导游，为游客提供关于颖州西湖的历史、生态及周围自然景观的讲解服务。导游的解说内容应涵盖湖泊的形成、水文特性、当地的植物和动物生态以及人类活动对湖泊的影响等。这些信息不仅增强了游览的知识性，也提升了游客的环保意识。为提高游览的互动性和教育价值，可以在船游过程中安排一些互动活动，如观鸟、拍摄比赛或水质检测体验等。这些活动可以使游客更加直接地参与到湖泊生态的探索中，提高游客对自然环境的认知和尊重。为适应不同游客的需求，生态观光船游可以提供多样化的体验，如家庭友好的短途游、深度探索的长途游或特定主题的夜游等。这样的多样化安排可以吸引不同兴趣和需求的游客，为其提供更加丰富的选择。

（三）鸟类观察活动

颍州西湖可以在特定区域设立专门的观鸟站，特别是那些鸟类资源丰富的区域。这些观鸟站应提供必要的设施，如望远镜、观鸟指南、休息区等，以便游客能够舒适地观察鸟类。观鸟站的选址应降低对鸟类生态的干扰，同时确保游客安全。除了固定的观鸟站，还可以组织由专业导览人员引导的野外观鸟之旅。这种活动允许游客深入颍州西湖的自然环境，更加直接地观察和了解鸟类。导览人员不仅可以帮助游客识别不同种类的鸟类，还可以讲解它们的习性、生态特点及其在整个生态系统中的作用。

在鸟类观察活动中，应加入教育性的讲解和互动体验。这可以通过现场讲解、互动式展板或者小型讲座来实现。内容可以包括鸟类的习性、生态环境、在生物多样性中的作用以及鸟类保护的重要性。这种教育性内容不仅能丰富游客的知识，也能增强游客对自然保护的意识。鼓励游客在观鸟时进行摄影和记录，这不仅是一种娱乐活动，也是一种记录和分享自然美景的方式。可以举办鸟类摄影比赛或展览，展示游客拍摄的鸟类照片，以提升活动的互动性和参与度。这些活动也有助于提高公众对自然保护的关注和参与。在进行鸟类观察活动时，强调环保和对生态的尊重至关重要。向游客传达不干扰自然、保持环境清洁的理念，这样的教育不仅有助于保护颍州西湖的自然环境，也培养了游客的环保意识。

（四）自然摄影和绘画活动

在颍州西湖的旅游产品设计中，针对摄影和绘画爱好者设计的自然摄影和绘画活动，是一种深入探索和欣赏自然风光的创新方式。先要确定颍州西湖内适宜进行摄影和绘画的区域。这些区域应具有代表性的自然风景，如湖畔、花园、小溪等，同时要确保不会对自然环境造成干扰。这些区域应有充足的自然光线，视野开阔，便于捕捉自然之美。之后要组织专业的摄影师和画家定期在颍州西湖举办工作坊，向游客传授摄影和绘画技巧。这些工作坊可以是半日或全日活动，包括理论讲解和实践操作。通过专业的指导，游客不仅能学习到艺术创作的技巧，还能增强对颍州西湖自然美的感知能力。

除此之外，还可以定期举办摄影展和绘画展，展出游客在颍州西湖捕捉或创作的自然美景。这些展览不仅是游客展示其作品的平台，也是游客分享自然之美的机会。这些展览可以增加游客之间的互动，同时能向更广泛的公众展示颍州西湖的自然风光。为确保游客能够充分参与这些活动，应提供必要的专业设备和材料。例如，为摄影爱好者提供三脚架、反光板等设备，为绘画爱好者提供画板、颜料、画笔等材料。这些设备和材料的提供，可以让游客更加专注于创作，而无须担心装备问题。

五、智慧化导览与科技引领的沉浸式旅游

（一）智能手机应用开发

在颍州西湖的旅游产品设计中融入智能手机应用的开发，是顺应数字化时代潮流的重要一步。这款应用的目标在于开发一个综合的、互动性强的旅游辅助工具，从而极大地丰富和优化游客的旅游体验。应用的设计注重整合导览、信息查询和互动体验等功能，使得游客在颍州西湖的每一步都能得到充分的信息支持和指引。景点介绍不仅包含基本信息，还深入挖掘每个地点的文化和历史背景，让游客在欣赏美景的同时，能够领略到每个景点背后的故事和意义。此类应用的另一个亮点在于为游客提供个性化的旅游规划，基于用户的行为习惯和偏好，应用能够推荐合适的旅游路线和景点，为游客提供真正的个性化体验。同时，考虑到游客可能遇到的各种需求，应用中还可以嵌入实时天气信息和周边服务信息的查询功能，如餐饮和住宿推荐，确保游客能在旅途中获得最大程度的便利。

为了确保广泛的用户友好性，应用的界面设计简洁直观，易于操作，满足不同年龄和背景用户的需求。在多语言的支持下，来自不同国家和地区的游客均能方便地使用，从而打破语言障碍，提供更为流畅的旅游体验。而且应用中还融入了 AR 等先进技术，为游客提供沉浸式体验。通过这种技术，游客可以在手机屏幕上看到历史图片或相关故事的动画，从而在颍州西湖的自然景观中产生一种时空交错的感觉，增强了游览的趣味性和教育价值。

（二）AR 导览体验

在颖州西湖的旅游产品设计中，AR 技术为游客提供了一种全新的导览体验，这是将传统旅游与现代科技结合的一次创新尝试。通过利用这项技术，可以极大地提升游客的互动性和沉浸感，同时为游客带来更加深刻的文化体验。AR 技术在旅游导览中的应用，主要体现在通过手机或 AR 眼镜，游客能够在实际的自然景观中看到虚拟的历史场景重现或信息图层。例如，在颖州西湖的某些特定景点，游客通过设备观看时，屏幕上可能出现的不仅是当前的自然景色，还有古代建筑的重现、历史人物的形象，或者是关于这些场景历史故事的详细解说。这种方式使得游客不仅能够欣赏到颖州西湖的自然美景，还能够穿越时空，从而获得一种全新的感官体验。

另外，增强现实技术还可以用于展示古代建筑的结构解析、历史事件的重现或文化遗产的详细讲解。游客可以通过这种互动的方式，不仅观赏到颖州西湖的美丽景色，还能深入了解每个景点的历史文化背景。这种深入的文化体验对于提高游客的满意度和旅游体验质量极为重要。AR 不仅提升了游览的趣味性，还加深了游客对颖州西湖历史文化的理解。通过这种技术，传统的历史故事和文化遗产可以以一种更加生动和直观的方式呈现给游客。这样的体验不仅激发了游客对历史和文化的兴趣，也使游客对颖州西湖的认识更加深入和全面。

（三）VR 沉浸式体验

在颖州西湖旅游产品的设计中，引入 VR 技术为游客提供沉浸式体验，是一种富有创新精神的尝试。这种技术不仅能够增强游客的体验感，还能够让游客以一种全新的视角感受颖州西湖的历史和文化。开发虚拟现实体验区的一个关键目标是让游客通过 VR 设备沉浸在一个由计算机生成的颖州西湖的虚拟环境中。例如，游客可以在虚拟环境中漫步于宋代的颖州西湖，周围环绕着古代建筑和穿着古装的人物，甚至可以与这些虚拟生成的历史人物进行互动，如同穿越到了另一个时代。

虚拟导览提供了另一种体验方式，游客可以在 VR 环境中进行自由探索，每到一个地点，都能获得相应的历史解说和文化介绍。这种导览方式不仅能让游客获得知识，还能大大提升探索的趣味性。不同于传统的现实导览，VR 导览能够展现更多细节和历史背景，让游客更加深入地理解颍州西湖的每一处景点。

（四）交互式展览与体验

结合多媒体交互技术在颍州西湖的游客中心或特定展览区设立交互式展览区，是将现代科技与传统旅游相融合的一种创新方式。这种展览的目的在于通过增加互动元素，让游客增进对颍州西湖历史、文化和生态的理解和认识。一方面，交互式展览的一个重要特点是其参与性和体验性。不同于传统的静态展览，交互式展览通过触摸屏、动态视频和交互式游戏等多媒体手段，让游客成为学习和体验的主动参与者。例如，设置一个交互式的历史时间线，游客可以通过触摸屏幕上的不同时间点来了解颍州西湖在不同历史时期的面貌，包括自然景观、重要事件、文化演变等。这种方式不仅能够使历史学习变得更加生动有趣，还能够让游客根据自己的兴趣深入了解特定的历史内容。另一方面，交互式展览还可以利用动态视频和交互式游戏，让游客在参与的过程中学习颍州西湖的生态知识。例如，可以通过模拟生态系统的互动游戏，让游客了解颍州西湖的水生生态、动植物多样性以及生态系统的运作方式。通过这种参与式的学习，游客不仅能获得知识，还能提高游客对环境保护的意识。交互式展览的设计和实施还需要考虑到不同年龄和背景的游客，这意味着展览内容应涵盖广泛，既满足儿童的探索兴趣，也满足成年人对深度信息的需求。此外，展览的设计应具有直观性和易用性，确保所有游客都能轻松参与并从中获得愉悦的体验。

第四节 颍州西湖旅游产品的市场营销策略

一、故事化营销

（一）故事发掘与创作

在颍州西湖旅游产品的市场营销策略中，故事化营销的关键在于故事的发掘与创作。这一策略深植于深厚的历史文化土壤，通过生动的故事连接过去与现在，打造独特的旅游体验。颍州西湖故事的发掘始于对其丰富历史和文化传说的深入挖掘。这一过程不仅是对历史资料的梳理，更是对地方文化精神的探究。例如，研究历史文献、民间故事及古代诗词，可以发现与颍州西湖相关的各种引人入胜的故事线索。特别是围绕欧阳修、苏轼这样的历史文人，将其生活轨迹与颍州西湖的美景相结合，能够形成独特的历史故事。这些故事不仅反映了文人的个人经历，还描绘了颍州西湖的自然风貌和历史变迁。为了增强故事的吸引力和共鸣，故事创作中融入现代视角至关重要。这意味着，故事不仅仅停留在过去，而要与现代旅行者的体验相连。例如，通过创作现代旅行者在颍州西湖的探险故事，与古代故事相融合，形成一种时空交错的叙述方式。这种故事创作方式能够让现代观众感受到与古代颍州西湖的直接联系，增加故事的亲近感和现实感。在故事的呈现上，采用多种方式可以极大地增强故事的吸引力。例如，利用现代媒体技术，如短视频、动画、声音艺术等，来讲述故事，为游客提供视觉和听觉上的丰富体验。同时，通过互动式展览、现场重现、角色扮演游戏等，将游客直接带入故事之中，让游客成为故事的一部分。故事化营销的最终目的是更好地推广颍州西湖，吸引更多游客。因此，将故事融入营销素材和活动中至关重要。例如，在社交媒体上发布与颍州西湖相关的历史故事系列，通过故事串联起颍州西湖的自然景观和文化内涵，激发游客的好奇心和探索欲。此外，举办以颍州西湖故事为主题的节日活动、文化讲座等，能够进一步提升颍州西湖作为旅游目的地的吸引力。

（二）多媒体内容创作

在颍州西湖旅游产品的市场营销策略中，多媒体内容创作作为故事化营销的核心组成部分，扮演着至关重要的角色。通过结合视觉与听觉元素以及提供互动性内容，多媒体内容创作不仅增强了故事的吸引力，还提升了游客的参与感和体验感。视觉与听觉的结合是增强故事传达效果的关键，通过精心制作的视频、音频和图文内容，可以将颍州西湖的自然美景和丰富的历史故事生动地展现给观众。例如，制作高质量的短片或微电影，展现颍州西湖的自然风光和文化故事。这些视频可以包含航拍镜头、历史重现场景、当地居民的访谈等。在音频和播客制作方面，开发以颍州西湖为主题的播客和音频指南，通过讲述引人入胜的传说、历史故事和诗词，增加听觉上的文化体验。同时，可以邀请知名的历史学家、文化学者或当地导游参与录制，增强内容的权威性和吸引力。

互动性内容的开发是将观众从被动接收信息转变为主动参与体验不可缺少的一部分，可以大幅提升故事的吸引力和参与度。在 AR 和 VR 体验方面，利用 AR 和 VR 技术，为游客提供沉浸式的旅游体验。例如，开发 VR 应用，让游客能够在虚拟环境中"行走"在颍州西湖的各个角落，甚至亲身与历史人物互动。在在线互动游戏方面，设计以颍州西湖为背景的在线互动游戏，游戏中不仅能展现颍州西湖的风景和文化，还能让玩家在游戏的探索和解谜中深入了解颍州西湖的历史和故事。多媒体内容创作的最终目的是通过故事性的内容营销来吸引游客的注意力，在社交媒体平台运用方面，在各大社交媒体平台如微博、抖音、微信公众号上发布这些多媒体内容，通过故事性的内容吸引关注，鼓励用户分享和互动，形成良好的口碑传播效果。在线下活动与展览方面，结合线上的多媒体内容，在颍州西湖景区或其他公共场所举办线下的展览和体验活动，如多媒体艺术展、互动体验区等，进一步提升游客的参与感和体验感。

（三）社交媒体和网络平台的整合

社交媒体和网络平台为故事化营销提供了强大的传播渠道，这些平台的整合可以大幅提升颍州西湖故事的覆盖范围和影响力。其间，具体整合方案和具体论述如表5-6所示。

表5-6 颍州西湖旅游产品设计中社交媒体和网络平台的整合方案

整合策略	内容创新	互动性活动
使用多个社交媒体平台（微博、微信公众号、抖音、小红书等）来传播颍州西湖的故事。	制作关于颍州西湖的历史故事短片。	举办故事征集比赛，提高用户参与度。
与具有高影响力、与颍州西湖文化相契合的网红合作。	创建图文并茂的游记，介绍颍州西湖的美景和历史。	在线问答活动，增强用户互动和参与。
利用各平台特点，如微博适合快速传播、抖音适合视觉冲击力强的短视频。	开发有趣的互动问答，吸引和保持用户的注意力。	互动式直播，提供实时参与和交流的机会。
针对不同平台的用户群体，制定差异化的内容策略。	让网红在访问颍州西湖时分享个人体验和感受。	分析用户在社交媒体上的互动数据（点赞、评论、转发）以优化内容。
定期更新和发布有关颍州西湖的新闻和故事，保持内容的新鲜度。	适度创新内容，适应现代人的口味，如采用健康烹饪方法。	结合线上活动和线下活动，如文化节或展览，增强联动效果。

如表5-6所示，在平台多样性方面，利用多个社交媒体平台，分享与颍州西湖相关的故事。在内容创新方面，应结合故事性和信息性，如制作颍州西湖的历史故事短片、图文并茂的游记、有趣的互动问答等，吸引用户的注意力并鼓励游客分享和参与。在这里，选择合适的合作伙伴，选择与那些具有高影响力、与颍州西湖文化相契合的网红合作则是明智之选。例如，选择擅长历史文化或旅游探索的博主，因为这些博主的风格和受众与颍州西湖的定位更加吻合。而在个性化的内容呈现方面，让网红在访问颍州西湖时，分

享自己的个人体验和感受。这些个性化叙述可以让故事更加生动，同时利用自己的粉丝基础来扩大传播效果。

创新的社交媒体策略可以进一步增强故事化营销的效果。其中，在互动性活动方面，在社交媒体平台上举办互动性活动，如故事征集比赛、在线问答、互动式直播等，增加用户的参与度和互动性，同时为故事内容提供更多元化的视角。在数据驱动的内容优化方面，可以通过分析用户在社交媒体上的互动数据（如点赞、评论、转发等），不断优化故事内容和传播策略，以更好地满足目标受众的兴趣和需求。将线上的社交媒体营销与线下活动相结合，同样可以提升故事的影响力。针对线下活动的社交媒体延伸而言，通过线下活动（如文化节、展览、互动体验等）来丰富颖州西湖故事的内容，并将活动的精彩瞬间分享到社交媒体上，增强线上线下的联动效果。就社交媒体活动的线下体验而言，在颖州西湖现场设置专门的体验区或互动点，鼓励游客参与社交媒体活动，如"打卡挑战"或"现场直播"，提升游客的参与感和分享欲望。

（四）线下活动与体验

在颖州西湖旅游产品的市场营销策略中，线下活动与体验是提高游客参与度和增强体验感的重要方式。其中，设计以历史故事为主题的旅游路线，可以让游客在实地参观时深入体验故事中的场景，从而增加游客对颖州西湖的文化和历史的理解与感情投入。在设计诗人足迹之旅方面，这种旅游路线可以让游客跟随古代文人如欧阳修、苏轼的脚步，探索二人在颖州西湖留下的历史印记。路线可以包括文人曾经居住、创作或赞美的地方，同时结合相应的诗作和故事，使游客能够身临其境地感受古代文人的生活和创作环境。

导游的故事化解说是让颖州西湖的历史和文化生动展现的有效方式，具体操作更是要包括两个方面，在培训导游方面，要对导游进行专业的培训，使其能够用故事化的方式进行讲解。这包括讲述颖州西湖的历史故事、文化传说以及与颖州西湖相关的文学作品。在故事讲述技巧方面，导游应掌握如何将故事融入讲解中，使其既具有信息性又有趣味性。例如，可以通过角色扮演、情景再现等方式，使故事更加生动和吸引人。在此之后，通过互动式的体验活动，游客可以更加主动地参与到颍州西湖的故事中。角色扮演游戏不失为理想选择，可以让游客扮演历史人物或故事中的角色，通过完成一系列任务来体验故事。另外，通过举办各类文化体验工作坊，让游客在参与中学习并体验颍州西湖的文化同样可以达到生动展示颍州西湖历史故事的目的。在手工艺体验方面，可设置手工艺工作坊，如书法、绘画、传统手工艺制作等，让游客在实践中了解和体验颍州西湖的文化艺术。此外，可定期举办与颍州西湖历史文化相关的讲座和研讨会，邀请学者和专家进行深入讲解和交流。

二、数字化和社交媒体营销

（一）增强内容创意

在颍州西湖旅游产品的市场营销策略中，数字化和社交媒体营销的核心之一是增强内容的创意。创意内容的生产不仅可以吸引更多的关注，还可以通过独特的视角和表现方式优化颍州西湖的品牌形象。例如，制作360°全景视频，可以让观众全方位地体验颍州西湖的自然美景和历史遗迹。这种沉浸式的体验让用户仿佛置身于颍州西湖，增强了其实地访问的欲望。还可以通过无人机航拍，从空中视角捕捉看到的壮丽景象。这样的内容不仅能呈现出不同的视觉效果，还能展示颍州西湖的宏伟和辽阔。

在历史文化故事讲述方面，通过创意视频、音频或图文，讲述与颍州西湖相关的历史故事和文化传说，使内容不仅具有信息性，还具有故事性和趣味性。在现代视角融合方面，应结合现代人的视角，创作故事内容，如现代旅行者在颍州西湖的经历，将古老的故事与现代生活相结合，增强内容的共鸣。还要进行受众偏好研究，通过分析社交媒体平台上的用户行为和反馈，了解目标受众的偏好，针对性地创作内容，并根据不同受众群体（如年轻人、家庭、摄影爱好者）定制不同风格和主题的内容，增加受众的参与度和兴趣。另外，还要增加互动性内容，做到在社交媒体上发布互动性强的内容，如在线问答、投票、挑战等，并且鼓励游客分享自己在颖州西湖的体验和故事，如摄影作品、游记等，通过用户的视角展示颖州西湖的多样性。还要进行多平台整合，在不同的社交媒体平台发布内容，利用各平台的特点和用户基础，扩大传播范围。最后还要确保跨平台活动的实现，具体操作在于举办跨平台的营销活动，如线上摄影比赛、故事征集活动等，提高品牌的网络曝光度和用户的参与度。

（二）社交媒体互动与参与

在颖州西湖旅游产品的市场营销策略中，社交媒体互动与参与是连接游客和目的地的重要桥梁。通过多平台互动和网红合作，不仅可以增强品牌的互动性和参与度，还能有效地扩大市场影响力。先要做到平台多样性，在不同的社交媒体平台上建立官方账号。每个平台都有其独特的用户群体和传播特性，这有助于接触更广泛的潜在游客。之后则要进行内容定制化，能够针对不同平台的特点，制作定制化的内容。例如，在微博上发布已更新的信息和高质量的图文，而在抖音上发布吸引人的短视频。

在这里，还需要注意的是，必须定期在社交媒体上举办问答和投票活动，提高用户的参与度和互动性。例如，发起关于颖州西湖的趣味知识问答，或对游客最感兴趣的活动发起投票。还要不定期举办线上活动，如线上摄影比赛、故事分享会等，鼓励用户分享自己在颖州西湖的经历和作品，提高社区的活跃度。选择与颖州西湖目标受众匹配的网红进行合作，也是一个不可忽视的重要手段，例如，与旅游和文化领域的博主合作，他们的粉丝群体可能对颖州西湖更感兴趣。特别是要与不同领域的网红合作，如旅游、摄影、历史、文化等，利用自己的专长和影响力展现颖州西湖的多面性。除此之外，还要邀请网红到颖州西湖旅游，并让游客分享自己的体验和见解。这种真实的分享比单纯的广告更有说服力。网红共同创作内容，如制作特色旅游视频日记、现场直播等，提供新颖的视角和丰富的内容。在此期间，更要密切关注社交媒体的流行趋势，如热门话题、挑战等，并及时参与，使营销内容更加贴近用户的兴趣，同时设计出鼓励用户参与的活动，如"打卡挑战"，通过游客的亲身体验和分享来自然扩散颍州西湖的魅力。

（三）数据驱动的营销策略

在颍州西湖旅游产品的市场营销策略中，采用数据驱动的方法可以显著提高营销活动的效率。深入分析社交媒体和网络平台上收集的数据，可以更准确地了解受众的行为和偏好，并据此制定更有针对性的营销策略。在此期间，先要进行受众行为追踪，使用社交媒体分析工具追踪用户对颍州西湖内容的反应，如点赞、评论、分享和观看时长等。随后则通过用户互动数据，分析游客对不同类型内容的偏好，如喜欢的主题、风格或活动类型。

基于数据分析结果，优化内容的类型和形式。例如，如果发现用户更喜欢历史文化相关的内容，则增加此类内容的发布。通过分析用户活跃时间，优化内容发布的时间，以提高内容的可见度和互动率。在此之后，要根据用户偏好推送定制化的旅游路线，如文化探索路线、自然风光游览路线等，并向不同兴趣群体推荐符合游客需求的服务和活动，如亲子活动、摄影爱好者专场等。最后则要进行目标市场精准定位和全面的效果监控。就前者而言，应通过数据分析，细分不同的目标市场，如年轻游客、家庭游客、国际游客等，并对不同细分市场进行精准营销，使用适合各个市场特点的内容和推广策略。就后者而言，要利用数据分析工具实时监控营销活动的效果，如用户参与度、转化率等，并定期评估营销活动的整体效果，分析哪些策略有效，哪些需要改进。

（四）科技融合与创新体验

利用最新的科技，如 AR、VR 和智能应用程序，不仅能为游客提供独特的旅游体验，还能有效提升颍州西湖的市场吸引力。在这里，利用 AR 技术重现颍州西湖的历史场景，如古代建筑、历史事件等，使游客能够在现代背景中感受历史的魅力。并且还要将开发 AR 互动导览作为至关重要的组成部分，通过手机或 AR 眼镜，游客可以在颍州西湖的特定地点观看到历史人物的故事、文化解说等。除此之外，通过 VR 技术，游客可以在任何地方体验颍州西湖的全景游览。还可以利用 VR 技术，创造教育性的历史体验，让游客在虚拟环境中学习颍州西湖的历史和文化。

要注重智能应用程序与小程序的开发，既要做到开发智能手机应用和微信小程序，提供定制化的旅游信息查询和行程规划服务，如景点介绍、路线推荐等，还要做到通过应用和小程序提供实时天气、活动信息和紧急通知，提高游客旅行中的信息获取效率。开发在线预订程序，让游客能够通过应用和小程序方便地预订门票、导游服务、餐饮等，提高预订流程的效率和便捷性，帮助游客解决疑问和需求，提升游客满意度。还需要高度关注的是，持续跟踪最新的科技趋势和技术，如人工智能、大数据等，将其应用于旅游体验的创新中，同时还要建立用户反馈机制，根据用户反馈不断优化和更新技术应用，确保提供最佳的旅游体验。

三、目标市场细分和定制化旅游产品设计

（一）市场需求分析与细分

目标市场的细分和定制化旅游产品的开发对于吸引和满足不同游客群体的需求至关重要，所以在探索颍州西湖旅游产品的市场营销策略中，必须将其视为至关重要的组成部分。首先，要通过问卷调查、社交媒体分析、面对面访谈、在线论坛和评论分析等多种方式收集数据。这些数据来源可以帮助更全面地了解游客的需求和期望，并分析不同群体的旅游行为，如旅游频率、消费习惯、偏好活动等，以获取更深入的信息。其次，要根据年龄、性别、收入水平、旅游目的、兴趣爱好等维度进行市场细分，从中明确不同细分市场的特定需求和偏好，如家庭游客可能更注重亲子互动和安全性，而年轻游客可能更偏好探险和社交活动。再次，要针对每个细分市场制定具体的营销策略，如针对家庭市场的亲子活动宣传，针对年轻市场的探险旅游路线推广。并且根据每个细分市场的特点，定制化旅游产品和服务，如为国际游客提供多语种导览服务，为摄影爱好者提供专门的摄影旅游路线。最后，要做到深入理解不同文化背景下游客的需求和期望，如不同国家和地区游客对食物、住宿和活动的不同偏好，实现在产品设计和营销中体现出对不同文化

的敏感性和尊重，确保不同文化的游客感到欢迎和舒适。

（二）定制化旅游产品设计

在颍州西湖旅游产品的市场营销策略中，定制化旅游产品设计是满足不同游客需求的关键环节。旅游产品的设计方向应包括家庭游客产品、年轻游客产品、国际游客产品、老年游客产品。在家庭游客产品设计中，要以亲子互动活动为基础，开发专门针对家庭游客的亲子互动活动，如亲子捕鱼、户外露营、亲子烹饪课程等，旨在增强家庭成员间的情感联系和互动。以教育性项目作为重要补充，设计教育性强的活动，如自然科普探险、历史文化体验课程、环境保护宣教活动等，旨在培养儿童对自然和文化的兴趣及责任感。还要考量安全性和便利性，如提供儿童友好设施、专业的儿童看护服务等。

在年轻游客产品设计过程中，要以探险和户外活动作为根本选择，针对追求刺激和新奇体验的年轻游客，设计如徒步旅行、山地自行车、水上运动等户外探险活动。将文化探索项目作为特色，提供文化深度体验，如历史文化探险游、当地文化工作坊（如陶艺、民间艺术等）和传统节庆体验，让年轻人深入了解颍州西湖的文化背景。将社交和互动元素融合作为主要拓展方向，组织社交活动，如篝火晚会、音乐节、主题派对等，增强年轻游客的社交和互动体验。在国际游客产品设计中，既要涉及多语种服务，为国际游客提供多语种导览服务，包括印刷和电子导览资料，还要涉及跨文化教育活动，如中国文化体验课（如书法、诗词、古代建筑等），提供深入了解中国文化的机会，更要涉及地方特色体验，展示颍州西湖独特的地方文化和风情，如地方美食品鉴、传统市场游览等，使国际游客体验地道的中国文化。在老年游客产品设计过程中，要将舒适休闲作为基本出发点，为老年游客设计舒适和休闲的活动，如轻松的观光游、文化讲座、健康养生活动等。将安全和医疗保障作为重中之重，确保为老年游客提供必要的医疗保障和安全措施，如紧急医疗服务、特殊需求的满足等。

（三）创新服务和技术应用

在旅游产品中，创新服务和技术应用是提升游客体验和吸引力的关键，所以在探索颍州西湖旅游产品的市场营销策略时，应将全面提升创新服务和技术应用水平作为关注的焦点。其中，提供智能化服务应置于首位，既要做到开发智能手机应用，整合 AI 导览，提供个性化推荐路线、景点介绍、历史背景信息等，增强游客的导览体验。还要做到通过应用程序提供实时天气更新、拥挤程度提示、活动时间表等信息，帮助游客更好地计划其行程。还可以为游客提供在线预订景点门票、活动、餐饮服务等功能，并支持多种支付方式，提高交易的便捷性和安全性。

利用 VR 技术重现颍州西湖的历史场景，如宋代市集、古代戏台演出等，使游客能够在虚拟环境中穿越历史，增强体验的沉浸感。与此同时，开发 AR 游戏，结合颍州西湖的地理和文化特色，让游客在游戏中探索景区，提升参与感和探索乐趣。在此基础上，要全面加强流量管理和环境监控工作，实现使用智能管理系统监控和调整游客流量，避免过度拥挤，确保游客体验的舒适性，利用智慧技术监控景区的环境状况，如空气质量、噪声水平等，及时处理可能影响游客体验的问题。

四、跨界合作和品牌联名

（一）与旅游及相关行业的合作

颍州西湖管理部门可通过与旅游企业、航空公司和酒店建立合作关系，提供综合的旅游服务套餐。例如，通过与航空公司合作，可以推出"飞行＋住宿＋颍州西湖游览"一体化服务套餐，这样的联合套餐不仅方便游客规划行程，还能提供价格优势，吸引更多的游客。此外，与高品质酒店的合作，可以为游客提供舒适的住宿体验，提高旅游的吸引力。还可与旅行社合作开发特色主题旅游活动，如摄影之旅、文化探索之旅等，能够吸引特定兴趣群体。这种主题活动通常包含专业的指导和独特的体验，如摄影之旅可能会提供专业摄影师的指导，文化探索之旅则可能包括深入了解颍州西湖的历史文化。这样的合作不仅丰富了颍州西湖的旅游产品，也提高了游客体验的质量。

另外，与其他行业如时尚、艺术、科技等领域的品牌合作也是理想之选，举办跨界营销活动。例如，可以与时尚品牌合作举办以颍州西湖为背景的时装秀，或与艺术机构合作举办艺术展览。这种跨界合作不仅提升了颍州西湖的品牌形象，也为游客提供了全新的文化艺术体验。与环保组织或可持续旅游项目合作，推广生态友好和可持续的旅游理念。例如，开展生态旅游项目，教育游客关于生态保护的重要性，或与环保组织共同举办清洁活动。这种合作不仅有助于提升颍州西湖的环保形象，也让游客在享受美丽景色的同时，参与到保护自然环境的活动中。

（二）文化与艺术领域的联名

颍州西湖与知名的文化和艺术品牌合作，设计并推出以颍州西湖为主题的限量版纪念品，是一种创新的营销手段，具体路径如表5-7所示。

表5-7　颍州西湖文化与艺术领域的联名路径

文化艺术品牌合作	文化体验活动	跨界艺术项目
设计并推出以颍州西湖为主题的限量版纪念品，如手工艺品、设计师服饰、特色饰品等。	组织书法、绘画、陶艺等工作坊，让游客体验传统艺术创作。	安装以颍州西湖自然景观为灵感的公共艺术装置。
邀请知名设计师创作以颍州西湖的自然景观和历史文化为灵感的服饰系列或装饰品。	举办主题文化节，如诗词节、民俗节等，深入体验和了解颍州西湖的文化内涵。	在景区内举办互动性强的现代艺术展览，提供新颖的互动体验。
与美术馆、画廊等文化机构合作，举办以颍州西湖为主题的艺术展览。	在艺术展览中增设互动环节，如艺术家现场演示或观众参与的活动。	与艺术家、设计师合作开发跨界艺术项目，如公共艺术装置、互动艺术展览等。
展览可以是展出与颍州西湖相关的古代艺术作品和历史文物的历史性展览。	邀请专业艺术家进行文化和艺术领域的讲座或研讨会。	在颍州西湖现场设置特色艺术点，如艺术雕塑、互动装置等，增强游客体验。
展览也可以是展示现代艺术家对颍州西湖的解读和创作的现代艺术展。	组织与颍州西湖文化相关的互动体验活动，如传统文化体验游戏或挑战。	结合颍州西湖的自然和文化特色，创造独特的公共艺术体验区域。

如表 5-7 所示，这些纪念品可以是手工艺品，也可以是设计师服饰、特色饰品等，将颍州西湖的文化元素与现代审美相结合。例如，邀请知名设计师以颍州西湖的自然景观和历史文化为灵感，创作服饰系列或装饰品，这些作品不仅具有观赏价值，还具有收藏价值，能吸引对文化艺术感兴趣的游客。与美术馆、画廊等文化机构合作，举办以颍州西湖为主题的艺术展览，是一种有效的文化交流和营销方式。这些展览可以是历史性的，展出与颍州西湖相关的古代艺术作品和历史文物，也可以是现代艺术展，展示现代艺术家对颍州西湖的解读和创作。通过这样的展览，游客不仅能欣赏到美丽的艺术作品，还能深入了解颍州西湖的历史和文化，增强游客对景区的认识和兴趣。

另外，结合文化和艺术领域的特色，颍州西湖可以举办各种文化体验活动。例如，组织书法、绘画、陶艺等工作坊，让游客在专业艺术家的指导下体验传统艺术创作，或者举办主题文化节，如诗词节、民俗节等，通过这些活动，游客可以更加深入地体验和了解颍州西湖的文化内涵。颍州西湖主管部门还可以与艺术家、设计师合作开发跨界艺术项目，如公共艺术装置、景区内的互动艺术展览等。这些艺术项目不仅能够丰富景区的视觉效果，还能够为游客提供新颖的互动体验。例如，安装以颍州西湖自然景观为灵感的公共艺术装置，或者在景区内举办互动性强的现代艺术展览，让游客在参与和体验中感受艺术与自然的和谐融合。

（三）创新产品与服务的开发

在颍州西湖旅游产品的市场营销战略中，跨界合作和品牌联名以开发创新产品与服务，是一种能够显著提升游客体验并提升市场竞争力的有效策略。例如，与健康和休闲行业的企业合作，设计如瑜伽修炼、冥想课程等特色体验项目。这些项目可以在颍州西湖的自然美景中进行，让游客在放松身心的同时，享受宁静的自然环境。开发户外探险活动，如徒步旅行、骑行探索、水上运动等，吸引喜欢户外活动和探险的游客。这些活动不仅能提供刺激的体验，还能让游客更加亲近自然，了解颍州西湖的生态和自然风光。与教育机构合作，推出针对学生和家庭的生态教育项目。这些项目可以包括野外生态学习、自然环境保护意识教育等，旨在提升游客对生态环境的认识和保护意识。利用大数据和人工智能技术，提供更加个性化和智能化的旅游服务。例如，通过分析游客的行为和偏好，推荐个性化的游览路线和活动，或者通过智能推荐系统，向游客推荐可能感兴趣的特色商品和服务。

五、可持续旅游和生态保护的营销

（一）生态保护成果的展示与宣传

颍州西湖的市场营销策略特别强调可持续旅游和生态保护的重要性，这不仅是对自然资源的负责，也能满足越来越多游客对绿色旅游的需求。在这个方向上，颍州西湖的营销策略主要集中在生态保护成果的展示与宣传上。具体而言，生态保护项目的宣传既是前提又是关键。颍州西湖区域有丰富的自然资源和生态系统，包括湿地恢复、野生动植物保护等方面。通过宣传这些生态保护项目，可以向公众展示颍州西湖在生态保护方面的努力和成就。例如，可以通过制作宣传片、出版专题杂志、在社交媒体上发布相关内容等方式，向游客展示如何保护和恢复自然环境以及这些工作带来的积极变化。

环保设施建设是营销策略的重要部分。在颍州西湖区域内部署诸如节能照明、废物回收系统等多种环保设施，不仅减少了旅游活动对环境的影响，还体现了对可持续发展的实践。向游客展示这些环保措施，可以提升游客的环保意识，同时增加了景区的吸引力。例如，可以设置导览路线，让游客参观这些环保设施，了解它们的工作原理和环保效果，还可以举办生态保护相关的教育活动和项目，如生态工作坊、野生动植物保护讲座等，这不仅增强了游客对生态保护重要性的认识，也是一种有意义的旅游体验。通过这些活动，游客不仅能学习到有关生态和环境保护的知识，还能亲身参与其中，如参与植树造林、清洁湖岸等活动。促进合作伙伴参与则是最后一环，可以进一步扩大这些生态保护项目的影响力。其中，与环保组织、学术机构以及社交媒体上的环保意见领袖合作，不仅能够提高项目的可信度，还能够利用这些合作伙伴的平台和影响力，向更广泛的受众传达颍州西湖的生态保护理念。

（二）教育与参与式体验活动

颍州西湖区域丰富的自然资源无疑为环境教育活动的全面开展提供了理想教育平台，可以开展一系列针对不同年龄群体的生态教育活动，如生态讲座、自然观察活动、野生动植物识别工作坊等。这些活动旨在提高游客对生态系统、生物多样性和环境保护的认识。例如，为儿童和青少年组织生态夏令营，通过互动游戏和趣味实验，让其在游戏中学习生态知识；针对成人则可以举办主题讲座和实地考察活动，让其了解当地的生态环境和保护措施。之后则要进行参与式保护活动的设计，可以通过鼓励游客参与生态保护活动的方式来达到这一目的，如组织湖泊清洁活动、植树造林等。通过这些活动，游客不仅能亲身体验到生态保护的重要性，还能为当地环境作出实际贡献。例如，定期举办"清洁西湖"日活动，鼓励游客和当地居民一起清理湖泊垃圾，或在特定季节举办植树活动，增强游客对生态保护的参与感和成就感。

颍州西湖还可以与环保组织和教育机构合作，共同推广生态保护教育项目。这些合作伙伴可以提供专业的知识和资源支持，使得教育活动更具深度和专业性。同时，可以邀请环保领域的专家和学者参与，为游客提供更专业的生态教育和解说服务。此外，还可以开发专门的手机应用，提供生态旅游线路、实时环保活动信息、生态知识小贴士等，使游客在旅游过程中能随时获取相关信息和知识。

（三）绿色旅游产品与服务

颍州西湖旅游产品的市场营销策略中，将可持续旅游和生态保护融入旅游产品和服务，是一个重要的创新方向。这种策略不仅强调了环保意识，还提供了与众不同的旅游体验。在这一策略下，绿色旅游产品与服务的开发成为关键。绿色旅行路线的开发是此策略的核心之一，这些路线专注于降低环境影响，并提倡低碳旅行方式。例如，颍州西湖可以设计一系列徒步旅行路线，让游客在步行中欣赏自然美景，同时降低对环境的干扰。这些路线可以沿着湖边、穿过山林，或者连接各个文化和历史景点。自行车旅行路线也是一个不错的选择，特别是对于寻求健康生活方式的游客来说，这不仅是一种环保的旅游方式，也是一种锻炼身体的活动。这些绿色旅行路线可以结合景区内的自然和文化资源，为游客提供独特的旅游体验。

生态友好住宿的推广也是实施绿色旅游战略的关键部分，例如，颖州西湖可以推广使用生态旅馆和绿色露营地，这些住宿选项使用环保材料，减少能源消耗，并尽可能地减少对环境的影响。生态旅馆可以采用太阳能供电、雨水回收系统以及使用可持续材料的家具和装饰。绿色露营地则提供一种更接近自然的住宿方式，如使用可降解材料的帐篷、自然环境中的木质小屋等。这些住宿选项不仅提供了舒适的住宿环境，也让游客体验到与自然和谐共存的生活方式。在营销这些绿色旅游产品时，可以通过各种渠道强调它们的环保特性和健康益处。例如，在官方网站和社交媒体上分享关于这些绿色旅行路线和生态友好住宿的详细信息，包括它们如何有助于环境保护和可持续旅游。此外，可以与环保组织合作，进行联合宣传，以提高游客的环境保护意识。

（四）绿色营销与合作伙伴关系

在颖州西湖的旅游产品市场营销策略中，强调可持续旅游和生态保护是一种重要的方法。建立绿色营销与合作伙伴关系，颖州西湖不仅能够提升其作为负责任旅游目的地的形象，还能吸引那些对环保和可持续发展感兴趣的游客。在该方法中，颖州西湖的绿色品牌形象是其营销策略的关键，在所有的营销材料中强调这一点至关重要。例如，使用环保纸张和电子宣传资料不仅减少了对环境的影响，也传达了一个明确的信息：颖州西湖致力保护环境并支持可持续发展。此外，可以在营销和广告材料中使用绿色和自然的视觉元素，进一步强化这一形象。这些举措有助于提高游客对颖州西湖作为生态友好旅游目的地的认知。

与环保组织的合作也是这一营销策略的关键部分，通过与环保组织和非政府组织建立合作关系，颍州西湖可以共同推广生态保护和可持续旅游的重要性。例如，可以联合举办环保活动和教育研讨会，或者共同开发关于生态保护的教育材料。这种合作不仅有助于提高公众对环保问题的意识，还有助于提升颍州西湖的社会责任感和品牌形象。颍州西湖可以与本地社区和企业建立合作关系，共同推动绿色旅游和可持续发展。例如，可以与当地的餐厅和酒店合作，推广使用当地食材和可持续经营的理念。这不仅能支持当地经济，还能为游客提供独特的地方体验。最后，颍州西湖可以利用数字营销和社交媒体平台来宣传其绿色营销活动和合作伙伴关系。通过分享关于其环保和可持续旅游实践的故事，可以吸引更多对环保和可持续旅游感兴趣的在线受众。例如，在社交媒体上分享颍州西湖的生态恢复项目、环保活动的照片和视频以及与环保组织合作的故事。

第六章 颍州西湖旅游产品设计与开发的
成果展示

第一节 颍州西湖文旅科技产品设计成果与分析

一、科技与文化的结合

(一) 技术创新应用

在"颍州西湖文旅科技产品设计成果"中，科技与文化的结合通过技术创新应用得以体现，特别是在数字光影技术的运用上。这种结合不仅是在传统文化表达形式上的一次革新，更是在提升游客体验、扩展文化传播途径方面的重要尝试。具体而言，数字光影技术在颍州西湖的应用体现了一种全新的文化展示方式，通过利用高分辨率投影、动态光效和互动技术，创造了一种沉浸式的观看体验，使得游客可以更直观、更生动地感受到颍州西湖的文化魅力。这种技术的运用不局限于静态展示，更多通过动态变化、互动反应等方式，让文化展示变得更加生动和吸引人。

技术创新应用还体现在将传统文化与现代科技相结合的尝试上，例如，通过数字化手段重新解读和展现欧苏诗词，不仅增强了文化内容的吸引力，也让游客能够更加深刻地理解这些文化。这种结合不仅是在视觉效果上的创新，更重要的是它为传统文化的传承和创新提供了新的路径。技术创新在提升游客体验方面也发挥了重要作用，通过互动技术，游客不再是被动的观众，而是成为体验的一部分，通过互动参与到文化展示中。这种参与感和互动性大大提升了游客的体验质量，使得文化学习变得更加有趣和富有吸引力。更重要的是，技术创新还对文化传播途径产生了影响。通过数字化和网络化手段，颍州西湖的文化内容可以更广泛地传播到不同的群体和地区，尤其是传播给年轻一代和国际游客。这种跨越空间和文化界限的传播方式，为颍州西湖的文化传承和推广开辟了新的可能。

（二）文化内容融合

将欧苏诗词与颍州西湖的自然美景结合，可以创造一种新的文化体验方式。在这种体验中，文化和自然不再是孤立存在的两个部分，而是相互交织、相互映衬。例如，利用数字光影技术将颍州西湖的景观与欧苏诗词相结合，可以让游客在欣赏自然美景的同时，感受到诗词中蕴含的深刻情感和哲学思考。这种结合方式使得文化内容更加生动，更易于触及游客的情感，从而增强文化的传播效果。这种文化内容的融合在提升游客的审美体验方面起到了重要作用，因为通过创新的展示方式，如互动长卷《颍州西湖赋》，将文学艺术与自然景观相结合，不仅增强了展示的吸引力，也丰富了游客的审美体验。这种体验方式能够激发游客的想象力，让游客在感受自然美景的同时，能够深入理解和感受宋代文化的独特魅力。

文化内容的融合还体现在对传统文化的创新性诠释上，在传统文化与现代科技的结合过程中，创造出新的表现形式和解读方式，使得传统文化在现代社会中焕发新的活力。例如，通过现代科技手段重现宋代文化，不仅能使传统文化更加贴近现代人的生活，也能为传统文化的传承和发展提供新的可能性。文化内容的融合也在推动地区文化旅游发展方面发挥了重要作用，将地方特色文化与旅游资源相结合，不仅增强了颍州西湖的旅游吸引力，也推

动了地方文化的传播和旅游业的发展。这种融合为地区的文化旅游发展提供
了新的思路和方向，有助于推动该地区经济的全面发展。

（三）提升游客互动性

在"颍州西湖文旅科技产品设计成果"中，科技与文化的结合显著提升
了游客的互动性，特别是通过互动长卷《颍州西湖赋》的应用。这种创新的
展示方式不仅丰富了游客的体验，还突破了传统旅游的局限，为游客提供了
更加生动和参与性强的文化体验。以下就将颍州西湖文旅科技产品与游客的
互动成果进行概括与分析，如表6-1所示。

表6-1　颍州西湖文旅科技产品与游客的互动成果

与游客互动的成果	描述	详细解释
互动形式	互动长卷《颍州西湖赋》	使用数字技术创造的互动长卷，使游客可以通过触摸和其他交互方式与展示内容互动，提供了一种新颖的参与方式。
参与感增强	增强游客参与感	通过与互动长卷的直接互动，游客可以更加主动地探索展示内容，从而大幅提高其参与感和探索的兴趣。
体验感提升	提升游客体验感	互动长卷通过提供更生动、更具吸引力的展示方式，让游客在感受颍州西湖的文化和历史的同时，获得更加丰富和深刻的体验。
文化传播	促进文化的有效传播	互动性的展示方式更容易吸引游客的注意，有助于更有效地传播颍州西湖的历史和文化，同时激发游客对当地文化的兴趣。
教育意义	提升教育价值	通过互动式学习，游客不仅在游览过程中得到放松，也能更深入地了解和学习颍州西湖的历史文化，增加旅游的教育意义。

如表6-1所示，互动长卷的设计允许游客直接与展示内容进行互动，这
种互动性是通过先进的数字技术实现的，如触摸屏幕、声音识别等交互方
式。游客可以通过这些交互动作与长卷中的内容进行互动，如通过触摸屏幕
来揭示诗词背后的故事或激活特定的动画效果。这种参与方式极大地提高了
游客的参与度和兴趣，让游客在享受文化内容的同时，能够体验到现代科技

带来的乐趣。互动长卷的设计使得文化体验更加个性化和多元化，每位游客在互动过程中的选择和反应都不尽相同，这意味着每位游客都能有独一无二的体验。这种个性化的体验方式不仅让游客能够根据自己的兴趣和节奏探索文化内容，还增加了游客间互动和交流的机会，为游客提供了分享和讨论体验的空间。互动长卷作为一种新型的文化传播手段，有效地将传统文化与现代科技结合起来。在这种结合下，颍州西湖的自然美景和欧苏诗词得到了全新的呈现，既保留了文化的原始魅力，又赋予了其现代感。这种融合不仅吸引了更广泛的游客群体，特别是年轻人，也为传统文化的传承和发展开辟了新的路径。通过增强游客的互动性，颍州西湖景区提高了游客的满意度和留存率。

（四）文化传播的新方式

在颍州西湖文旅科技产品设计中，科技与文化的结合创造了文化传播的新方式，主要通过将先进的科技手段与传统文化内容的结合来实现。例如，颍州西湖景区利用数字光影互动技术，将传统的欧苏诗词与现代的视觉艺术相结合，创造出全新的体验式展示方式。这不仅为游客提供了更加沉浸和互动的体验，也使得传统文化在现代社会中获得了更广泛的传播。这种新的文化传播方式还体现在它的互动性上，通过对互动技术的应用，游客不再是被动的接收者，而是能够主动参与到文化体验中。

这种新的文化传播方式在提高传播效率方面也表现突出，传统文化的传播往往受限于时间和空间，而科技的应用则突破了这些限制。通过数字化的展示和网络的传播，颍州西湖的文化内容可以迅速传播到更广阔的受众群体。这不仅使得更多游客能够接触和了解到颍州西湖的文化，也为文化遗产的保护和传承提供了更多的可能。这种新的文化传播方式还有助于提升文化内容的现代感和创新性，通过与现代科技的结合，传统文化可以以更加现代化的形式呈现，更加符合当代社会的审美和消费习惯。这不仅增强了传统文化的生命力，也使其与现代社会更好地对接和融合。

二、传统与现代的融合

（一）设计理念的结合

在颍州西湖的文旅科技产品设计中，传统与现代的融合尤为显著，特别是在兰园的设计理念中。这种结合不仅展现了对传统文化的尊重和继承，也体现了现代设计和技术的创新应用，为游客提供了一个既古典又现代的旅游空间。兰园的设计灵感来源于传统的中国园林，采用了院落式布局。这种布局的特点在于其对自然和谐的追求以及空间布局的精心安排，旨在营造一种宁静而平和的氛围。在兰园中，这种传统元素与现代文化展示相结合，展现了一种中西合璧的设计理念。这种设计不仅保留了传统园林的韵味，也引入了现代的展览和体验元素，使之成为一个集文化展示、艺术欣赏与自然体验于一体的综合空间。

具体而言，兰园内部署的苏轼展厅、欧阳修展厅等，不仅展示了这两位文人的文学成就，还运用了现代的展示技术，如互动多媒体、视听设备等，使得展览内容更加生动。这样的设计理念使得游客在感受传统文化魅力的同时，还能享受到现代技术带来的新奇体验。兰园的设计还体现了对生态环境的关注，传统园林讲究与自然的和谐共生，而现代设计则在此基础上加入了生态可持续的理念。例如，园内的植被配置、水体管理等都兼顾了生态保护和美学需求，展现了一种对传统文化和现代生态价值的共同尊重。兰园的设计还展示了对游客体验的深入考虑，传统园林设计注重创造一种空间感，而现代设计则更加关注游客的互动体验和舒适度。园区内的路径设计、休息区布局等都充分考虑了游客的需求，确保游客在游览过程中能够得到最佳的体验。

（二）文化遗产展示

在颍州西湖的文旅科技产品设计中，文化遗产展示的重要性同样不容忽视。苏轼展厅和欧阳修展厅作为颍州西湖文化遗产的重要展示窗口，深入挖掘了这两位文人与颍州西湖的历史联系。展厅内不仅展出了二人的诗词手稿、书信副本以及相关的历史文献，还通过现代化的展示技术，如多媒体和虚拟展览，使历史人物和故事更加生动地呈现在观众眼前。这种展示方式不仅使游客能够更直观地了解历史文化，也提高了展览的趣味性和教育价值。

展厅的设计和布局体现了传统文化与现代审美的融合，展厅内部的装饰和布置既保留了古典元素，如传统的书法字画和装裱，又融入了现代设计元素，如简洁明快的展示架和各种现代艺术装置。这种设计旨在创造一种时空交融的感觉，使游客在观赏时能够感受到历史与现代的无缝融合。通过这些展厅的设置，颍州西湖的文化遗产得到了更广泛的传播。这不仅对本地居民具有重要的文化教育意义，也对外地游客具有吸引力。展厅成了连接过去和现在、本地和外地的桥梁，促进了文化的交流和理解。展厅还扮演着文化遗产保护和传承的重要角色，通过展示欧苏等文人的作品和生活轨迹，展厅不仅讲述了颍州西湖的历史故事，也向公众传达了保护文化遗产的重要性。这种展示方式有助于提高公众对历史文化遗产价值的认识，同时激发公众对文化传承的兴趣和责任感。

（三）现代化体验的提供

颍州西湖通过利用现代化的展示技术，如数字光影、VR 和 AR，使传统文化在现代观众面前焕发新生。这些技术使得宋代的文化和历史得以以更为生动和互动的方式呈现。例如，通过 VR 技术，游客可以穿越时空，置身于宋代的颍州西湖，亲眼见证当时的社会生活和文化风貌。这种现代化体验还体现在互动展览和体验活动上，景区通过触摸屏、互动游戏等方式，深入了解宋代文化的各个方面。例如，游客可以通过互动展览亲手尝试宋代的艺术创作，如书法和绘画，从而更加贴近宋代文人的生活和艺术实践。

现代化体验还包括将文化内容与现代旅游需求相结合的设计理念，具体而言，颍州西湖在保持景区传统韵味的同时，引入现代化的便利设施和服务，如电子导览、多语种解说等，以满足不同背景游客的需求。这不仅使得游客能够更轻松地游览和了解景区，也提高了游客对宋代文化的参与度。现代化体验还包括对传统文化的创新性解读和展示，例如，颍州西湖通过结合现代艺术和设计手法，为传统宋代文化赋予了新的解读和表达方式。这种创新性的体验不仅拓宽了游客对宋代文化的认知，也使得传统文化更加符合现代审美和文化趋势。

（四）文化教育的功能

在颍州西湖文旅科技产品设计中，传统与现代的融合体现在文化的教育功能上。这种设计不仅为游客提供了观光娱乐的体验，更重要的是，它起到了传递和传承文化知识的作用。其中，颍州西湖通过创新的展览和体验活动，使游客能够亲身体验并学习宋代文化。例如，在苏轼和欧阳修的展厅中，游客不仅可以欣赏到这两位文人的作品，还能了解二人的生平和文化背景。这种互动式的展览设计使得文化学习变得更加生动和吸引人，有助于提高游客对宋代文化的兴趣和理解。

颍州西湖利用现代科技手段，如数字光影互动和虚拟现实技术，将文化内容以更加直观和互动的方式呈现给游客。这些技术不仅提高了展示的吸引力，也使得复杂的历史和文化内容更易于被公众理解和接受。例如，通过虚拟现实技术，游客可以"穿越"回宋代颍州西湖，亲身体验当时的生活场景，从而更深刻地理解历史和文化。颍州西湖的设计还注重将教育融入游乐体验中，而这意味着游客在享受休闲和娱乐的同时，不知不觉中学习到关于宋代文化的知识。例如，通过参与文化体验活动，如书法和绘画工作坊，游客不仅能体验宋代的艺术创作过程，还能学习到相关的历史知识和文化内涵。颍州西湖的文化教育功能还体现在其对年轻一代的吸引力上，通过将传统文化与现代科技和创新理念相结合，颍州西湖成功地吸引了年轻游客，让游客对传统文化产生兴趣。这不仅有助于传承和弘扬传统文化，也为文化旅游行业带来了新的活力和发展机遇。

三、基础设施与旅游产品开发

（一）基础设施的完善

在颍州西湖文旅科技产品设计的背景下，基础设施的完善成为推动旅游产品开发和提升游客体验的重要环节。基础设施不仅是景区运营的基石，更是提高游客满意度和吸引力的关键因素。其中，深刻意识到基础设施的完善有助于提升景区的整体运营效率和游客体验质量。良好的基础设施，如便利的交通连接、清洁的公共卫生设施、有效的信息指示牌等，不仅能为游客提供便捷的访问体验，也能显著提升游客对景区的整体印象。

与此同时，基础设施建设与科技的融合也是提升游客体验的关键，例如，颍州西湖可以通过安装智能导览系统和 Wi-Fi 热点，提供数字化的旅游服务，如电子地图、语音导览、即时信息更新等。这些科技应用不仅增强了游客的互动性，也使得景区信息更加容易获取，提高了游客的满意度。基础设施的完善还包括对环境友好型设施的建设，如节能照明、垃圾分类回收系统等。这些设施不仅有助于保护景区的自然环境，也是景区可持续发展战略的重要组成部分。通过这些环保措施，颍州西湖可以兑现其对环境保护的承诺，同时提高游客对生态旅游的认知。另外，基础设施的完善还涉及提升紧急服务和安全措施。这包括医疗急救站的设置、监控系统的安装以及紧急疏散路线的规划。通过这些措施，可以确保游客在遇到突发情况时能够迅速得到帮助，增强了游客的安全感。

（二）产品多样化发展

在颍州西湖文旅科技产品设计过程中，产品多样化发展是实现旅游业长远繁荣的关键。多样化的旅游产品不仅能满足不同游客的需求，还能增强景区的吸引力，提升游客体验。颍州西湖景区通过开发多样化的旅游产品，吸引不同兴趣和需求的游客群体。例如，针对历史文化爱好者，可以开发以欧苏诗词为主题的文化探索游，如诗词朗诵会、文学讲座等。针对自然爱好者，提供自然探索活动，如环湖徒步、鸟类观察等，让游客近距离感受自然之美。

科技的融合也是产品多样化的重要部分，例如，通过 AR 或 VR 技术，为游客提供虚拟现实体验，使其能够在不离开景区的情况下，体验宋代颍州西湖的历史风貌。此外，数字光影互动长卷《颍州西湖赋》等高科技展示，为游客提供了沉浸式的互动体验，增强了游客的参与感和体验感。针对家庭游客，颖州西湖可以开发亲子互动活动，如寓教于乐的亲子游戏、自然环境教育活动等，满足家庭游客对于休闲和教育的双重需求。对于年轻游客，可以提供更具探险和挑战性的活动，如户外探险、文化体验等，满足游客对新奇体验和个性化活动的需求。颖州西湖景区还可以通过举办特色节日活动、主题市集等，提供与众不同的旅游体验。例如，举办宋韵文化节、欧苏文化节等，让游客在参与文化活动的同时，深入了解颖州西湖的文化内涵。

（三）长期发展规划

在颖州西湖文旅科技产品设计成果中，长期发展规划扮演着至关重要的角色。景区虽然目前正处于运营初期，但其长远发展的潜力和重要性不容忽视。长期规划的制定和实施对于景区未来的可持续发展至关重要。以下就针对颖州西湖文旅科技产品设计的长期发展规划进行系统性的概述和深入分析，如表 6-2 所示。

表 6-2　颖州西湖文旅科技产品设计的长期发展规划

阶段性规划	描述	详细解释	目标与展望
运营初期	初期基础设施建设	在运营初期，颖州西湖主要聚焦于基础设施建设，如道路、服务中心等，为游客提供基本的旅游设施。	逐步完善基础设施，增强游客的访问体验。
长期潜力识别	发展潜力评估	对颖州西湖的旅游资源和潜在市场进行深入评估，识别长期发展中的机会。	发掘新的旅游资源和产品，持续吸引不同类型的游客。
持续发展	战略规划	强调持续发展的重要性，并制定长期的战略规划，包括文化保护、环境可持续性等方面。	实现景区的经济、文化和环境的可持续发展。
旅游产品创新	新产品开发	探索和开发新的旅游产品和服务，如互动体验、文化教育项目等，以提高游客的参与度和满意度。	不断创新和升级旅游产品，提升景区的吸引力和竞争力。
长期合作伙伴关系	建立合作网络	与政府机构、企业和文化团体建立长期合作伙伴关系，共同推动景区的发展。	利用合作伙伴的资源和专长，实现共赢发展。

如表 6-2 所示，长期发展规划需要基于对当前资源和潜力的深入理解，颍州西湖景区有丰富的文化资源和自然景观，这些都是未来发展的宝贵资产。规划时，应考虑如何有效利用这些资源，同时保护和维护其文化和自然价值。例如，通过恢复和保护欧苏文化遗迹，吸引文化旅游爱好者，也能在保护历史文化遗产的同时，提升游客体验。长期规划应包括对基础设施的持续投资和改进，基础设施的完善对于提高游客满意度和景区吸引力至关重要，包括改善交通连接、增强住宿设施、丰富游客服务中心等，都是长期规划中需要考虑的关键方面。此外，加强对现有景点的维护和升级，确保游客得到最佳的旅游体验。长期规划应重视旅游产品的创新和多样化，为了吸引和满足不同兴趣和需求的游客，景区需要不断创新和开发新的旅游产品。这包括特色文化体验活动、主题节庆活动、互动科技展示等。这些创新产品可以提高游客的参与度，增强其对景区的兴趣和回访意愿。长期规划还应包括环境保护和可持续发展战略，随着可持续旅游越来越受到重视，景区需要制定和实施环保策略，如采用绿色能源、减少废物排放、提高资源利用效率等。这不仅有助于保护颍州西湖的自然环境，也符合现代旅游趋势和游客期望。长期规划还应考虑与当地社区的合作和共赢，景区的发展应与当地经济和社区发展相结合，为当地居民提供就业机会，支持当地文化和艺术活动。通过这种方式，景区可以成为当地社区的一部分，形成互利共赢的局面。

（四）提升游客满意度

为提升游客满意度，首先需要聚焦游客体验的各个方面。这包括从游客进入景区的那一刻起，提供清晰的指示标识、方便的交通服务、高效的入场流程以及友好的客户服务。每个环节都应设计得尽可能地顺畅和愉快，从而确保游客在景区的每一步都感到满意。定期更新和升级旅游设施和服务是提升游客满意度的关键，这包括改善休息区、提供更多餐饮选择、增设儿童娱乐设施、提高无障碍设施的可用性等。此外，保持景区的清洁和维护，也是确保良好游客体验的重要因素。

对于旅游产品的开发，重点应放在创新和多样化上。例如，开发主题活动、文化体验工作坊、互动展览等，这些活动旨在吸引不同年龄和兴趣的游客，提供更加个性化和记忆深刻的体验。此外，结合当地文化特色的产品和服务，如地方手工艺品展示、特色美食体验等，更好地展示颍州西湖独特的文化魅力。利用科技提升游客体验也是提高满意度的重要途径，例如，通过移动应用提供实时导览服务、在线预订和支付系统、虚拟现实或增强现实体验等，不仅可以方便游客，也可以提高互动性和趣味性。有效的反馈机制对于提升游客满意度至关重要，这包括设置意见箱、进行问卷调查、监测在线评价等，以便及时了解游客的意见和建议。通过分析这些反馈，景区可以不断调整和改进其服务和设施，以更好地满足游客的需求。

四、文化旅游资源的深层探索

（一）文化资源的挖掘

在颍州西湖文旅科技产品设计成果的背景下，对文化资源的深度挖掘和利用是关键的一环。颍州西湖不仅是一个自然风景区的代表，更是一个承载丰富历史和文化遗产的宝地。因此，对这些文化资源的探索和应用，对于提升旅游体验的质量和深度至关重要。文化资源的挖掘从历史和文化的维度进行，颍州西湖与众多历史人物，如欧阳修、苏轼等，有着密切的关联。对这些历史人物的生活轨迹、文学作品以及二人与颍州西湖的关系进行深入研究，可以丰富游客对这些文化遗产的了解。例如，通过组织专题展览，或是通过数字媒介重现历史场景，可以使游客更生动地体验到历史文化的魅力。

除了历史人物和事件，颍州西湖周围的自然景观、建筑物、民间传说等也是重要的文化资源。对这些元素的挖掘和展示，不仅能增强游客的文化认知，还能提升景区的文化氛围。例如，通过恢复和重现古代建筑风格，或是通过传统艺术表演形式如戏剧、音乐会等，可以使游客更深刻地体验到宋代文化的独特魅力。颍州西湖的文化资源挖掘也应结合现代科技手段，利用AR、VR等技术，可以创造出更具吸引力和互动性的文化体验。例如，通过虚拟技术重现宋代颍州西湖的景象，游客可以通过沉浸式体验更直观地感受到历史的气息。同时，对颍州西湖的文化资源进行挖掘还应充分考虑当地居民的参与和意见。地方居民不仅是文化传承的重要载体，也是文化资源利用的直接受益者。通过与当地社区的合作，如举办文化节、工艺展览等活动，可以更好地活化和利用这些文化资源，也能增强景区与当地社区的联系。文化资源的挖掘和利用还需要持续地更新和创新，这意味着不断寻找新的视角和方法来展现颍州西湖的文化魅力，不断探索符合现代游客口味和需求的展示和体验方式。例如，结合故事讲述、互动游戏等元素，可以使文化体验更加生动和有趣。

（二）地区文化发展的推动力

颍州西湖的文化旅游资源开发，特别是其与科技结合的新型旅游产品，已成为推动地区文化发展的关键动力。颍州西湖的成功不仅在于其自然美景的展示，更在于有效地挖掘和利用这些美景背后的深厚文化内涵，从而创造独特的旅游体验。表 6-3 将地区文化发展的推动力进行了具体概括，并在下文中将概括的观点做出具体论述。

表 6-3　地区文化发展的推动力

成果	描述	目标与策略
文化资源的价值	强调颍州西湖作为一个具有丰富历史和文化价值的旅游目的地，特别是在传播宋韵文化和欧苏文化方面的重要性。	开发与颍州西湖相关的文化产品和服务，如文化主题旅游、教育旅游、文化体验活动等，以提升颍州西湖作为文化旅游目的地的吸引力。
地区经济的促进	利用颍州西湖的文化资源推动地区经济增长，包括旅游、餐饮、住宿、纪念品销售等相关产业。	通过整合地区资源，创造多元化的经济活动，促进就业，提升地区的经济状况和居民的生活水平。
文化传承与创新	在保护和传承颍州西湖传统文化的基础上，注入创新元素，使之符合现代旅游市场的需求。	结合现代科技和市场策略，创造新型的文化旅游产品，如 AR/VR 体验、互动艺术展览等，使传统文化焕发新生。
教育与社会责任	将颍州西湖的文化资源用于教育目的，提升公众对地区历史和文化的认知，增强社会责任感。	举办文化讲座、学校合作项目、社区活动等，促进文化知识的传播和社会对文化遗产的保护意识。
跨界合作与资源整合	与不同领域的机构和企业合作，如文化机构、科技公司、教育机构等，共同开发和推广颍州西湖的文化旅游资源。	通过跨界合作，整合各方资源和专长，共同创造有吸引力的文化旅游产品，增强颍州西湖在文化旅游领域的竞争力。

如表6-3所示，颍州西湖的科技融合展示方式，如数字光影互动长卷《颍州西湖赋》，使得传统文化在现代语境中焕发新生。这种创新方式不仅增强了游客的互动体验，还使得颍州西湖的文化遗产更加生动、易于理解和接受。颍州西湖不仅成为一个观光目的地，更成为文化学习和体验的场所，吸引了更广泛的游客群体。颍州西湖在展示和传承传统文化方面的努力，特别是对宋代文人欧苏文化的深入挖掘，为当地文化旅游注入了新的活力。通过将这些历史文化元素与现代旅游需求相结合，颍州西湖不仅保存了当地的文化遗产，还促进了当地文化的传播和普及。这种结合传统与现代的做法，为其他地区的文化旅游发展提供了重要的借鉴。颍州西湖的文化旅游资源开发，特别是对宋韵文化的深度挖掘，已经成为推动地区文化发展的强大引擎。通过吸引国内外游客，颍州西湖不仅提升了地区的文化影响力，还促进了地方经济的发展。这种发展模式展示了如何通过文化旅游资源的开发，带动整个地区的文化和经济发展。颍州西湖在促进文化与旅游的融合方面所做的尝试和创新，已经成为地区文化发展的重要推动力。通过将传统文化资源与现代科技相结合，颍州西湖不仅为游客提供了独特的体验，还激发了游客对地区传统文化的兴趣和热情。这种做法不仅丰富了当地的文化生活，还为未来地区文化旅游的发展奠定了坚实的基础。

（三）增强品牌影响力

在颍州西湖文旅科技产品设计成果中，增强品牌影响力是实现文化旅游资源深层探索的关键策略之一。有效利用颍州西湖的丰富文化资源，不仅可以提升游客的体验质量，还可以增强景区的品牌吸引力，进而在竞争激烈的旅游市场中占据有利地位。其间，高度明确了品牌影响力的提升需要通过创新的展示和传播方式来实现这一思想。颍州西湖的文化旅游资源，特别是与欧苏文化相关的元素，需要通过更加生动和创新的方式向游客呈现。例如，结合现代科技如 AR、VR 技术，创造沉浸式的体验空间，使游客能更深入地感受颍州西湖的历史和文化魅力。

增强品牌影响力需将与时俱进作为制定市场营销策略的基本原则，利用社交媒体、数字营销等现代传播手段，可以将颖州西湖的文化故事和特色体验有效地传达给更广泛的受众群体。例如，通过制作吸引人的视频内容、互动社交媒体活动或与知名网红和旅游博主的合作，可以提高颖州西湖在网络上的可见性和吸引力。加强与地方文化和社区的结合也是提升品牌影响力的重要手段，通过与当地艺术家、手工艺人的合作，开展地方文化艺术展览或工作坊，不仅能展示颖州西湖独特的文化特色，也能增加游客的参与感和归属感。另外，加强教育性和知识性的活动也是增强品牌影响力的重要方式。例如，举办关于宋代历史文化的讲座、教育项目，或是开展以颖州西湖为主题的学术研究和文化交流活动，不仅能吸引对历史文化感兴趣的游客，还能提升颖州西湖在学术和文化界的地位。需要特别关注的是，持续的品牌管理和维护也是提升品牌影响力的关键。通过定期评估和调整营销策略，不断优化游客体验以及保持品牌形象的一致性和专业性，可以确保颖州西湖在旅游市场中保持强劲的竞争力。

（四）发挥文化旅游的示范作用

纵观颖州西湖文旅科技产品设计所取得的成果，特别是在文化旅游资源的开发和利用方面，为其他地区的旅游建设提供了一个鲜明的示范作用。颖州西湖结合当地独特的历史文化特色与现代科技，创造了一个新颖而引人入胜的旅游目的地，展示了如何将传统文化资源与现代旅游需求相结合的成功案例。其间，颖州西湖的文化旅游发展着重于历史与现代的融合，通过使用数字光影技术，如《颖州西湖赋》这样的互动展览，颖州西湖将宋代诗人欧苏的诗词与自然美景结合，提供了一种全新的文化体验方式。这种方法不仅保留了文化的本质，还通过现代技术增强了游客的参与感和沉浸感，展示了传统文化在现代语境下的活力和相关性。

颖州西湖在文化展示和教育方面也取得了显著成就，通过苏轼展厅、欧阳修展厅等，颖州西湖不仅向游客展示了两位文人的历史和文化遗产，还通过现代化的展示手段，使文化教育变得更加生动和易于理解。这种结合传统与现代的展示方式，为游客提供了一种既有教育性又有娱乐性的体验。颖州西湖还在基础设施建设和旅游产品开发方面做出了巨大努力，展示了如何在保护历史和文化遗产的同时，寻找新的旅游吸引点。通过对基础设施的不断完善和旅游产品的多样化，颖州西湖不仅提升了游客的整体满意度，还增强了其作为旅游目的地的吸引力。颖州西湖在文化资源的深度挖掘和利用上也发挥了示范作用，通过深入探索和利用颖州西湖丰富的文化资源，颖州西湖不仅增强了自身的品牌影响力，也为阜阳市乃至更广泛地区的文化旅游发展提供了宝贵的经验。

五、后续发展与深入调研

（一）持续的市场调研

在颖州西湖文旅科技产品设计进程中，持续的市场调研发挥了至关重要的作用。通过问卷调查、访谈等方式，调研团队深入理解市场的需求和游客的偏好，从而对产品进行精准地优化和创新。其中，持续的市场调研帮助颖州西湖的管理者和设计者洞悉游客的需求和期望，这些信息对于设计符合游客期望的体验至关重要。例如，通过调研可以了解游客对科技应用在旅游体验中的接受程度，对历史文化的兴趣深度以及游客对互动性体验的偏好。

市场调研提供了关于游客行为模式的宝贵数据，这对于产品设计和服务优化具有重要指导意义。例如，通过分析游客在景区的活动路径、停留时间以及互动点的偏好，可以优化游览路线，增加互动性强的展示点，从而提升游客的整体体验。市场调研还有助于识别新的发展趋势和潜在的市场机会，在当前社会背景下，游客可能更加注重健康安全、环境可持续性或者个性化体验。对这些趋势的洞察可以指导颖州西湖在未来的产品开发和服务创新中，使其能够更好地适应市场变化。同时，市场调研是获取游客反馈的重要渠道，这对于产品和服务的持续改进至关重要。通过游客的反馈，颖州西湖可以不断调整和改善其旅游产品，如增强文化展示的互动性和教育性，改进导览系统的用户友好性。

（二）策略调整与优化

调研结果的深入分析为颍州西湖提供了宝贵的洞察，揭示了当前策略的效果以及潜在的改进空间。例如，如果调研显示游客对某些文化展示或科技体验不够满意，这就是一个调整展示内容或增加新互动元素的信号。同样，对游客行为的分析可以揭示哪些区域或活动最受欢迎，哪些需要进一步提升吸引力。策略调整也涉及新趋势的响应，在不断变化的旅游市场中，新的趋势和需求不断涌现。针对这些变化，颍州西湖可能需要调整其营销策略，重点在于建设宽敞的户外空间和卫生安全的措施。

策略调整还包括对旅游产品的多样化和个性化。随着游客对个性化体验需求的增加，颍州西湖需要不断创新，提供各种不同类型的旅游产品和服务，如针对不同年龄段和兴趣的游客定制的旅游路线和体验活动。策略调整也意味着对技术应用的持续创新，特别是随着科技的发展，新的技术如VR、AR等被广泛应用于旅游行业。颍州西湖可以利用这些技术，为游客创造更丰富、充满互动性的体验，同时提高其文旅产品的吸引力。其间，策略调整与优化是一个持续的过程，这意味着颍州西湖需要不断监测市场变化，评估策略的效果，并根据需要进行调整。通过这种动态的调整过程，颍州西湖能够更好地适应市场变化，满足游客的需求，从而在竞争激烈的旅游市场中保持其吸引力和竞争力。

（三）文旅融合的深化

在颍州西湖的文旅科技产品设计中，文旅融合的深化是一个关键领域，它指的是将文化元素与旅游体验更加紧密和创新地结合起来，创造独特的旅游产品。这种融合不仅加深了游客对地方文化的理解，还增加了旅游体验的吸引力和独特性。以下就针对"颍州西湖的文旅融合深化成果"进行具体归纳，并针对具体成果作出深入的分析，如表6-4所示。

表6-4 文旅融合深化的成果

成果	描述	目标与策略
文旅融合深度	深入挖掘和利用颍州西湖及其周边的文化资源，结合旅游需求创造独特的文化旅游产品。	创造具有地方特色的旅游体验，如以欧苏文化为主题的互动展览和文化体验活动，增强游客对颍州西湖文化的认识和兴趣。
创新产品开发	开发与宋韵文化相关的新型旅游产品，如使用AR/VR技术的互动导览，增加游客的参与度和体验感。	结合最新科技，为游客提供沉浸式和互动式的文化体验，同时增加文化教育元素，丰富游客的知识和体验。
持续调研和反馈	定期进行问卷调查和访谈，收集游客对文旅产品的反馈，不断优化和改进产品设计。	利用游客反馈进行产品迭代，确保旅游产品和服务能够满足不断变化的市场需求和游客预期。
文化传承与创新	在保持传统文化精髓的同时，加入创新元素，使文化传承更具时代感和吸引力。	结合现代审美和技术手段，创造新型的文化展示形式，如互动艺术装置、现代化表演等，使传统文化与现代生活融合。
合作与资源整合	与当地政府、文化机构、科技公司等建立合作关系，共同推动文旅融合的深化。	通过资源整合和跨界合作，充分利用各方优势，共同打造特色鲜明、高质量的文旅产品和体验。

颍州西湖通过利用其丰富的历史和文化资源，结合现代科技，为游客提供了深入而生动的文化体验。例如，兰园的设计展示了如何将传统文化与现代旅游需求融合，通过展厅和互动展览，游客可以在欣赏自然美景的同时，深入了解宋代的文化和历史。这种设计不仅展示了传统文化，还提供了现代化的教育和体验机会。随着市场的不断变化和游客需求的多样化，颍州西湖正面临着不断创新和发展的挑战。为了应对这些挑战，颍州西湖将继续深化文旅融合，探索更多创新的旅游产品和体验。这可能包括开发更多与地方文化和历史相关的互动体验、增加更多数字化和虚拟现实元素以及设计更多与当地艺术和手工艺相关的体验。通过这种深化的文旅融合，颍州西湖不仅能够更好地满足游客的需求，还能够在竞争激烈的旅游市场中脱颖而出。这种融合还有助于推广和保护地方文化，同时为游客提供独一无二的旅游体验。最终，这将促进旅游业的可持续发展，为当地经济和文化带来长远的益处。

（四）持续发展的基础

在颍州西湖文旅科技产品设计成果中，持续发展的基础是由一系列关键要素构成的。这些要素不仅支持了当前的运营和管理，还确保了景区未来的稳健发展。调研成果在此方面起着至关重要的作用，为景区的长期发展战略提供了坚实的决策支持。调研过程中收集的数据和反馈帮助颍州西湖了解其当前的运营状况，包括游客满意度、设施使用效率、文化和科技产品的受欢迎程度等。这些信息不仅反映了景区当前的表现，还揭示了潜在的改进空间和发展机会。例如，如果某个区域或活动特别受欢迎，景区可以考虑扩大这些区域或类似活动的规模；如果某些设施使用率不高，则需要探索原因并采取相应措施。

持续的市场调研还能帮助颍州西湖及时了解和适应市场趋势和游客需求的变化。在旅游行业，游客的偏好和期望常常会随着时间、文化和经济条件的变化而变化。颍州西湖通过不断地调研，及时捕捉这些变化，从而更有效地调整其产品和服务，以满足市场的实际需求。调研成果还为景区的战略规划提供了关键信息，包括新设施的建设、新服务的推出、营销策略的调整等。通过对调研数据的分析，颍州西湖可以制定更具针对性和效果的战略，确保资源的有效分配和利用。调研有助于颍州西湖识别和利用其独特的文化和历史资源。通过深入了解游客对于颍州西湖的文化遗产和历史背景的兴趣和评价，景区可以更好地规划其文化展示和教育项目，从而增强自身的文化吸引力和教育价值。更重要的是，调研结果的分析和应用也支持了颍州西湖在环境保护和可持续性方面的努力。通过了解游客对于景区环境保护措施的看法和反馈，颍州西湖可以更有效地实施和改进这些措施，从而促进环境的可持续发展，同时提升游客的满意度和参与度。

第二节　颖州西湖历史文化体验式展览馆设计
成果与分析

一、历史文化轴

在颖州西湖体验式展览馆的设计中，历史文化轴的构建是一个关键部分，其主要目的是通过空间视觉设计来呈现和传达颖州西湖丰富的历史文化。这个设计策略不仅重视功能性，还强调空间趣味性和故事性，使得历史文化能够转化为具体的设计实践。[①]

展览馆的空间设计分为两层，每层都围绕特定的历史文化主题展开。一层的设计着重静态展示和文化漫游，其中包括零售业态区域、静态展示长廊、景观模拟展示区、虚拟全息剧院课堂、西湖传奇漫游和西湖故事六大区域。这些区域旨在通过静态和互动元素展现颖州西湖的文化魅力。二层则更加专注于互动体验和娱乐教育。在这里，游客可以通过悬吊穿越体验型罩顶展示区域、静态展区、儿童动画体验区、屏幕交互区域、5D互动体验影院区和 VR 游戏区等多种形式，深入体验颖州西湖的历史文化。这些区域的设计不仅重视视觉效果，还强调互动和参与感，使游客能够更加身临其境地欣赏展览内容。

在展览内容的设计上，颖州西湖的诗词歌赋、各种文化（如宴饮文化、别离文化、四时文化等）以及西湖故事（如胡子国与女郎台、晏殊罢相出知颖州、苏轼颖州西湖祈雨等）被巧妙地融入展览中。此外，历史名人和历史场景的再现也是展览的一大亮点，通过交互播放区域的设计，这些历史元素

---

① 李兴武. 欧阳修与颖州西湖 [M]. 合肥：黄山书社，2013：7.

得以生动展现。这种历史文化轴的设计不仅增强了游客的互动性和体验感，还使得颍州西湖的文化内涵得以更加深入和全面地展示。通过这种方式，展览馆不仅作为一个展示空间，更成了一个文化传播和教育的平台，有效地将颍州西湖的历史文化传承下去，并以新颖的形式吸引着不同年龄和背景的游客。

二、人文景观轴

在颍州西湖历史文化体验式展览馆中，人文景观轴的设计是对展览空间的一种人文主义重构，它不仅重视历史和文化的呈现，更注重展现人与环境之间的互动关系及其在文化创造中的作用。这一设计理念使得展览馆成了一个生动展现颍州西湖人文魅力的平台。人文景观轴是以人为中心的空间规划和设计，展览馆中的空间不单纯是对自然景观的再现，而是融合了人的活动、历史事件以及文化创造，以此展现颍州西湖与人类活动之间的深刻联系。例如，展览空间通过对原景区空间的陈述和创新性重构，让游客能够在体验自然美景的同时，感受到人文历史的深厚底蕴。人文景观轴还巧妙地利用了宋代的文化元素，如歌舞演出和音乐，来增强展览的吸引力和教育性。在虚拟全息剧院课堂等区域，游客不仅能欣赏到高科技手段重现的宋代文化演出，还能通过音乐和表演更加直观地感受到宋代文化的独特魅力。这种多元化的文化呈现方式，不仅让展览馆的人文景观轴更加丰富多彩，也使游客在互动和参与中更深入地理解颍州西湖的历史文化。

人文景观轴构建的核心是将颍州西湖丰富的历史文化与现代展示技术结合，创造一种独特的观展体验，旨在使人们对颍州西湖的历史和文化有更深入的理解。这一轴线的设计灵感源于该地区的独特社会、文化和宗教背景。颍州西湖的每一片水域、每一座桥梁都承载着历史的印记，讲述着古今的故事。展览馆通过精心设计的展示方式，使这些景观现象成为讲述历史和文化故事的媒介。展览馆在展示方法上采用了空间叙述和意义表达的方式。通过5D互动体验区域的应用，游客不仅能够沉浸在颍州西湖的历史文化中，还能够体验到视觉和情感的高潮。这种互动体验区以新奇的方式，让游客在沉浸式环境中探索颍州西湖的美丽和历史。特别是，专题区"飞跃湖面与湖心岛"的设计，提供了一种独特的视角，让游客能够以虚拟的方式体验到湖区的全貌和那些平时无法直接到达的区域。这不仅增加了展览的趣味性，还让游客在视觉上感受到颍州西湖随时间变迁的景观变化。展览馆在整个人文景观轴线的设计中，注重空间与叙事的结合。每一个展区都通过特定的设计元素和交互方式，讲述了颍州西湖不同历史时期的故事。这种设计手法不仅使展览内容更加丰富和多元，还增强了游客的参与感和体验感。

三、公共空间交往探索

（一）人与展陈品的互动

在颍州西湖历史文化体验式展览馆设计的核心之一是公众与展陈品的互动。这种互动不仅是展览的一部分，还是为了增强游客的参与感和体验感而特意设计的。在这个过程中，信息的流通和信息技术的运用发挥着至关重要的作用。这种互动从吸引公众的注意开始，对许多人来说，传统的文化展览可能显得枯燥乏味。因此，体验式展览馆致力于改变这种观念，通过创新的展示手段吸引各类观众，特别是那些通常不会参与文化活动的人群。展览内容的设计旨在激发游客对展品的好奇心，引导游客进行深入探索。接下来，信息技术的应用在游客与展品之间建立了一个互动桥梁。利用线上平台、移动应用程序等信息化工具，参观者可以在参观前后获得关于展览的详细信息，增加了游客对展览内容的理解和兴趣。这些数字工具不仅提供基本信息，还提供了互动学习和交流的机会，使参观者能够深入了解展品背后的故事和历史背景。展览馆中的互动不仅限于数字平台，还包括实体展陈与观众的直接互动。通过使用触摸屏、AR、VR 等现代科技手段，展览馆为游客提供了一种沉浸式的体验。例如，通过 AR 术，游客可以看到历史场景的三维重现，或者通过触摸屏与展品进行互动式学习。

颍州西湖展览馆借鉴微故宫平台的成功经验，利用 VR 技术为游客提供了一种全新的历史文化体验。通过全景 VR 图像，游客可以在虚拟环境中自由探索展览馆，仿佛置身于历史现场。这种技术的应用不仅使得历史文化展示变得更加生动和吸引人，也极大地提高了游客的参与度和互动性。颍州西湖展览馆还注重营造一个多感官的体验环境，除了视觉和触觉的互动之外，展览馆还利用音效和光影，营造出沉浸式的展览氛围。这些多感官的体验使得展览不仅是一种视觉的享受，更是一次全方位的文化探索。通过这些创新的互动设计，颍州西湖展览馆成功地将传统的文化展览转变为一个现代、互动和参与性极强的体验空间。这种设计不仅吸引了更多的游客，还提高了公众对历史文化的兴趣和参与度，从而有效地促进了文化遗产的传承和普及。

（二）人与人的互动

在颍州西湖历史文化体验式展览馆的人文景观轴设计中，人与人的互动起着至关重要的作用。展览馆通过巧妙的空间布局和环境设计，鼓励和促进了访客之间的交流和互动，从而创造了一个独特的社交和文化体验空间。展览馆内的座椅设置着重于促进聚集和交流，座椅不仅是休息的地方，更是交流和社交的场所。通过将座椅布置在展览馆的关键位置，如展览作品附近或者休息区，游客在欣赏展品的同时有机会与他人交流感想、分享观点。这种座椅布局不仅拉近了游客之间的距离，还创造了一个自然而舒适的社交环境。展览馆在科普性空间的设计上也考虑到了交往质量，与传统的景区相比，体验式展览馆鼓励游客深入参与和体验，而不是走马观花式的浏览。通过提供互动式的展览和活动，如互动屏幕、虚拟现实体验等，游客在参与的同时有机会与他人进行交流和讨论。这种参与式的体验不仅增强了游客对文化内涵的理解，也促进了人际沟通和文化交流。展览馆在活动策划方面也重视人与人的互动，定期举办的文化活动、讲座、互动式演出等，都是促进游客之间交流的好机会。这些活动不仅丰富了游客的文化体验，还提供了一个互动和交流的平台。游客可以在这些活动中找到共同的兴趣，促进了社交行为的发生。展览馆的整体环境设计也是促进人与人互动的重要因素，通过舒适的环境设计，如恰当的照明、舒适的温度和宜人的氛围，创造了一个让人愿意停留和交流的空间。这种环境设计不仅吸引游客驻足，还激发了游客之间的交流和社交。

另外，展览馆内部的空间布局精心考虑了各种交流需求，设有私密、半私密以及开放区域，以满足不同游客的社交偏好，如图6-1所示。私密区域为那些寻求安静、个人空间的游客提供了一个适合深思和个人体验的环境。半私密区域则为团体交流提供了理想的环境，允许游客在相对隐蔽的空间中进行交谈和分享。开放区域则鼓励更广泛的社交互动，为大型团体或希望与新朋友互动的游客提供了空间。展览馆内的互动展示内容是促进人与人交流的重要媒介，通过共同体验互动展品，游客之间自然会产生话题和讨论，从而激发交流和分享。例如，互动屏幕、虚拟现实体验和互动展览作品不仅提供了娱乐，还成了人们聚集和交谈的焦点。为了进一步增强社交互动，展览馆还利用了线上社区平台，让游客能够在线上留言和分享自己的观感和体验。这种线上互动不仅延伸了现场体验，还为无法亲临现场的人们提供了参与的机会。在展览馆的公共空间设计上，座椅和休息区的布置也考虑到了促进交流的目的。设置舒适的座椅和休息区，游客被鼓励在参观间隙停下来交谈，分享各自的观点和感受。这些休息区成了人们自然聚集和社交的场所。①

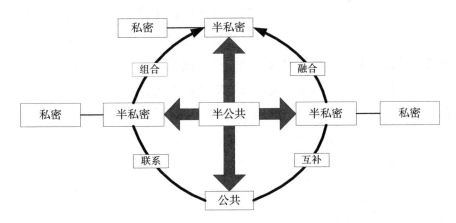

图6-1　颍州西湖体验式展览馆人性化系统空间关系

---

① 鲍诗度，史滕 . 中国城市家具理论研究 [J]. 装饰，2019（7）：12—16.

四、科学技术指导路线

（一）新材料

在颍州西湖历史文化体验式展览馆的设计中，科学技术指导下的新材料应用发挥着至关重要的作用。这些材料不仅满足了展览馆的功能性需求，还赋予了空间独特的美学价值，增强了参观者的体验。展览馆在视听空间的设计上采用了创新的材料，如软性织物材料。这些材料不仅具有良好的吸音性能，其表面的颜色和纹理设计也极富艺术感，为参观者提供了丰富的视觉和感官体验。这种设计理念在体验式展览馆中得以延续，尤其是在虚拟全息剧院课堂等区域，通过这些创新材料，展览馆的墙面变成了一幅幅动态的艺术作品。

展览馆在建筑空间、展示台和装饰材料的选择上强调了环境友好和可持续性。例如，展示台和显示屏采用的是节能无污染的材料，这些材料不仅具有高耐磨性和清洁性，还具备优良的环保性能。这种材料的使用体现了展览馆对环境保护的承诺，也确保了展览馆设施的长期耐用性和安全性。考虑到公共空间的安全性，展览馆特别选用了防火材料和防火技术。例如，防火卷帘门、防火涂料和淋喷式防火系统等，这些措施在保证安全的同时，也不影响展览馆的美观和舒适性。[①] 此外，展览馆还设计了紧急隔离方式和多个逃生通道，确保在紧急情况下参观者的安全。展览馆在材料的选择上不断探索新型材料的创新应用，例如，使用具有变色特性的智能材料，根据光照和观看角度的变化展现不同的颜色和图案。这种材料的使用不仅增添了展览空间的科技感，也为展览馆创造了更多互动和参与机会。在展示技术方面，展览馆运用了最新的显示技术和互动设备。这些技术与新型材料的结合，使得展览内容更加生动和互动。例如，通过触摸屏和智能传感器，参观者可以直接与展品互动，获得更加个性化和沉浸式的体验，如图6-2所示。

---

① 李桂芳.高层建筑防火细节详解[M].南京：江苏凤凰科学技术出版社，2019：2.

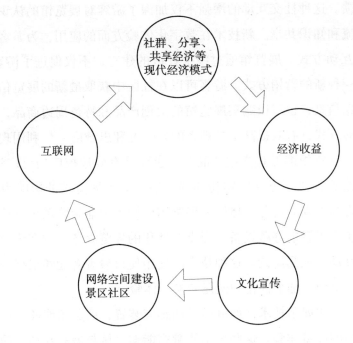

图 6-2　颍州西湖体验式展览馆的技术创新理念模型

在展览馆的设计中，艺术性和功能性的结合是一个重要的考虑因素。新型材料的使用使得展览馆在满足基本功能需求的同时，展现出独特的艺术风格。例如，展览馆的照明设计采用了可以调节强光和色温的 LED 灯，这不仅节能环保，还能根据展览内容和氛围需要调整照明效果。通过新材料和技术的融合，展览馆的互动性和参与性得到了显著提升。例如，利用 VR 和 AR 技术，参观者可以亲身体验历史场景和文化故事，这种互动体验使得文化传播更加直观和生动。新型材料的使用也为展览馆的空间布局提供了更大的灵活性。例如，可移动和可重组的展示台和墙面，允许展览馆根据不同的展览馆需求快速调整空间布局。这种设计使得展览馆能够迅速满足不同主题和活动的需求。

（二）新技术

展览馆通过建立一个专业网络社区，提高了参观者之间的互动和参与度。这个网络平台不仅作为信息交流的场所，还允许游客分享自身的体验、观点和反馈。这种社交互动的增强不仅加深了游客对展览馆的认识，还促进了文化交流和知识共享。新技术在数字化体验方面的应用，为游客提供了一种全新的互动方式。展览馆通过线上社区的建立，不仅促进了游客的参与，还提供了一种新的营销方式。游客可以在社区中获取最新的展览信息、特别活动和优惠信息，也可以购买展览馆的文创产品和特色周边商品，这种线上线下结合的方式，有效提高了参观者的参与度和忠诚度。[①] 利用现代物流和配送技术，展览馆能够将文创产品和特色商品有效地推广到更广泛的受众。这不仅为游客提供了方便的购物体验，还扩大了展览馆的影响力和收入来源。为了提高参观者的导览体验，展览馆应用了智能导览系统。这种系统通过移动设备或者智能穿戴设备，提供个性化的导览服务，如多语言解说、定制路线和互动式展品解读。这种技术的使用使得参观者能够根据个人兴趣和时间安排，享受更加个性化和便捷的参观体验。

利用交互式展示技术，如触摸屏和感应装置，展览馆能够创造更加动态和参与性强的展览体验。这些技术使游客能够直接与展品互动，深化游客对展品背后故事的理解。展品旁的二维码提供个性化的信息和释义，使参观者能够通过手机快速获取有关展品的详细信息，提高了展览的互动性和教育价值。[②] 利用大数据分析游客的行为和偏好，展览馆可以更好地理解游客需求，对展览内容和服务进行优化，提高参观者的整体满意度。通过社交媒体和网络平台进行营销和推广，将展览馆的信息传播给更广泛的受众，同时通过线上社群增强游客与展览馆的联系。[③]

展览馆利用了一系列新技术，包括 VR、AR、互动触摸屏和社交媒体平台，以创新的方式展示颍州西湖的历史和文化。这些技术不仅提高了游客的参与度，还增加了展览的趣味性和教育价值。虚拟现实技术在展览馆中的应

① 胡平.会展旅游概论 [M].上海：立信会计出版社，2006：44—48.

② 黄卿云，费移山，陈凤婷.在关怀中体验：论博物馆中的儿童空间设计 [J].东南文化，2016，11（增刊 1）：54—61.

③ 余文来，智勇，宋晶莹，等.分享经济网红、社群与共享 [M].北京：化学工业出版社，2017：87—91.

用尤为显著，它允许游客通过头戴设备进入一个完全沉浸式的环境，体验颍州西湖的历史场景。这种体验不仅限于视觉，还包括听觉、触觉等多感官体验，使得历史文化教育更加生动和引人入胜。例如，游客可以通过 VR 技术参与宋代的节庆活动，或者亲自体验历史上的重要事件。AR 技术则为游客提供了一个与物理世界交互的机会，增加了展览的互动性和参与感。通过平板电脑或智能手机，游客可以看到展品的三维模型，甚至与之互动。这种技术使得游客能够更深入地了解展品的历史和文化背景。社交媒体平台的利用为展览馆带来了更广泛的观众，通过微博、微信等平台，展览馆能够与游客建立更直接的联系，分享最新的展览信息和活动。同时，游客可以通过这些平台分享各自的体验和感受，提高了展览馆的可见度和吸引力。[1]

---

[1]　何伟.VR＋虚拟现实构建未来商业与生活方式 [M]. 北京：人民邮电出版社，2016：109—112.

第七章 旅游产品的未来趋势与展望

第一节 科技在旅游产品中的应用

一、人工智能客服和个性化推荐

（一）个性化旅游体验设计

在未来旅游产品的发展趋势中，人工智能客服和个性化推荐将发挥关键作用，尤其是在个性化旅游体验设计方面。人工智能技术的进步为旅游行业提供了前所未有的机会，使之能够深入分析游客的行为模式、偏好和反馈，从而为游客提供量身定制的旅游体验。人工智能技术在个性化旅游体验设计中的应用，首先体现在对游客数据的深度分析上。通过收集和处理游客的历史行为数据、搜索偏好、预订记录等信息，人工智能系统能够识别游客的特定需求和兴趣点。这一过程涉及复杂的数据挖掘和机器学习技术，包括模式识别、预测分析和自然语言处理等。例如，人工智能系统可以根据游客以往选择的旅游目的地、活动类型、住宿偏好，分析出游客的旅游风格和偏好，从而为其推荐相似或相关的旅游新体验。

随着大数据和机器学习技术的发展，个性化推荐的准确度和有效性正在不断提高。AI系统不仅能够提供基于历史数据的推荐，还能够实时处理新的用户输入和反馈信息，动态调整推荐结果。这意味着如果游客对某个推荐的反应不积极，AI系统能迅速调整其算法，提供更符合游客期望的选项。AI技术在个性化服务中的应用还体现在游客体验的全过程中。在旅游策划阶段，AI可以帮助游客根据个人偏好、预算和时间安排制订旅行计划。在旅行过程中，AI客服可以提供随时的咨询服务，如实时天气更新、本地活动信息、交通指导等。这种即时响应和个性化服务极大地提升了游客的满意度和旅行体验。未来，随着AI技术的不断发展，预计其在个性化旅游体验设计中的应用将更加广泛和深入。例如，借助（AR）和（VR）技术，AI不仅能推荐旅游目的地，还能提前让游客通过虚拟环境体验目的地的风貌和文化，从而做出更为明智的决策。此外，随着语音识别和情感分析技术的发展，未来的AI系统将能更加精准地理解和响应游客的需求和情感状态，提供更加人性化和富有同理心的服务。

（二）智能客服与实时支持

在未来旅游产品的发展中，AI在客服领域的应用被视为革命性的进步。AI客服机器人作为提供全天候服务的关键组成部分，在快速响应游客咨询和问题方面发挥着越来越重要的作用。这些机器人能够有效处理常见问题，如预订流程、旅游产品详情、旅游建议等，并在必要时将问题转接给人工客服，从而确保服务的有效性，提高游客满意度。AI客服机器人的核心优势在于其能够通过学习和自我优化来不断提升服务质量，这些系统通常采用自然语言处理（Natural Language Processing，NLP）技术，使它们能够理解和解释用户的语言和意图。随着技术的不断进步，这些机器人在理解复杂查询和提供更为精确答案方面的能力正在日益增强。

AI客服不仅限于回答常规问题，还能根据游客的个人偏好和历史行为提供定制化的旅游建议和解决方案。例如，根据游客以往的旅游目的地选择和活动偏好，AI系统可以推荐新的旅游景点或活动。这种个性化的服务在提升游客满意度和增强旅游体验方面发挥着重要作用。AI技术在处理大量查询和交易中的高效性，使得旅游企业能够在降低成本的同时提高服务效率。机器人能够快速处理大量的预订和咨询请求，减轻人工客服的负担，使这些新技术能够专注于更复杂和需要人工干预的任务。在未来的旅游行业中，随着物联网、AR 和 VR 等技术的融合，AI 客服的功能将得到进一步扩展。例如，结合 VR 技术，AI 客服可以提供虚拟旅游体验，让游客在实际出行前就能预览旅游目的地。同样，利用物联网技术，AI 系统可以实时监控和更新关于交通、天气、当地活动等方面的信息，为游客提供更加全面和即时的支持。

（三）智能化的行为分析与市场预测

AI 的核心能力在于处理和分析大量数据，为旅游企业提供深入的市场洞察。这一过程不仅涉及对过往数据的分析，还包括对未来趋势的预测，为旅游产品的规划和管理提供科学依据。AI 系统通过分析游客的搜索行为、预订习惯、反馈和社交媒体活动等，能够深入了解游客的偏好和需求。例如，通过分析游客对不同旅游目的地的搜索频率和预订情况，AI 可以揭示哪些目的地受欢迎以及受欢迎程度。这些信息对于旅游企业至关重要，可以帮助它们制定更具针对性的市场策略。除了对现有数据的分析，AI 还在预测未来市场趋势方面发挥着重要作用。通过机器学习算法，AI 能够预测特定旅游目的地在特定时间的人气趋势，分析节假日、季节变化以及全球事件对旅游需求的影响。这种预测能力使旅游企业能够提前做好准备，优化资源配置，如调整定价策略、加强目的地的营销推广以及优化运营管理。

AI 技术在市场预测方面的另一个重要应用是情感分析，通过分析游客的在线评论和反馈，AI 可以评估游客对旅游体验的满意度和情感倾向。这些信息对于旅游企业改进服务、提升游客满意度极为重要。这些技术还可以帮助企业识别潜在问题，并在问题影响更广泛之前进行干预。在 AI 技术的帮助下，旅游企业能够更有效地对市场进行细分，实现更精准的目标客户定位。AI 系统可以识别不同客户群体的特定需求，为不同市场细分提供定制化的旅游产品和服务。这种细分策略不仅增强了市场营销的效果，还优化了客户的整体体验。未来，随着技术的持续进步，AI 在旅游市场预测和行为分析方面的应用将更加广泛和深入。例如，结合物联网技术，AI能够实时收集和分析来自旅游地点的数据，如游客流量、消费行为等，为旅游管理和服务提供即时的数据支持。此外，随着算法和计算能力的提升，AI预测的准确度和效率将得到显著提高。

（四）智能营销与广告投放

AI技术的发展为旅游企业提供了更加精准和高效的市场营销手段。利用AI进行定向营销和广告投放，能够根据游客的偏好和行为历史提供定制化的营销内容，极大地提高营销活动的转化率，同时减少无效的广告支出。AI技术在旅游市场营销中的应用主要体现在对大量客户数据的分析和处理能力上，通过分析游客的搜索习惯、预订记录、社交媒体活动等信息，AI能够构建游客的偏好画像。在这一过程中，机器学习算法和数据挖掘技术被广泛应用于识别游客的兴趣和需求，从而帮助旅游企业设计更加吸引人的营销策略。

借助AI的预测分析能力，旅游企业可以更准确地预测市场趋势和客户需求。AI系统通过分析历史数据和市场动态，能够预测特定旅游产品的需求波动，帮助企业在正确的时间以最合适的方式向目标客户推广产品。AI技术在个性化广告投放方面同样表现出巨大的潜力。通过对游客行为和偏好的深入理解，AI能够为每位游客提供量身定制的广告内容。这种个性化的广告投放不仅能够提高用户的参与度和满意度，还能够显著提高广告的点击率和转化率。AI技术在智能营销中的另一个重要应用是实时营销优化，AI系统能够实时监测营销活动的效果，根据用户反馈和市场变化迅速调整营销策略。这种动态优化能力使得旅游企业能够灵活应对市场变化，确保营销活动始终保持最佳效果。未来，随着AI技术的不断发展和完善，预计其在旅游产品营销中的应用将更加广泛和深入。例如，结合AR和VR技术，AI可以提供更加互动和沉浸式的广告体验。此外，利用语音识别和情感分析技术，AI能够更加精准地理解和响应游客的需求，提供更加人性化的营销内容。

二、物联网在旅游管理中的应用

（一）智能游客流量监控

物联网技术在旅游管理中的核心作用在于实现实时数据收集和处理。通过在景区安装各种传感器，管理者可以实时监控游客流量和游览行为。例如，通过地面传感器、摄像头和移动设备的数据收集，管理者能够了解哪些区域是游客最密集的，哪些路线最受欢迎以及游客在景区内的分布情况。这种实时监控的数据对于景区管理至关重要，该技术功能不仅可以帮助管理者及时调整资源分配，如在人流密集区域增加安保人员、服务设施和指示标识，还可以有效应对紧急情况，如拥堵、紧急疏散等。通过对游客流量的实时监控，管理者可以采取措施优化游客流动情况，减少拥挤情况，从而提升游客的整体游览体验。

物联网技术在智能化旅游管理中的应用还包括对环境条件的监控，例如，传感器可以用来监测天气条件、空气质量、噪声水平等，这些信息对于确保游客舒适度和安全性至关重要。通过实时监控环境状况，管理者可以及时采取措施应对不利的天气变化或其他环境因素。物联网技术还能与其他系统和技术相结合，如与智能手机应用、AR 和 VR 技术相结合，为游客提供更为丰富的游览信息和体验。例如，通过智能手机应用，游客可以实时了解景区的人流状况、排队时间以及推荐的游览路线。在未来，随着物联网技术的不断发展和完善，其在旅游管理中的应用将更加广泛和深入。预计物联网将在景区的智能化、自动化管理中扮演越来越关键的角色，不仅能够提高运营效率、降低管理成本，还能极大地提高游客的安全感和满意度。

（二）环境监测与保护

在旅游景区安装各类环境监测设备，如空气质量监测器、水质测试仪和噪声水平检测器，可以确保环境质量符合既定标准，从而有效保护自然景观和野生生物，同时确保游客的健康和安全。物联网技术在环境监测方面的应用主要体现在其能够实时收集、传输和分析环境数据等方面，通过部署传感器网络，旅游景区管理者可以实时获取关于空气质量、水体状况、噪声水平以及其他环境因素的详细信息。这些信息对于及时识别和应对环境问题至关重要，如空气污染、水体污染和过度噪声等。

物联网技术还能帮助旅游景区更加高效地进行资源管理和环境保护，例如，通过监测游客活动的分布和强度，管理者可以及时调整游客流向，避免对脆弱生态区域造成过大压力。同样，针对需要保护的野生动植物栖息地，物联网技术可以提供宝贵的数据支持，制定更加科学的保护策略。物联网技术在环境监测方面的另一个重要应用是促进能源和资源的高效利用，通过对能源消耗、水资源使用和废物处理等方面的监测，物联网技术可以帮助景区优化资源配置，降低能耗，减少对环境的负担。例如，智能水资源管理系统可以减少水资源的浪费，智能照明系统可以降低能源消耗。未来，随着物联网技术的进一步发展，其在环境监测与保护方面的应用将更加广泛和深入。例如，结合卫星遥感和无人机技术，物联网系统可以实现对旅游景区更大范围和更高精度的环境监测。此外，利用大数据分析和人工智能技术，物联网系统将能够更准确地预测环境变化趋势，为环境保护和资源管理提供更加科学的决策支持。

（三）智能导航与信息服务

通过物联网设备，如智能手环或手机应用程序，游客可以享受到更加便捷、个性化的实时导航服务和景区信息，从而极大地提升旅游体验的质量和效率。物联网技术在智能导航方面的应用，主要体现在其能够提供实时、精准的定位服务。这种服务对于游客在广阔的景区中寻找特定景点、设施或服务点尤为重要。利用定位技术，智能导航系统可以帮助游客有效规划游览路线，避免游客迷路或重复行走，从而节省时间并提高游览效率。

物联网技术还能够提供丰富的景区信息服务，通过智能设备，游客可以轻松获取到关于景点的历史背景、文化意义以及相关的趣味信息。这些信息不仅增强了游客对景区的了解和兴趣，还为游客提供了更加深入的文化体验。在个性化推荐方面，物联网技术同样显示出巨大潜力。基于游客的兴趣、行为模式以及实时位置，智能系统可以提供个性化的服务和建议，如附近的餐饮选择、购物推荐甚至是根据天气条件和游客偏好推荐的活动。这种个性化服务不仅提高了游客满意度，还为旅游企业创造了更多的交叉销售和增值服务机会。随着物联网技术的不断发展，未来的智能导航与信息服务将更加智能化、多样化。例如，结合 AR 技术，智能导航系统可以为游客提供更加直观、互动的导览体验。通过 AR 技术，游客可以获取超越传统导航的视觉效果，如三维地图、虚拟景点预览等。随着人工智能技术的融入，物联网系统将能够更加精准地理解和预测游客的需求和行为。这将使得导航和信息服务不仅限于提供实用信息，还能够提供更加智能和个性化的旅游建议，甚至能够预测并及时响应游客的需求变化。

（四）设施与服务智能化

在未来旅游产品的发展趋势中，物联网技术在旅游设施与服务智能化方面的应用预示着行业的重大变革。通过集成物联网技术，旅游设施可以提高能源使用效率、减少资源浪费，并显著提升服务质量和游客满意度。

物联网技术在旅游设施智能化中的应用，从智能照明系统开始，就展示了其节能和提升体验的潜力。通过使用感应器和智能控制系统，照明设施能够根据环境光线和人流自动调整亮度和开关，不仅能节省能源，还能提升灯光的使用效果和舒适度。例如，在日落时自动开启路灯，在无人时降低亮度，既节能又保证了安全。

能源管理系统是物联网技术在旅游设施智能化中的另一项关键应用，通过集成的传感器和智能控制系统，能源管理系统能够实时监测能源使用情况，自动调整能源消耗，提高能效。例如，在能源需求低的时段自动降低空调和供暖系统的运行能耗，从而节约能源成本，减少环境污染。在垃圾收集和管理方面，物联网技术的应用也显著提升了效率和环境友好度。智能垃圾箱可以监测垃圾数量，自动发送收集信号，避免溢出并减少收集次数。此外，对垃圾类型的智能识别和分类，可以有效地进行垃圾回收和资源再利用。随着物联网技术的进一步发展，未来的旅游设施智能化将更加综合和高效。例如，结合大数据分析，物联网系统能够预测设施使用趋势和维护需求，提前进行资源调配和维护工作。这不仅能减少意外故障和降低维护成本，还能确保设施始终处于最佳状态。未来，随着更高一代网络和边缘计算技术的发展，物联网在旅游设施智能化中的应用将更加灵活和迅速。这将使得旅游设施能够实时响应游客需求和环境变化，提供更加个性化和高质量的服务。

三、可持续旅游技术

（一）使用可再生能源

在未来旅游产品的发展趋势中，使用可再生能源成为推动旅游业可持续发展的关键因素。随着全球对环境保护和可持续性的日益关注，旅游业正迅速适应这一变化，通过广泛使用太阳能、风能等可再生能源，以减少对环境的影响。在旅游交通工具方面，使用可再生能源已成为未来的发展重点。太阳能驱动的观光车、电动游览船和使用生物燃料的交通工具，不仅减少了对化石燃料的依赖，还减少了温室气体排放量。这些环保型交通工具不仅提供了清洁、安静的旅游体验，还展示了旅游业对环境责任的承诺。在住宿设施方面，越来越多的旅馆和度假村开始采用风能和太阳能系统。这些可再生能源系统用于供电、供暖和照明，有效降低了能源消耗和碳排放。例如，太阳能热水器和太阳能电池板不仅能满足日常的能源需求，还能减少对传统能源的依赖。

在旅游景区的能源供应上，可再生能源的应用同样重要。太阳能照明系统、风力发电设备和地热能利用不仅提升了景区的能源自给自足能力，还保护了自然环境和生态平衡。这些可持续能源解决方案不仅减少了对环境的影响，还为游客提供了更加绿色和环保的游览体验。除了上述应用，可再生能源还在旅游设施的日常运营中发挥着越来越重要的作用。从灌溉系统到废物处理，再到餐饮服务，越来越多的旅游业务通过使用可再生能源来降低对环境的影响。未来，随着技术的发展和成本的降低，可再生能源在旅游业中的应用将更加广泛。同时，随着全球对气候变化和能源可持续性的关注不断加深，使用可再生能源的旅游产品将更受消费者欢迎。这不仅有助于减少碳排放和保护环境，还有助于提升旅游业的品牌形象和市场竞争力。

（二）节能减排技术

在未来旅游产品的发展趋势中，节能减排技术的应用是推动可持续旅游的核心要素。随着全球居民环境保护意识的提高，旅游业正面临着减少环境影响的重要任务。应用节能技术，如高效能源使用、废物循环利用、低碳交通工具等，对于减少旅游活动的环境影响至关重要。高效能源使用是节能减排技术中的重要一环，这包括优化建筑设计以提高能源效率，如使用高效的隔热材料、光伏发电系统和智能控制系统。这些措施不仅减少了能源消耗，还降低了温室气体排放。例如，通过设计能有效利用自然光和通风的建筑，可以显著降低了对电力和空调的依赖。

废物循环利用是实现旅游业可持续发展的另一项关键措施，建立有效的废物回收和处理系统，旅游企业和景区能够减少对填埋场的依赖，同时减少环境污染。这包括食物废物的堆肥化、回收利用塑料和纸张以及采用生物可降解材料替代一次性用品。低碳交通工具的使用是减少旅游活动碳足迹的重要方式，使用电动或混合动力车辆不仅可以降低污染，还可以提升旅游体验的质量。例如，电动游览车和自行车为游客提供了一种低噪声、零排放的旅游方式，尤其适用于敏感的自然保护区和城市中心。除了上述措施，未来旅游业还将利用更多创新技术来实现节能减排。这包括采用高效的水资源管理系统减少水的浪费、使用可再生能源减少对化石燃料的依赖以及利用智能技术优化运营和服务流程，降低能源和资源消耗。随着技术的发展和成本的下降，节能减排技术在旅游业中的应用将变得更加广泛和高效。同时，随着消费者对环保旅游选择的需求增加，采用节能减排技术的旅游企业将能够获得更大的市场竞争优势。

（三）智慧旅游管理系统

在未来旅游产品的发展趋势中，智慧旅游管理系统的应用将成为关键。

这一系统结合了大数据、物联网和 AI 技术，旨在优化旅游资源管理和提升旅游体验质量。这些技术的应用不仅可以有效监控和管理旅游流量，减轻对环境的负担，还能为游客提供更加个性化的服务。大数据在智慧旅游管理系统中的应用至关重要，通过分析来自不同渠道的大量数据，如游客行为、预订趋势、社交媒体反馈以及天气和交通信息，旅游管理者能够获得更详尽的信息，从而做出更加精准的决策。例如，通过分析历史数据，旅游景区可以预测高峰时段，提前做好人流控制和资源配置。

物联网技术在智慧旅游管理系统中扮演着关键角色，通过在景区安装各类传感器，如环境监测器、流量计和智能导航设备，管理者可以实时获得关于游客流量、环境状况和设施运行的信息。这些信息对于确保游客安全、优化游客体验以及降低对环境的影响至关重要。人工智能技术的应用进一步增强了智慧旅游管理系统的能力，通过机器学习和模式识别，AI 系统可以从大量数据中学习，预测游客行为并提供个性化的旅游推荐。例如，根据游客的偏好和旅游历史，AI 可以推荐最适合的旅游路线和活动，提高游客满意度。智慧旅游管理系统还包括对旅游资源的高效利用和环境保护，通过精确监控资源使用情况，系统可以帮助减少能源浪费、优化废物管理和保护自然景观。例如，智能灌溉系统可以减少水资源消耗，智能能源管理系统可以降低能源消耗。

（四）环保材料的使用

随着全球环保意识的提升和对生态系统保护的需求增加，旅游行业正在逐步转向使用对环境友好的材料。这些材料包括可生物降解的商品、有机纺织品和非毒性清洁用品，旨在减少旅游业对自然环境的负面影响，同时为游客提供健康、安全的旅游体验。可生物降解材料的使用是减少旅游业环境影响的重要方式，例如，一次性用品，如餐具和包装材料，如果采用可生物降解材料，如玉米淀粉基塑料或纸浆，可在自然环境中较快分解，从而减少塑料垃圾的积累和海洋污染。此外，可降解生物材料也可以用于旅游纪念品的制作，降低对非可再生资源的依赖。

有机纺织品的使用在旅游行业也日益普及，这些材料不仅对环境影响小，还能为游客提供更舒适、更健康的体验。例如，使用有机棉或竹纤维制作的床上用品和服装，不但柔软舒适，而且无化学残留，对敏感肌肤友好。此外，这类纺织品的生产过程中减少了化学农药和肥料的使用，有利于保护农田生态和人们的健康。在清洁用品方面，非毒性和环境友好的清洁剂正在成为旅游设施的标准配置。这些清洁剂通常使用天然成分制成，比传统化学清洁剂对环境和人体更安全。例如，使用柑橘油、醋或苏打粉作为清洁剂，既有效又不会造成室内空气质量问题或水体污染。未来，随着新材料和绿色技术的发展，环保材料在旅游产品中的应用将更加多样化和高效。例如，纳米技术和生物工程的进步可能带来更轻、更强、更可持续的材料，用于制造旅行用品和旅游基础设施。同时，随着消费者对环保产品的需求增加，使用环保材料的旅游产品将更受市场青睐，为旅游企业带来竞争优势。

四、数据分析和市场洞察

（一）实时客流分析和管理

随着数据分析技术的进步，旅游景点的客流量可以被实时监测和分析，这对于优化旅游体验和景区运营至关重要。实时客流分析的核心在于通过高级数据分析技术，如大数据分析技术和机器学习，实时监控和分析游客在旅游景点的分布、移动和行为模式。通过安装传感器、使用移动追踪技术，甚至分析社交媒体数据，可以获得关于客流的实时信息。这些数据不仅涉及游客数量，还包括游客的停留时间、偏好路线和活动区域。

这种实时分析能力对景区管理者来说是一种强大的工具，管理者可以使用这些数据动态调整运营策略，以应对不同的客流情况。例如，在检测到某个区域或景点游客过多时，可以及时开放额外入口或出口，调整游览路线，或者部署更多的服务人员和安保措施，以缓解拥挤状况，确保游客安全和舒适。实时客流分析还可以帮助景区管理者优化资源配置和服务提供，通过了解高峰时段和热门景点，管理者可以更有效地分配资源，如指导游客前往人少的区域，增加热门区域的服务设施，或者在必要时实施客流控制措施。随着人工智能和预测分析技术的发展，实时客流分析将更加精准和高效。通过分析历史数据和实时数据，预测模型可以帮助景区预测未来的客流趋势，从而提前做好准备，如调整开放时间、增加活动和服务等。这不仅能提高游客的满意度，还能提升景区的运营效率和收益。实时客流分析和管理的应用还能帮助景区更好地了解游客的需求和偏好，为提供个性化服务提供数据支持。例如，通过分析不同游客群体的行为模式，景区可以设计符合特定游客偏好的活动和服务，提供更加个性化的体验。

（二）情感分析和反馈管理

情感分析技术利用文本挖掘和自然语言处理技术来识别和解释言语中的情感态度，如积极、消极或中性。这一过程涉及从用户生成的内容中提取关键表达，如评价、评论和反馈，然后分析这些表达背后的情感色彩。例如，通过分析游客对酒店住宿的在线评论，可以获得关于客房舒适度、服务质量和设施满意度的情感反馈。通过情感分析，旅游企业可以更有效地理解游客的体验和期望。这种深入的洞察不仅能帮助企业识别服务中的强项和弱点，还能揭示游客的未满足需求。例如，如果大量游客的评论表达了对某个目的地导览服务的不满，那么该目的地或旅游运营商就可以对导览服务进行改进，以提高游客的整体满意度。

除了提供服务改进的指导外，情感分析还可以用于定制营销信息和提升品牌形象。通过理解游客的情感倾向和偏好，营销团队可以设计更具针对性和吸引力的广告和促销活动。同时，正面的游客反馈可以作为品牌宣传的一部分，增强企业的市场竞争力。未来的情感分析工具还可能集成更高级的数据分析和预测技术，如机器学习和人工智能。这些技术能够在更深层次上分析游客反馈，提供更精准的市场洞察。例如，通过分析大量数据，预测模型可以识别即将流行的旅游目的地或活动，帮助企业提前做好市场和资源准备。随着技术的不断发展，情感分析在未来可能会融合更多种类的数据源，如音频和视频内容。这将使得分析结果更全面，为旅游企业提供更丰富的情感和行为洞察数据。

（三）预测分析和需求预测

数据分析工具的应用不仅使旅游企业准确理解未来的市场趋势，还能预测热门旅游目的地、旅游类型的流行趋势以及潜在的新兴市场。这种分析能力对于制定有效的业务策略、优化资源分配和提升竞争优势至关重要。市场需求预测的核心在于运用高级数据分析技术，如大数据挖掘、机器学习和人工智能，分析和解释大量的旅游相关数据。这些数据包括历史销售记录、游客行为模式、社交媒体趋势、经济指标以及其他相关信息。通过对这些数据的深入分析，旅游企业可以洞察未来的市场需求，预测旅游产品和目的地的受欢迎程度。

通过预测热门旅游目的地和旅游类型的流行趋势，旅游企业可以更加精准地制定出相关实体产品和服务。这不仅涉及旅游目的地的选择和旅游路线的设计，也涉及旅游产品的定价策略和促销活动的规划。例如，通过分析流行趋势，企业可以预测某个目的地在即将到来的旅游季节是否将变得热门，并据此调整产品推广策略和资源分配。更重要的是，预测分析还能帮助旅游企业识别潜在的新兴市场，这对于长期的业务增长至关重要。通过分析全球经济趋势、人口统计数据和消费者行为模式，旅游企业可以发现新的市场机会，并开发针对这些市场的定制化产品和服务。未来，随着数据科技的不断进步和创新，预测分析和需求预测将变得更加精准和高效。例如，通过整合实时数据流和动态预测模型，旅游企业可以实时调整其市场策略，以应对快速变化的市场环境。同时，通过利用更高级的数据分析技术，如情感分析和图像识别，旅游企业可以获得更深层次的市场洞察。

（四）智能定价和收益管理

数据分析工具的应用，特别是在定价策略方面，为旅游企业提供了前所未有的机遇。通过分析市场需求、竞争对手价格及其他相关因素，企业能够实现价格的动态调整，从而吸引更多游客并使收益最大化。智能定价策略的核心在于利用大数据分析和机器学习算法来理解和预测市场需求，这些分析工具能够处理来自各种渠道的数据，包括历史销售数据、顾客预订行为、季节性变化、特殊事件以及经济指标等。通过对这些复杂数据的深入分析，旅游企业可以更准确地预测在不同时间段内对特定旅游产品或服务的需求。

利用这些洞察，旅游企业可以实时调整定价策略。例如，在预测到高需求时段，企业可以提高价格以优化收益，而在需求减少的时段，降低价格以吸引更多客户。这种定价策略不仅有助于提升收入，也有助于提高市场的适应性和灵活性。数据分析工具还使得旅游企业能够更有效地进行收益管理，通过对不同销售渠道和客户群体的收益贡献进行分析，企业可以优化其销售策略，如针对高价值客户群体提供定制化的产品和服务，或者通过特殊促销活动来吸引新客户。随着人工智能和机器学习技术的发展，这些工具将能够提供更深层次的市场洞察和预测。例如，通过实时分析社交媒体趋势和顾客反馈，旅游企业可以迅速调整其定价策略，以应对市场变化。

第二节　绿色、可持续旅游产品的发展趋势

一、生态保护和自然体验

（一）可持续的生态旅游项目开发

这种旅游模式注重在不破坏自然生态系统的前提下，为游客提供丰富的自然体验，同时传达环境保护的重要信息。这样的旅游项目不仅满足了人们探索自然和追求可持续生活的愿望，还对保护环境和促进当地社区可持续发展起到积极作用。可持续的生态旅游项目通常涉及一系列与自然密切相关的活动，如生态摄影、野生动植物观察和生态研学等。这些活动让游客有机会亲近自然，观察和学习不同生态系统的独特性。例如，生态摄影活动不仅是对自然美景的捕捉，还是一种深入理解和尊重自然的过程。通过这些活动，游客可以更深刻地了解自然环境的脆弱性和保护环境的重要性。

未来的生态旅游项目将更加注重对自然环境的最小影响，这意味着在设计和实施旅游活动时，将采用更多环保措施，如使用可持续材料建造设施、减少能源消耗和废物产生。例如，一些生态旅游胜地可能采用太阳能供电，使用天然材料建造住宿设施，并实行垃圾分类和回收。未来的生态旅游项目还将更加注重与当地社区的合作和互利共赢，通过与当地社区合作，不仅能带来高额的经济效益，还能促进当地文化的保护和传承。例如，旅游企业可以雇用当地居民作为导游和服务人员，支持当地的手工艺品销售，或与当地学校合作开展教育项目。未来，随着技术的发展，生态旅游项目可能会采用更多创新技术来提升游客体验和降低对环境的影响。

（二）自然保护区的合理利用

通过精心规划和管理，自然保护区不仅能成为展现地球自然美丽和生物多样性的窗口，还能成为教育和启发游客的重要场所。这种旅游模式的核心在于在确保保护区生态完整性的同时，还能为游客提供既具有教育性又具有观赏价值的体验。自然保护区的合理利用需要坚持最小干扰原则，这意味着旅游活动和设施的设计必须尽可能减少对野生动植物栖息地的干扰和对自然环境的破坏。例如，生态步道的设计需要避开敏感区域，确保旅游活动不会影响野生动物的正常活动或破坏植被。同时，游客的数量需要得到严格控制，以避免过度游览带来的负面影响。

在自然保护区内设立观察站和生态教育中心是合理利用这些区域的有效方式，观察站可以让游客在不干扰野生动植物的情况下近距离观察它们，同时通过解说员或信息牌提供有关生物习性和生态系统的知识。生态教育中心则可以通过展览、研讨会和互动活动，向游客说明环境保护和生物多样性的重要性。未来的自然保护区旅游还可能包括更多创新的体验方式。这样的技术不仅能提供独特的旅游体验，还能减少对自然环境的实际影响。未来的自然保护区旅游还可能更加重视与当地社区的合作，通过将当地社区纳入旅游开发项目，不仅可以支持当地经济，还可以促进文化交流和保护传统知识。当地社区成员可以作为导游或讲解员，向游客介绍当地的自然环境和文化。

（三）低影响旅游活动的推广

低影响旅游活动，如徒步、皮划艇、骑行等，不仅减轻了旅游对环境的负担，还为游客提供了更深入自然、体验原始生态之美的机会。低影响旅游活动的核心在于最小化对自然环境的干扰和破坏，这类活动通常不涉及大量的基础设施建设，降低了对自然景观的改变和对野生生物栖息地的影响。例如，徒步活动通常使用现有的小径，而不需要修建宽阔的道路或建筑物，皮划艇和骑行活动则允许游客在不干扰自然的情况下探索自然环境。更重要的是，低影响旅游活动还有助于提升游客的自然保护意识。通过直接接触和体验自然，游客能够更深刻地理解环境保护的重要性，并学习如何负责任地与自然互动。例如，在徒步或野营过程中，游客可以学习到减少垃圾和避免干扰野生动植物的技巧。未来，随着环保意识的提升和可持续旅游的普及，低影响旅游活动可能会采用更多创新和可持续的方式。例如，使用环保材料制作的装备和用品，如可降解的帐篷和背包以及使用太阳能或其他可再生能源的装备，都将减少旅游活动的环境足迹。同时，随着技术的发展，低影响旅游活动也可能与新技术结合，提供更安全、更便利的体验。例如，定位系统和移动应用可以帮助徒步者和骑行者规划路线，避免迷路或进入敏感区域，VR技术可以在不实际进入脆弱生态区域的情况下，提供自然体验。

（四）绿色基础设施的建设

在旅游产品未来的发展趋势中，建设绿色基础设施是实现可持续旅游的关键。这种趋势反映了旅游业对环境保护和可持续发展的日益重视。通过在旅游景区建设绿色、生态友好的基础设施，如使用可再生能源、建设生态厕所、设立垃圾分类回收站等，旅游地能够在满足游客需求的同时减少对环境的影响，提供更加绿色和可持续的旅游体验。绿色基础设施的建设包括多个方面，首要任务是利用可再生能源。太阳能、风能和地热能等可再生能源的使用不仅能减少碳排放，还能降低能源成本。例如，太阳能板可以安装在旅游设施的屋顶上，为建筑物提供清洁能源。同样，风力发电和地热能也可以在适合的地区被利用起来，为旅游景区提供必要的能源供给。

生态厕所的建设也是绿色基础设施的一个重要组成部分，这种厕所设计旨在减少水的使用，同时防止污水污染。例如，干式厕所和堆肥厕所可以在不使用水或使用极少量水的情况下处理排泄物。这样的设施特别适用于水资源稀缺或环境敏感的区域。垃圾分类和回收站的设立也是降低旅游活动对环境影响的重要措施，在景区设立清晰标识的垃圾分类箱，可以鼓励游客对垃圾进行分类。同时，回收站可以处理可回收物料，减少垃圾填埋和焚烧的需求。未来的绿色基础设施可能会采用更多高科技和创新设计。例如，智能能源管理系统可以在整个旅游景区中监控和优化能源使用。雨水收集和循环利用系统也可以在旅游设施中被广泛应用，以减少对地下水资源的依赖。

二、可持续交通工具的应用

（一）电动汽车的推广

电动汽车作为一种绿色交通工具，其在减少排放、降低噪音和改善空气质量方面的优势，使其成为旅游交通的理想选择，特别是在城市旅游和短途旅行中。与传统燃油车相比，电动汽车不产生尾气，从而降低了对空气质量的负面影响。在旅游目的地，尤其是那些空气质量已受到严重影响的城市中，推广电动汽车有助于减少旅游活动对环境的压力。电动汽车的推广还涉及旅游目的地基础设施的改善，其中提供充足的充电设施是鼓励游客使用电动汽车的关键。这包括在旅游景点、酒店和停车场等便捷的地点建设充电站。同时，可以通过优惠政策和补贴，如减免停车费、提供充电优惠等，鼓励游客和旅游服务提供商使用电动汽车。

未来，电动汽车的推广可能会更加侧重集成创新技术。例如，智能充电网络可以根据电网负荷和能源价格动态调整充电速度和时间，以提高能源效率。此外，随着电池技术的进步，电动汽车的续航能力将得到显著提升，使其更适合长途旅行。电动汽车还可能与其他可持续旅游实践相结合，例如，旅游目的地可以通过使用太阳能、风能等可再生能源来为电动汽车充电，进一步提升其环境友好性。同时，旅游企业和服务提供商可以通过采用电动车队来展示其对可持续发展的承诺。在推广电动汽车的过程中，教育和宣传也非常重要。通过向游客宣传电动汽车的环保优势和使用便利性，可以提升游客对使用这类交通工具的接受度和兴趣。同时，可以通过展示成功案例和分享最佳实践，鼓励更多的旅游目的地和游客采用电动汽车。

（二）太阳能和可再生能源驱动的交通工具

这种交通工具的核心优势在于其环保性质，能够在降低碳排放量的同时，为游客提供独特且富有教育意义的旅行体验。太阳能驱动的交通工具，如太阳能船只和电动自行车，已开始在旅游领域获得越来越多的关注和应用。太阳能船只特别适用于河流、湖泊和海岸线旅游，不但减少了对化石燃料的依赖，而且几乎无噪音和尾气排放，保护了水域的自然环境。电动自行车则为城市和乡村旅游提供了一种环保、健康且灵活的交通方式。

未来，太阳能和可再生能源驱动的交通工具可能会采用更先进的技术和设计。随着太阳能板效率的提高和电池存储技术的进步，这些交通工具的续航能力和可靠性将大幅提升。此外，智能技术的集成，如自动导航和实时监控系统，将使这些交通工具更安全、更易于操作。除了太阳能船只和电动自行车之外，未来可能会出现更多创新的可再生能源驱动交通工具。例如，太阳能观光巴士或电动飞行器可以为游客提供新的视角和体验。此外，可持续交通工具的推广也可能与智慧城市和生态旅游目的地的发展紧密结合。为了推动这些交通工具的普及，旅游目的地需要建立相应的基础设施和政策支持。这包括建设足够的充电站、提供经济补贴、设置专用道路和停车区等。此外，通过教育和宣传活动，激发游客对使用可再生能源驱动交通工具的兴趣也至关重要。

（三）低碳航班和航空技术的创新

鼓励航空公司采用更高效、更低碳的飞机和航行技术是降低航空行业碳排放量的关键。这包括使用生物燃料、提高燃油效率和采用更轻的材料等策略。生物燃料作为一种可再生能源，可以显著减少相对于传统航空燃油的碳排放量。生物燃料的来源多样，如油菜籽、藻类和废弃植物油等，它们的使用不仅有助于减少对化石燃料的依赖，还能减少温室气体排放。提高燃油效率是另一种重要的策略，通过设计更加高效的发动机和优化飞机的空气动力学结构，可以显著降低飞机在飞行中的燃油消耗。此外，采用更轻的材料制造飞机，如先进的复合材料，可以减轻飞机的重量，进一步提高燃油效率。

推广直飞航线也是减少航空旅行碳排放的有效方法，直飞航线减少了飞机起降的次数，从而降低了燃油消耗和碳排放。此外，直飞航线还能减少游客旅行的总体时间，提高旅行的效率和舒适性。未来，航空技术的创新可能会包括电动航空和氢燃料技术的发展。电动航空器使用电动机作为动力来源，可以实现零排放飞行。氢燃料飞机使用氢气作为能源，其唯一的排放物是水，是一种极具潜力的低碳航空解决方案。同时，智能航空管理系统的发展也能显著提高航班效率和降低环境影响。通过优化飞行路径、高效管理航班流量和实现更精确的天气预测，可以减少不必要的燃油消耗。

（四）公共交通系统的优化与普及

在旅游热点地区，提升公共交通系统的覆盖和效率是至关重要的，这意味着增加公交线路、扩展地铁系统以及提高这些服务的质量。这种优化能够确保游客和当地居民能够方便、快捷地访问各个旅游景点和城市区域。例如，在大城市中，一个高效的地铁系统可以显著减少对道路交通的依赖，减轻交通拥堵，同时减少城市的碳排放。提供免费或优惠的公共交通服务也是鼓励游客使用公共交通的有效方法，通过降低使用成本，可以吸引更多的游客放弃租车或使用出租车，转而选择更环保的出行方式。此外，通过提供一日票、多日游览票或包含景点入场券在内的综合票务服务，可以进一步提升公共交通的吸引力。

公共交通系统的优化还包括使用更加环保的交通工具，例如，电动公交车和有轨电车不仅减少了噪音和空气污染，还提升了乘坐舒适度。此外，这些交通工具的使用有助于减轻对化石燃料的依赖，降低温室气体排放。智能技术的集成也是公共交通系统优化的重要方式，通过安装实时信息系统，乘客可以方便地获取车辆到达时间、线路状态和拥堵信息，从而做出更加明智的出行决策。此外,移动应用程序可以为游客提供一站式服务,包括路线规划、票务购买和旅游信息。未来,公共交通系统可能会进一步整合共享经济模式。例如,共享自行车和电动滑板车可以作为公共交通系统的补充,为游客提供"最后一公里"的出行解决方案。这不仅增加了出行的灵活性,还有助于减少城市中的车辆数量。

三、绿色住宿和餐饮服务

(一)节能和使用可再生能源

在旅游住宿和餐饮服务中,采用节能设备和可再生能源已成为一种重要的趋势。例如,太阳能热水器的使用可以为酒店客房和餐饮服务提供热水,同时大幅度减少对传统能源的依赖。LED 照明相较于传统灯泡更加节能,寿命更长,能显著降低能源消耗和维护成本。风能和地热能也是可再生能源的重要来源,可以为酒店和餐厅提供电力。这些能源的使用不仅有助于减少温室气体排放,还有助于减少对化石燃料的依赖。通过整合这些可再生能源,旅游住宿和餐饮业可以显著提高其能源效率,同时为游客提供环保的住宿和餐饮体验。

未来,旅游住宿和餐饮业可能会采用更多创新技术来提升节能效果。例如,智能建筑管理系统可以监控和调节能源使用情况,自动调整照明和温控系统能耗,以确保能源效率最大化。此外,建筑设计也会越来越多地采用可持续材料和设计,如绿色屋顶和自然通风系统,这些设计可以减少能源需求,同时提高客人的舒适度。在餐饮服务方面,使用节能厨房设备和采用可持续的烹饪方法将成为趋势。例如,使用高效能的炉灶和烤箱以及鼓励使用当地食材来减少食物运输过程中的碳排放。旅游业还可能采用创新的能源解决方案,如安装小型风力涡轮机和太阳能板来为遥远或偏远地区的旅游设施提供电力。这种做法特别适用于那些难以获得传统电网服务的地区。

(二)水资源的节约与管理

随着全球对可持续旅游的需求增长和环境保护意识的提升,有效的水资源管理策略成为旅游业务运营的一个关键考量。高效的水资源管理策略首先涉及安装节水装置，这包括在酒店客房、公共区域和厨房中使用低流量的水龙头、淋浴头和厕所等。这些节水装置能够显著降低水的使用量，同时保证用户体验的舒适性。此外，循环利用水资源也是一个重要策略，如收集雨水用于浇灌花园和清洗外部设施，或使用灰水（如来自淋浴和洗手盆的废水），发挥其非饮用作用。

鼓励游客参与节水措施是实现水资源可持续管理的另一个关键环节。这可以通过鼓励游客重复使用毛巾和床单来减少洗涤的频率和水的消耗。此外，通过在酒店客房中提供节水信息和建议，可以提高游客的环保意识，让游客了解自己行为对环境的影响。餐饮服务中的水资源管理同样重要，例如，采用节水技术和设备进行食物的准备和清洗以及优化厨房流程以减少水的浪费。此外，对员工进行水资源可持续教育，确保游客能够意识到节水的重要性并在日常操作中实践这一理念。未来，水资源管理可能会更加智能化和自动化。例如，使用智能水表和传感器来监测和控制水的使用，提供实时数据帮助酒店和餐馆更有效地管理水资源。此外，采用先进的水处理和回收技术，如纳米过滤和反渗透系统，可以提高水的再利用率。旅游业对于水资源的可持续管理还应涵盖更广泛的环境保护措施，其中应包括保护周围的水体，如河流、湖泊和海洋，防止污染和过度利用。同时，与地方社区合作，确保旅游活动不会对当地的水资源造成负面影响，特别是在水资源匮乏的地区。

（三）环保材料和产品的使用

随着环境保护意识的增强和可持续发展的追求，旅游业务运营的方式正在发生深刻变革，向着更加环保和可持续的方向发展。在建筑和装修方面，使用环保材料已成为一种重要的实践。例如，选择可持续采伐的木材不仅能保护环境，还能维护森林的健康和生物多样性。同样，使用无毒油漆和建筑材料可以大幅减少室内空气污染，保证客人和员工的健康。这些举措同时展现了旅游企业对环境和社会责任的承诺。

日常运营中使用生物降解的清洁剂和洗漱用品也是提升环保性能的关键措施，这些产品在减少对水体污染方面发挥着重要作用，因为它们在自然环境中能更快更完全地分解。此外，生物降解产品的使用也兑现了旅游业对于减少化学品使用和保护环境的承诺。未来，绿色住宿和餐饮服务可能会进一步拓展环保材料和产品的使用范围。这可能包括更广泛地采用有机纺织品和床上用品，使用回收材料建造家具和装饰品以及在餐饮服务中使用可持续生产的食品和餐具。此外，随着技术的发展，可能出现新型环保材料和产品，如更高效的太阳能系统和更先进的水处理技术。

（四）提供当地有机和可持续食品

使用当地采购的有机和可持续食品在餐饮服务中逐渐成为一种流行趋势。这种做法支持了当地农民和生产者，对当地经济产生了积极影响。通过购买当地产品，可以减少运输过程中的碳足迹，因为食物不必从远处运送而来。有机食品的使用，特别是那些无化学肥料和农药生产的食品，能对环境产生积极影响。有机农业通常更可持续，有助于保护土壤健康、水质和生物多样性。为游客提供有机食品，不仅是一种环境友好的选择，也是对游客健康的重视。

未来，绿色餐饮服务可能会进一步整合当地和有机食品。例如，餐厅可能会根据季节变化和当地可用的食材来调整菜单，确保食物的新鲜度和季节性。此外，餐厅也可能与当地农场合作，食材可直接从农场到餐桌，减少食品供应链的环节。另外，餐饮服务还可能采用可持续的烹饪方法和实践。这包括减少食物浪费、使用节能烹饪设备和方法以及回收厨余垃圾。通过这些措施，餐饮服务可以进一步减轻其对环境的影响。

第三节 全球化与地方化的交融：新的旅游产品机遇

一、全球美食体验与地方特色融合

（一）创新性的菜品设计

在旅游产品的未来趋势中，创新性的菜品设计，特别是将全球美食元素与地方特色融合，成为一种重要的发展方向。这种融合不仅体现了全球化与地方化交融的趋势，也为游客提供了独特的餐饮体验，增强了游客对目的地文化的理解和欣赏。创造独特菜品的一个重要方法是将国际烹饪技巧与本地食材结合，通过这种方式，厨师可以将世界各地的烹饪风格和技术引入当地的食材，创造出既具有国际口味又体现地方特色的菜品。例如，将地中海风格的烹饪方法应用到当地海鲜上，或者将亚洲的调味方式与当地蔬菜结合，创造出新的口味组合。

餐厅还可以通过菜品的故事性来增强客人的体验，通过讲述菜品背后的故事，如食材的来源、烹饪方法的历史或菜品与当地文化的联系，可以增加菜品的吸引力和深度。这种故事性不仅丰富了餐饮体验，还让游客对当地文化有更深的了解和认识。未来，随着越来越多的消费者寻求新奇和个性化的餐饮体验，创新性的菜品设计将变得更加重要。这可能包括使用非传统食材、探索新的味觉组合或采用先进的烹饪技术，如分子美食学。这些创新不仅能提供新的口味体验，还能展示厨师的创造力和技艺。在创新性菜品设计过程中，可持续性和环保也是重要的考虑因素。例如，选择可持续来源的食材、减少食物浪费或使用环保的烹饪方法，这些都是未来餐饮服务的重要方向。通过这种方式，餐厅不仅能提供美味的菜品，还能向游客传达对环境保护的承诺。

（二）文化交流的美食体验

美食作为文化交流的载体，具有独特的优势。每种烹饪艺术都植根于特定的文化背景，反映了当地的历史、传统和生活方式。通过美食，游客能够直观感受到一个地区或国家的文化特色和生活气息。因此，餐厅和美食服务提供者正越来越多地利用这一优势，创造出集文化展示和美食享受于一体的体验。例如，餐厅可以举办各种主题活动，如"美食节""文化之夜"或特定国家的美食庆典。在这些活动中，餐厅不仅提供特色美食，还结合音乐、艺术展示和文化讲座等元素，为游客创造全方位的文化体验。这些活动通常会吸引对特定文化感兴趣的游客，也为当地居民提供了一个探索不同文化的平台。同时，结合当地风味和国际烹饪元素，可以创造出独特的"融合美食"。这种美食不仅展示了不同文化间的相互影响，还促进了美食创新。未来，随着全球化的加深和人们对文化多样性的重视，美食作为文化交流的媒介，其作用和影响力将会进一步增强。餐饮从业者可能会更加注重在菜品设计和餐厅氛围创造中融入更多的文化元素。

（三）本地农产品的推广

当地农产品的推广在餐饮业中尤为显著。将地方特产和原生态食材纳入菜单，不仅能够带给游客独特的味觉体验，还能够向游客展示当地的农业和饮食文化。例如，餐厅可以提供以当地特色农产品为主要食材的菜肴，这样的菜肴不仅味道新鲜，还能够营造出浓郁的地方文化氛围。推广本地农产品也有利于当地经济的发展，通过采购当地农产品，旅游业可以直接支持当地农民和小型农业企业，促进当地经济的循环和增长。这种从农场到餐桌的模式，减少了食物的运输距离和时间，降低了运输过程中的碳排放，同时保证了食物的质量。

推广本地农产品还可以增强游客的参与感和体验感，例如，旅游产品可以包括参观当地农场、参与采摘活动和学习当地烹饪方法等。这样的活动不仅使游客亲近自然，了解食物来源，还能让游客亲身体验当地的生活方式和文化。未来，随着对健康和可持续生活方式的关注增加，本地农产品的推广可能会采用更多创新和多样化的方式。例如，通过数字营销策略，如社交媒体推广、在线美食视频等，可以扩大当地农产品的知名度和吸引力。

（四）可持续餐饮实践

可持续餐饮的一个关键方面是食材的可持续采购。这意味着优先选择当地、有机和公平贸易的食材，这些食材通常对环境的影响较小，能够支持当地农业和社区的发展。例如，使用当地农民种植的有机蔬菜和水果，通过这种方式，旅游业不仅减少了食物运输过程中的碳排放，还为游客提供了新鲜和高质量的食物体验。减少食物浪费也是可持续餐饮实践的一个重要方面，餐饮服务提供者可以通过各种方式来减少浪费，如提供多样化的菜单选择以减少剩余食物，使用食物浪费追踪系统来优化库存管理，或者将剩菜剩饭捐赠给需要的社区。此外，利用创新的保存技术和烹饪方法可以延长食材的保质期，进一步减少浪费。

环保包装材料的使用是可持续餐饮的一部分，为了减少一次性塑料和非可降解材料的使用，越来越多的餐饮服务提供者转向使用可生物降解或可循环利用的包装材料。例如，使用纸质或竹制的餐具以及可堆肥的容器和包装材料。未来，餐饮业在可持续实践方面的创新可能还包括能源效率的提高和废物的综合利用。例如，使用节能的烹饪设备，利用太阳能、风能等可再生能源以及将厨余垃圾转化为肥料或生物能源。

二、深度结合地方文化的国际活动

（一）文化融合的节庆活动

设计和举办结合地方特色与国际元素的节庆活动具有多方面的意义，因为这种结合提供了一个展示地方文化和传统的平台，从而增强了游客对当地文化的认识和欣赏。例如，传统节日的庆祝活动可能融入国际艺术家的表演，或者将当地艺术与国际流行文化相结合，从而创造出独特而新颖的节庆体验。这种融合国际元素的节庆活动也有助于提高活动的国际吸引力，通过融入多元文化元素，节庆活动不仅对当地居民有吸引力，也能吸引来自不同文化背景的游客。这种多元文化的交流和互动有助于增强不同文化间的理解和尊重，也为游客提供了一种独特的文化体验。

在实践中，文化融合的节庆活动可以采取多种形式。例如，可以结合当地民俗的国际音乐节或艺术节，这不仅展现了地方文化的独特性，也为活动增添了国际化的氛围。通过引入国际知名艺术家和表演团队，可以提高节庆活动的质量和专业性，从而吸引更多的游客和媒体关注。同时，这种文化融合的节庆活动也可以作为推动当地经济发展的重要途径。通过吸引国内外游客，可以促进当地酒店、餐饮、交通和零售等行业的发展，从而带动整个地区的经济增长。此外，这些活动也有助于提升当地的国际形象和知名度，从而吸引更多的投资和合作机会。

（二）国际性的体育赛事

马拉松赛事中加入当地的民族传统运动，或在国际足球赛中安排当地传统舞蹈表演。这不仅为参与者和观众提供了多样化的体验，也增强了赛事的文化内涵和吸引力。赛事场馆的布置也是展示地方文化的重要途径。赛事组织者可以在场馆中融入地方的艺术品、手工艺品或象征性建筑元素。通过这样的设计，观众在观赛的同时能够感受到地方文化的氛围和特色。例如，可以在体育场馆内展示地方特色的装饰画或雕塑，或者在休息区设立展示地方文化和历史的展览。

此外，国际性的体育赛事还可以成为推广地方旅游的平台。通过赛事的国际传播，向世界展示地方的自然风光、文化遗产和独特风俗。例如，赛事期间可以组织参与者和观众参观当地的旅游景点，或者安排体验当地特色美食和手工艺的活动。国际体育赛事还有助于提升地方的国际形象和知名度，吸引更多的外国游客和投资。赛事的举办可以带动当地的经济发展，促进酒店、餐饮、交通等相关行业的发展。此外，赛事还可以成为促进地方青少年体育发展和提高健康意识的重要途径。

（三）教育和文化交流活动

在未来旅游产品的发展中，教育和文化交流活动预计将占据显著地位。这类活动通过国际研讨会、工作坊和文化交流的方式，旨在增进对当地文化的理解和尊重，同时促进全球文化之间的对话和交流。教育和文化交流活动的核心是提供一个深入了解和体验当地文化的平台，例如，国际研讨会可以围绕特定的文化主题，如当地的历史、艺术、建筑或社会习俗。通过这些研讨会，参与者可以从国际专家和学者那里获得深入的知识，从而增强对该地区文化的理解和尊重。

工作坊和文化交流活动则提供了更实际的文化体验，这些活动包括当地的艺术工作坊、手工艺教学、传统音乐和舞蹈的体验等。邀请国际艺术家和手工艺人参与这些活动，不仅有助于展示当地文化的独特性，也为参与者提供了直接的文化体验和学习机会。这些文化交流活动也是促进国际文化对话和理解的重要渠道，邀请不同国家的参与者和专家，可以激发跨文化的交流和讨论，增进不同文化间的相互理解和尊重。这种文化交流对于促进国际友好关系和文化多样性的保护具有重要意义。文化交流活动还可以与当地的旅游资源相结合，例如，可以结合当地的历史遗迹或自然景观，设计具有教育意义的旅游路线。这样的结合不仅丰富了旅游体验，也为游客提供了深入了解当地文化和历史的机会。

三、地方手工艺与国际设计理念的结合

（一）创新产品开发

结合地方手工艺的传统技艺与国际化的设计理念，开发独特的旅游纪念品。这种结合不仅突出了地方文化的独特性，也满足了现代消费者对于独特性和新颖性的需求。这种创新不局限于传统工艺品的现代化改造，也包括将现代设计理念融入地方文化中，创造出既具有文化价值又具有现代审美的产品。地方手工艺的传统技艺，如编织、陶瓷、木雕、金属工艺等，是各地文化的重要组成部分。这些技艺往往代表了一个地区的历史、文化和艺术成就。将这些传统技艺与国际化的设计理念结合，可以创造出新颖而具有文化

内涵的工艺品。例如，可以将传统的编织技术用于制作现代风格的包包和配饰，或者将陶瓷艺术与现代设计元素结合，创造出既适用于现代生活又具有地方特色的日用品。这种结合不仅为地方手工艺带来了新的生命力，也为旅游者提供了独一无二的纪念品选择。现代消费者越来越重视产品的独特性和个性化，游客不再满足于购买传统的旅游纪念品，而是寻求能够代表当地文化特色并符合自己审美的产品。通过将地方手工艺与现代设计结合，旅游产品不仅能够满足这种需求，还能够提升地方文化的国际知名度和吸引力。随着现代化和全球化的发展，许多传统手工艺面临失传的风险。将这些技艺与现代设计相结合，不仅能够为传统手工艺带来新的市场，也能够吸引游客的兴趣，从而促进这些传统技艺的传承和发展。

（二）促进文化传承

地方手工艺与国际设计的结合不仅能保留和弘扬地方传统手工艺，还能使其适应全球市场的需求。地方手工艺的保护和传承对于维护文化多样性和地方身份认同至关重要。地方手工艺，从编织、陶瓷到金属工艺和织物，都深深植根于其所在地的文化和历史中。这些手工艺不仅是制作技术的体现，更是文化传统和地方故事的载体。然而，随着现代化和工业化的推进，许多传统手工艺面临着消失的威胁。国际设计的融入为这些传统手工艺提供了新生。现代设计理念的注入，使传统手工艺品得以焕发新的生命力，既保留了传统的韵味，又具备了现代的风格和实用性。例如，传统的编织或陶瓷工艺通过现代设计的重新解读，可以变身为符合当代消费者需求的时尚家居用品或艺术装饰品。这种设计的更新换代使得传统手工艺在全球市场上更具吸引力，同时帮助传统工艺适应新的市场环境。

通过将地方文化融入国际化的产品设计中，不仅为当地艺术家和工匠创造了新的机会，也让全球消费者能够接触和欣赏到不同地区的文化特色。这种跨文化的交流能增进不同地区之间的相互理解和尊重，还能促进文化多样性。同时，这种结合方式对于年轻一代的文化传承也具有重要意义。当传统手工艺与现代设计相结合，更容易吸引年轻人的兴趣，从而激发游客对传统文化的好奇心和学习热情。这不仅有助于传统手工艺的传承，也有助于增强年轻一代对本土文化的认同感。

（三）提升市场竞争力

地方手工艺品，根植于各自独特的文化和历史传统，具有无可替代的文化价值和艺术魅力。然而，在全球化的背景下，传统手工艺品面临着市场接受度和审美趋势的挑战。通过将这些手工艺品与现代设计理念相结合，可以创造出既具有传统特色又符合现代审美的产品，这些产品不仅能够满足当代消费者的需求，还能够在全球市场中脱颖而出。例如，传统编织工艺通过融合现代设计元素，可以转变为时尚的服饰或家居饰品，而传统陶瓷技艺与现代艺术的结合则能够创造出独特的装饰品。这种创新的融合不仅保留了手工艺品的传统魅力，还增强了其美学价值和功能性，从而在更广泛的市场中获得认可。这种融合还有助于实现地方手工艺品的品牌化，通过现代设计的加持，手工艺品可以树立独特的品牌形象，增强其在国际市场上的辨识度。品牌化的手工艺品不仅能够吸引更多消费者，还能够提高产品的附加值，为生产者和销售者带来更大的经济利益。这种结合方式也有助于推动创新和技术的发展。现代设计理念的融入要求手工艺人掌握新的技能和工艺，从而提高手工艺品的生产效率和质量。同时，这激励了设计师和艺术家探索新的设计理念和表现手法，推动设计和艺术领域的发展。

（四）手工艺品的制作

当地手工艺品的制作过程本身就是一种独特的文化展现。将游客直接引入这些工艺品的制作环境，不仅让游客得以近距离观察并了解这些工艺品的制作过程，还让其感受到手工艺品背后的文化意义和艺术价值。例如，游客可以参观陶艺工作室，了解陶器的制作流程，亲自尝试制作，体验从泥土到艺术品的转变过程。这种互动不仅增强了游客的参与感，也提升了旅游体验的丰富性和深度。结合地方传统手工艺与国际时尚产品设计理念在旅游中的应用，也是对当地文化的一种保护和传承。通过让游客直接参与和体验这些手工艺品的制作过程，可以提升游客对传统文化的尊重和理解。这不仅有助于文化的传播，还有助于激发年轻一代对传统手工艺的兴趣，从而促进优秀传统文化的持续发展。这种融合还为当地社区带来了经济效益，通过将手工艺品作为旅游产品的一部分，可以吸引更多对文化和艺术感兴趣的游客，从而带动当地经济的发展。当地的手工艺人和工坊因而获得了更多的曝光机会和经济收入，这有助于保持参与者的生产热情和创造力。这种结合还提供了一种新的旅游产品开发方向，旅游产品开发者可以在这种文化体验的基础上，设计更多具有创新性和教育意义的旅游路线和活动，如组织文化交流活动，开设手工艺品制作课程等。这些活动不仅丰富了旅游产品的内容，还提升了旅游产品的附加值。

四、智慧旅游技术与地方特色相结合

（一）个性化旅游推荐系统

结合智慧旅游技术，如 AI 和大数据分析，这些系统能够提供针对性的旅游建议，为游客打造个性化且具有地方特色的旅游体验。这种技术的运用不仅增强了旅游产品的吸引力，也极大地提升了游客的满意度。这些个性化推荐系统的核心在于精准分析游客的偏好和需求，通过分析游客的在线搜索习惯、预订记录、评价反馈以及社交媒体上的互动等，系统可以深入了解每位游客的特定兴趣和喜好。基于这些数据，AI 算法能够为游客推荐那些符合其个人喜好的目的地、活动、住宿和餐饮选项。例如，一个热爱自然探索的游客可能会收到关于隐蔽的自然小径或未被广泛探索的国家公园的推荐。

这些系统在提供个性化建议的同时，还能够突出地方特色。系统能够将当地独特的文化元素、传统活动或节庆融入推荐中，从而为游客提供一种深入了解和体验当地文化的机会。例如，系统可以向游客推荐参加当地的民俗节庆活动，或体验特定地区的传统工艺制作。智慧旅游技术在个性化推荐系统中的应用还体现在为游客提供实时信息和建议上，结合地理定位技术和移动互联网，系统可以根据游客当前的位置和天气情况，实时推荐附近的活动和餐饮选择。这样的即时推荐不仅方便游客做出决策，还能增强游客的旅游体验。

（二）社交媒体与互动平台的融合

在未来的旅游产品发展中，智慧旅游技术与地方特色的结合将进一步得益于社交媒体和互动平台的融合。随着社交媒体在人们日常生活中的渗透，其在旅游行业中的应用变得愈加重要。旅游应用融合社交媒体功能，不仅促进了信息的共享和传播，还增强了游客之间的互动和旅游体验的社交性。通过社交媒体集成，智慧旅游应用使游客能够实时分享自己的旅行体验、照片和感受。这种分享不仅增强了旅游体验的互动性和趣味性，还为其他游客提供了真实的参考信息。例如，游客可以在应用中直接发布自己游览过的景点照片和评论，这些信息可以帮助其他用户做出更好的旅游决策。

社交媒体的融合还可以提供定制化的旅游推荐，通过分析用户在社交平台上的行为和偏好，智慧旅游应用可以推荐更加符合用户兴趣的活动和景点。例如，对于喜欢历史文化的用户，应用可以推荐具有丰富历史背景的目的地或文化活动。社交媒体还可以作为一种有效的互动和反馈工具，用户可以通过社交平台对旅游产品和服务进行评价和反馈，这些信息对于旅游服务提供者来说是宝贵的，可以帮助其提高服务质量和旅游产品服务。同时，用户间的互动可以形成社区，增强用户之间的联系和共鸣，增强对旅游目的地的依赖。

参考文献

[1] 魏小安，冯宗苏.中国旅游业：产业政策与协调发展 [M].北京：旅游教育出版社，1993.

[2] 陶汉军，林南枝.旅游经济学（修订本）[M].上海：上海人民出版社，1994.

[3] 丁金光.国际环境外交 [M].北京：中国社会科学出版社，2007.

[4] 万以诚，万岍.新文明的路标：人类绿色运动史上的经典文献 [M].长春：吉林人民出版社，2000.

[5] 世界环境与发展委员会.我们共同的未来 [M].王之佳，柯金良，译.长春：吉林人民出版社，1997.

[6] 郭祎.中国可持续旅游政策创新扩散的影响因素及相互作用研究 [M].北京：旅游教育出版社，2022.

[7] 何伟.VR+ 虚拟现实构建未来商业与生活方式 [M].北京：人民邮电出版社，2006.

[8] 张德，陈国权.组织行为学（第二版）[M].北京：清华大学出版社，2011.

[9] 李桂芳，王旭.高层建筑防火细节详解 [M].南京：江苏凤凰科学技术出版社，2015.

[10] 余文来，智勇，宋晶莹，等.分享经济网红、社群与共享 [M].北京：化学工业出版社，2017.

[11] 周璇.基于叙事学的安徽旅游文创产品开发设计研究 [D].合肥：合肥工业大学，2020.

[12] 储佳倩. 凌家滩文化在马鞍山市文化旅游产品设计中的应用 [D]. 马鞍山：
    安徽工业大学，2018.

[13] 韩廷廷. 基于体验设计的西安城墙旅游产品开发研究 [D]. 西安：西安外国
    语大学，2017.

[14] 文国繁. 基于游客体验的元江县哈尼族文化旅游产品开发与设计研究 [D].
    西安：西北大学，2017.

[15] 柳迪. 基于 DIY 的乡村旅游项目开发与产品设计 [D]. 金华：浙江师范大
    学，2013.

[16] 宋娓娓. 基于徽州地域文化背景的旅游产品设计研究 [D]. 芜湖：安徽工程
    大学，2012.

[17] 蔡燕萍. 基于 RMP 模式的无锡国际休闲旅游产品开发与设计 [D]. 扬州：
    扬州大学，2008.

[18] 楚艳平. 体验经济视野下的文学旅游产品开发设计 [D]. 兰州：西北师范大
    学，2007.

[19] 陈娟. 体验型旅游产品的开发设计研究 [D]. 大连：大连海事大学，2006.

[20] 佟志军. 辽西走廊地区旅游资源开发与旅游产品设计研究 [D]. 长春：东北
    师范大学，2003.

[21] 金燕红，班石. 文旅融合视域下安徽旅游文创产品设计与开发研究 [J]. 黑
    龙江工业学院学报（综合版），2021，21（5）：120—124.

[22] 尹恒. 文旅融合视域下旅游文创产品设计与开发策略研究 [J]. 轻纺工业与
    技术，2020，49（12）：76—77.

[23] 罗颖. 非遗视野下广元旅游文创产品设计与开发策略研究 [J]. 四川省干部
    函授学院学报，2018（3）：13—15.

[24] 熊彦普. 非遗视角下的扬州旅游文创产品设计与开发策略研究 [J]. 开封教
    育学院学报，2017，37（12）：229—231.

[25] 李平，孔倩. 旅游景区低碳旅游产品的体验化设计与开发 [J]. 中国集体经
    济，2011（4）：175—176.

[26] 粟娟，田金霞，许建. 张家界体验旅游产品设计与开发 [J]. 资源开发与市

场，2009，25（3）：265—268.

[27] 钱应华.基于体验视角的体育旅游产品设计与开发[J].体育科学研究，2008（4）：11—13.

[28] 钱应华.体验视角下的广西民族体育旅游产品设计与开发[J].商场现代化，2008（9）：258—259.

[29] 张志国.体验经济下的内蒙古旅游产品设计与开发[J].内蒙古科技与经济，2007（18）：101—102.

[30] 朱孔山.论旅游产品设计与开发的原则[J].商业研究，2002（14）：116—118.

[31] 胡珺.浅谈旅游产品设计中的复合功能开发研究[J].现代商业，2021（7）：47—50.

[32] 孙磊，陈巧，黄翅勤，等.基于情感体验的蔡伦竹海竹文化旅游产品设计与组合开发[J].包装工程，2019，40（24）：315—320.

[33] 韩雪莹，彭荣蓉，陈倪.南京旅游文化中的遗珠：郑和文化旅游资源的调查及旅游产品的设计与开发[J].市场周刊，2018（7）：43—44.

[34] 柯用叨.文化创意视角下旅游产品的开发与创新设计研究：以绍兴旅游产品为例[J].艺术教育，2017（Z5）：221—222.

[35] 王鹏.旅游产品设计开发中的用户体验研究[J].科技创业家，2014（1）：213.

[36] 张文明，王佳.浅析旅游产品设计的地域性原则：以牛河梁红山文化旅游产品设计开发为例[J].大众文艺，2012（17）：94—95.

[37] 杨佳倩.针对旅游产品开发过程中产品设计阶段的研究：以金华市仙源湖旅游度假区为例[J].商业文化（下半月），2012（5）：164—165.

[38] 王计平，李敏敏.低碳旅游产品开发与设计研究：以崇明岛为例[J].西北师范大学学报（自然科学版），2011，47（5）：115—119.

[39] 袁鹏.论现代旅游产品设计开发中的文化因素及其运用[J].中国集体经济，2009（10）：126—127.

[40] 侯国林，杨燕，黄震方.市场导向型旅游开发模式及其旅游产品设计初

探：以南京汤山风景区为例 [J]. 南京师大学报（自然科学版），2001（3）：120—124.

[41] 王策，朱琳. 文旅融合背景下基于"零浪费"理念的皮革旅游文创产品设计开发 [J]. 西部皮革，2022，44（8）：128—131.

[42] 杨梦杰. 地域文化元素在中原旅游产品设计中的开发建议 [J]. 美与时代（上），2021（12）：94—96.

[43] 王静雅，于雷. 旅游景区的文创产品开发设计策略 [J]. 环境工程，2021，39（10）：272.

[44] 房开柱，胡佳仪. 旅游景区文创产品整合与演绎开发设计研究 [J]. 美术教育研究，2020（23）：71—72，75.

[45] 樊小兰. 枣庄乡村旅游产品开发与设计中的文化表征研究 [J]. 商业经济，2018（4）：37—39.

[46] 管家庆，陈萌亚. 文化旅游产品与艺术衍生品跨界融合开发与设计方法初探 [J]. 艺术教育，2016（12）：202—203.

[47] 刘丽萍. 提高旅游产品开发设计水平增强大连旅游业的竞争力 [J]. 沈阳干部学刊，2010，12（6）：24—26.

[48] 黄鑫. 体验经济时代下关于体验旅游产品开发与设计的思考 [J]. 商场现代化，2009（17）：136.

[49] 罗峰. 旅行社会展旅游产品开发设计 [J]. 焦作大学学报，2009，23（1）：54—56.

[50] 何梅青. 试论旅游产品设计与旅游资源开发的关系——以青海湖为例 [J]. 资源·产业，2006（2）：52—55.

[51] 王祥武. 全域旅游视角下环巢湖体验型旅游休闲产品开发与设计 [J]. 安徽农业科学，2020，48（12）：121—123，154.

[52] 王福广. 旅游产品开发设计的思路与方法 [J]. 冶金管理，2019，（19）：174.

[53] 童薇. 扬州市乡村旅游资源开发及产品设计研究 [J]. 度假旅游，2018（11）：237—238.

[54] 王文杰.影视体验型亲子旅游产品开发设计研究 [J].广东蚕业，2018，52（1）：25—26.

[55] 潘丽.老年人旅游市场开发与路线产品设计 [J].现代商业，2014（32）：283—285.

[56] 周祎德，陈汗青.服务设计理念下丽江文化旅游产品系统性开发问题 [J].设计艺术研究，2014，4（2）：6—10.

[57] 徐升艳，周密.结合分析法在旅游产品开发设计中的运用：以广西来宾忻城土司风情水街为例 [J].经济论坛，2011（1）：124—128.

[58] 赵磊，庄志民.国家级风景名胜区生态旅游开发中的产品设计研究：以浙江省公盂岩景区为例 [J].热带地理，2009，29（3）：301—306.

[59] 赵海涵.我国旅游产品创新开发与设计之探析：以云南为例 [J].生态经济，2005（10）：287—290.

[60] 邹宇.旅游产品的体验化设计与创新：以内蒙古草原旅游产品体验化开发为例 [J].北方经济，2005（16）：41—42.

[61] 徐奕唯.基于农业文化遗产保护的旅游资源开发探析——以西湖龙井茶文化系统为例 [J].文化产业，2022（14）：129—131.

[62] 李梦，陈肖静，张姣姣.蜀冈—瘦西湖风景名胜区夜间旅游产品开发探究 [J].扬州职业大学学报，2020，24（2）：6—10.

[63] 李妍.客源市场细分视角下江浙地区乡村旅游产品营销策略研究 [J].农业经济，2016（11）：45—47.

[64] 孙莎莎.旅游产品开发设计的实践研究 [J].统计与管理，2015（1）：98.

[65] 吕莉.生态旅游产品开发设计初探 [J].长春师范学院学报，2013，32（8）：67—69.

[66] 李虹.西湖世界遗产与杭州旅游发展的实践与思考 [J].旅游学刊，2012，27（5）：10—12.

[67] 刘乐，葛卫清，偶春.颍州西湖湿地公园的发展与对策研究 [J].安徽农业科学，2011，39（18）：446—448.

[68] 李慧新.基于旅游者行为的旅行社相亲旅游产品开发与设计 [J].旅游纵览

（行业版），2011（10）：112—114.

[69] 顾家旺，刘运豹. 阜阳市旅游资源开发刍议：以颍州西湖为例 [J]. 阜阳师
范学院学报（社会科学版），2009（4）：64—65.

[70] 徐云松，邓德智. 杭州西湖旅游产品优化与升级的思考 [J]. 商业经济与管
理，2004（6）：59—62.